Paul Raeburn

VÄTER!

Paul Raeburn

VÄTER!

Warum sie trotzdem wichtig sind

Aus dem Amerikanischen von Reinhard Tiffert

HERDER

FREIBURG · BASEL · WIEN

MIX
Papier aus verantwor-
tungsvollen Quellen
FSC® C083411

Titel der Originalausgabe:
DO FATHERS MATTER?
What Science Is Telling Us About the Parent
We've Overlooked by Paul Raeburn
Copyright © 2014 Paul Raeburn
Published by arrangement with Scientific American,
an imprint of Farrar, Straus and Giroux, LLC, New York

© Verlag Herder GmbH, Freiburg im Breisgau 2014
Alle Rechte vorbehalten
www.herder.de

Satz: Barbara Herrmann, Freiburg
Herstellung: CPI books GmbH, Leck

Printed in Germany
ISBN 978-3-451-31208-3

Für meinen Vater und meine Mutter,
ein beeindruckendes Team,
und für Elizabeth und alle meine Kinder

Inhalt

Einleitung: Entrümpeln

Mein Interesse an der Vaterrolle kam auf die übliche Weise zustande: durch eigene Kinder. Aus meiner ersten Ehe in den 1980er-Jahren habe ich drei Kinder, zwei Jungen und ein Mädchen, die jetzt erwachsen sind und ihren Weg im Leben gefunden haben. Vor einem Jahrzehnt habe ich erneut geheiratet. Mit meiner jetzigen Frau Elizabeth habe ich zwei Kinder, zwei Jungen. Als die Jungen zur Welt kamen, fragten mich Freunde, ob Vaterwerden beim zweiten Mal anders sei. Ich log. »Beim ersten Mal habe ich alle Fehler gemacht«, lautete meine Antwort. »Aber diesmal habe ich die Chance, es richtig zu machen.« Meine Kinder aus erster Ehe neigten dazu, meine erste Aussage zu bestätigen, zweifelten aber, ob sich die zweite bewahrheiten würde.

In Wirklichkeit fühlte ich mich beim zweiten Mal nicht besser gewappnet als beim ersten Mal. Schon recht bald wurde mir klar, dass ich bei der Kindererziehung auf gut Glück vorging. Ich ertappte mich dabei, Fehler zu machen – und oft sogar die gleichen wie beim ersten Mal.

Beim ersten Mal hatte ich mich weitgehend auf meinen Instinkt verlassen und darauf vertraut, mit Liebe und Zuwendung sehr weit zu kommen. Mein damaliger Vorgesetzter, ein rauer Zeitungsmann mit wirrem weißem Haar, zerknittertem Anzug und nachlässig gebundener Krawatte, der sich stets drei Martinis zum Mittagessen gönnte, sagte, das Wichtigste sei doch, den Kindern zu sagen, dass man sie liebe, und möglichst viel Zeit mit ihnen zu verbringen. Und daran habe ich mich gehalten. Der Rat war nicht falsch, aber ich habe doch gemerkt, dass das allein nicht ausreichte.

Beim zweiten Mal stellte ich mir mehr Fragen. Was tun eigentlich Väter für ihre Kinder? Wie sehr kommt es auf die Väter an? Und umgekehrt, was tun Kinder für ihre Väter? Auf diese Fragen meinen viele Menschen, darunter auch mein ehemaliger Vorgesetzter bei der Zeitung, die richtige Antwort gefunden zu haben. Viele unserer Eltern glauben, darüber Bescheid zu wissen, und weisen uns nur allzu gern auf die Fehler hin, die wir zu Beginn der Erziehung unserer eigenen Kinder machen. Freunde, Kollegen, Lehrer, alle wissen, wie wir mit unseren Kindern umgehen sollten, und sind ganz erpicht, uns Ratschläge zu erteilen, ob wir sie darum gebeten haben oder auch nicht. Wer wie ich in New York wohnt, erlebt immer wieder, dass man von Fremden auf der Straße ermahnt wird, bei solch schlechtem Wetter nicht mit dem Baby nach draußen zu gehen oder doch zumindest für einen Regenschirm zu sorgen, damit das Kleine sich nicht erkältet (der Zusammenhang zwischen einem Regenschirm und dem Risiko, sich zu erkälten, ist eine wissenschaftliche Frage, die ich mir für mein nächstes Buch vorbehalte).

Wir treffen auf solche Ansichten nicht nur bei Freunden und Bekannten, sondern auch bei Prominenten und im öffentlichen Diskurs. Als der Baseballprofi Alex Rodriguez[1] von den New York Yankees wegen Dopings gesperrt wurde, schob er seinen Fehltritt auf die Tatsache, dass er in seinem Leben keinen Vater gehabt habe. »Das Ereignis, das ihn aus der Bahn warf, geschah in seinem neunten Lebensjahr, als sein Vater aus der Familie verschwand«, schrieb George Vecsey in der *New York Times*. »Hier soll nicht mit Vulgärpsychologie erklärt werden, wie ein Mann in die Fallen des Erwachsenenlebens gestolpert ist. Vielmehr ist das seine eigene Überzeugung.«

Selbstverständlich ist es doch Vulgärpsychologie, und sie verschafft uns nicht mehr Einsicht als die gut gemeinten Ratschläge unserer Freunde und Verwandten. Wie viele von uns meint Rodriguez zu wissen, welche Folgen ein in der Kindheit fehlender Vater auf ihn hatte und warum dies seine karriereschädigende Entscheidung, Dopingmittel zu nehmen, beeinflusst haben könnte. Zwar kann er diese Meinung vertreten, aber ein Wissen über die Richtigkeit dieser Annahme hat er nicht. Viele Menschen haben eine Vorstellung, wie Väter ihre Erziehung gefördert oder behindert haben, aber sicher können sie sich nicht sein. Genau diese irrigen Vorstellungen möchte ich mit dem vorliegenden Buch korrigieren. Als Wissenschaftsjournalist interessiere ich mich von Berufs wegen für das, was wir tatsächlich wissen, und nicht für das, von dem wir meinen, dass es zutrifft. Der Großteil meiner Arbeit als Journalist hat einen ganz bestimmten Zweck, nämlich vorgefasste Meinungen und Halbwahrheiten durch wissenschaftlich fundierte Erkenntnisse zu ersetzen. Als ich während meiner zweiten Ehe erneut Vater wurde, dachte ich mir, es könnte nützlich sein, unsere überlieferten Vorstellungen vom Vatersein mit derselben wissenschaftlichen Strenge zu untersuchen. Je länger ich darüber nachdachte, was ich über das Vatersein wusste, desto mehr Fragen stellte ich mir. Ist die frühkindliche Bindung allein auf die Mutter beschränkt? Tragen Väter zum Spracherwerb ihrer Kinder bei? Inwiefern beeinflussen Väter die schulische Leistung der Kinder? Spielen sie eine Rolle, wenn ihre Kinder zu pubertierenden Jugendlichen werden? Und stellen ältere Väter, wie in der Medienöffentlichkeit öfter behauptet, tatsächlich ein Risiko für ihre Kinder dar?

Vieles, was wir in diesem Bereich zu wissen meinen, beruht auf falschen Annahmen. Deshalb ist es an der Zeit, mit diesen falschen Vorstellungen aufzuräumen, sich von den Vätermythen zu verabschieden und stattdessen den Blick auf das zu werfen, was Forscher in jüngster Zeit über Väter, ihre Kinder und ihre Familien herausgefunden haben. Die Kurzform lautet, dass Väter eine bedeutende Rolle im Leben ihrer Kinder spielen, was bis vor Kurzem noch sowohl von der Wissenschaft als auch von Erziehungsexperten übersehen worden ist.

Ehe Frauen in großer Zahl ins Arbeitsleben drängten, also in den 1960er- und 1970er-Jahren, hatten Väter lange Zeit eine anerkannte Rolle in der Familie gespielt. Sie brachten die Lohntüte nach Hause, mit der der Lebensunterhalt bestritten, aber auch kleine Extras wie Tanzkurse, Vereinstrikots und Fahrräder für die Kinder bezahlt wurden. Gewiss, eine Lohntüte heimzubringen mag nicht gerade der bedeutendste Erziehungsbeitrag sein, den Eltern leisten können, aber dennoch war es lebenswichtig, denn nichts ist für Kinder verheerender als Armut. Kindern ein Dach über dem Kopf, Nahrung und einen gewissen Lebensstandard zu verschaffen war fraglos anerkennenswert.

Hatte es damit sein Bewenden? Was konnten Väter denn darüber hinaus für ihre Kinder tun?

Noch vor einer Generation, also in den 1970er-Jahren, fiel den meisten Psychologen und »Experten« die Antwort auf diese Frage leicht: nicht viel. Vor allem bei Kleinkindern war man sicher, dass Väter nur eine geringe oder gar keine Rolle spielten. Im Jahr 1976 schrieb der Entwicklungspsychologe Michael E. Lamb, ein Pionier der Väterforschung, bei der Kindesentwicklung liege die Aufmerksamkeit der Forscher so einseitig auf der Mutter, dass »man den Eindruck bekommt, als sei der Vater eine irrelevante Größe in der sozialen Welt des Kleinkindes«.[2] Jahrzehntelang vertraten Psychologen die Auffassung, dass die Mutter-Kind-Beziehung einzigartig und bedeutsamer als jede andere Beziehung in der frühkindlichen Phase, ja wichtiger als alle folgenden Beziehungen sei. Die Bindung an die nährende und sorgende Mutter verschaffe dem Kleinkind, so hieß es, einen evolutionären Vorteil. Sogar Darwin sei schon von der privilegierten Rolle der Mutter überzeugt gewesen, sagten die Experten, und wer wollte denn Darwin widersprechen?

Für die Behauptung, dass es auf die Väter gar nicht ankomme, fehlten eigentlich Beweise. Freilich gab es auch kein Beobachtungsmaterial für die gegenteilige Ansicht. Wenige hatten überhaupt die Frage gestellt, und keiner wusste die Antwort. Die Bedeutungslosigkeit der Väter war zu einem Glaubensartikel der Forscher geworden. Warum sollten sie etwas in Frage stellen, von dem sie wussten, dass es zutraf?

Lamb gehörte zu den Ersten, die daran zweifelten. Nun wurden Studien veröffentlicht, die nahelegten, dass die Bindung zwischen Müttern und Kleinkindern gar nicht so stark war wie angenommen. Auch sei die Zeit, die Mütter und Kinder miteinander verbrachten, kein geeignetes Kriterium für die Qualität der Beziehung. Schließlich fanden einige Forscher mit unerschrockenem Blick heraus, dass »die Interaktion, die zumindest einige Kleinkinder mit ihren Vätern haben, durchaus angenehm und auf beiden Seiten mit sehr positiven Gefühlen verbunden ist«.[3] Diese Einsicht verbreitete sich in Fachzeitschriften wenige Jahre vor der Geburt meines ältesten Sohnes. Damals hätte ich die Experten leicht überzeugen können, dass manche Kleinkinder tatsächlich Spaß mit ihren Vätern haben und dass sehr positive Gefühle dabei im Spiel sind.

Ich will damit nicht sagen, dass die Erfahrungen mit meinem Sohn ausgereicht hätten, herrschende psychologische Auffassungen zu erschüttern. Aber hatten jene Psychologen denn keine eigenen Kinder? Hatte keiner jemals einen Vater auf dem Bürgersteig oder im Lebensmittelgeschäft gesehen, der sich durch Grimassenschneiden, Babbeln oder auf andere Art und Weise zum Clown macht, um seinem kleinen Sprössling ein Lächeln zu entlocken?

Just um diese Zeit entdeckten Lamb und andere Forscher die Bedeutung der Väter für das Spiel der Kinder. Heute gilt als bewiesen, dass Väter mit ihren kleinen Kindern Spiele spielen, die man üblicherweise als Herumtoben bezeichnet. Das war Lambs erste wichtige Erkenntnis über die Beziehung von Vätern zu Kleinkindern. Laut diesen Untersuchungen ermutigten Väter eher als Mütter ihre Kinder, etwas zu entdecken, und forderten sie heraus. Wenn Mütter mit ihren Vorschulkindern spielten, taten sie das eher mit Spielzeug, während Väter mit ihnen auf dem Fußboden herumtollten. Lambs Studien ergaben, dass Kleinkinder sogar lieber mit ihren Vätern zusammen waren, weil sie eher mit ihnen spielten, wohingegen Mütter sich um die Ernährung und das Windelwechseln kümmerten. Wenn Zweijährige spielen wollten, wandten sie sich häufiger an ihre Väter als an ihre Mütter. Herausforderndes Spielen und Herumtoben gehören zu den Kennzeichen des väterlichen Umgangs mit Kindern allen Alters.

Um die gleiche Zeit wurden Forscher darauf aufmerksam, dass Kleinkinder nicht nur Beziehungen zu Vätern, sondern auch zu anderen Verwandten und Freunden knüpften. Lamb zitiert in diesem Zusammenhang aus einer Veröffentlichung der Anthropologin Margaret Mead aus dem Jahr 1962, wonach die Bindung an andere Personen außer der Mutter »einen deutlichen Überlebensvorteil bringt, da das Kind bei Verlust der Eltern nicht allein dasteht«.[4]

Vielfach wurde behauptet, Väter sähen die Schwangerschaft ihrer Ehefrauen mit Missbilligung und hätten folglich nur eingeschränkte Interaktionen mit den Neugeborenen. Mitte der 1970er-Jahre zeigten aber Untersuchungen, dass Väter mit Spannung der neuen Rolle entgegenfieberten und sich Zeit für ihre Neugeborenen nahmen.[5] Auch dieser Befund lag für alle auf der Hand, die einmal eine Entbindungsstation besucht haben. Auf der anderen Seite kümmerten sich die Krankenhausverantwortlichen nicht um diese Erkenntnisse, denn die Anwesenheit der Väter während der Geburt war nicht erwünscht.

Psychologen und andere Gesellschaftswissenschaftler, die ja eigentlich die Speerspitze bei der Überwindung des negativen Vaterbildes sein sollten, trugen stattdessen zur Abwertung der Väter bei. Viele Forscher glaubten, da sich die Mütter nun einmal primär um Pflege und Erziehung kümmerten, sei ihre Rolle sehr viel wichtiger als diejenige der Väter. Diese vorherrschende Sicht brachte Väter in eine schwierige Situation. Sie waren kaum in der Lage, ihre Bedeutung einzuklagen, wenn ihnen immer wieder gesagt wurde, sie seien außer zur Bestreitung des Familieneinkommens irrelevant.

Ein Überblick über die Forschungslage zeigt, dass Väter in der Wissenschaft noch immer weitgehend unbeachtet sind. Das brauchen Sie mir nicht vorbehaltlos zu glauben. Sie können ein kleines Experiment machen und sich selbst davon überzeugen. Gehen Sie auf die Website von PubMed, dem Online-Katalog der US-amerikanischen Nationalbibliothek für Medizin. Geben Sie als Suchbegriff »mothers« ein und sehen Sie selbst, wie viele medizinische Studien hierzu angezeigt werden.

Dann tun Sie das Gleiche mit dem Suchbegriff »fathers«. Bei meiner letzten Recherche erhielt ich 97 934 Einträge für den Suchbegriff »mothers«, für »fathers« wurden 15 156 angegeben. Das ist weniger als ein Sechstel. Auch mit Suchvarianten blieb das Ergebnis mehr oder weniger gleich. »Maternal« ergab 279 519 Einträge, »paternal« weniger als ein Zehntel davon. Bis vor Kurzem noch mussten wir uns bei der Einschätzung der Rolle der Väter in der Familie auf unser Gefühl verlassen oder den Klischees und falschen Vorstellungen folgen.

Auch anderen ist das Ungleichgewicht bei den wissenschaftlichen Studien zu Müttern und Vätern aufgefallen. Im Jahr 2005 wertete die Psychologin Vicky Phares von der University of South Florida 514 Studien aus dem Bereich der klinischen Kinder- und Jugendlichenpsychologie aus, die alle in führenden psychologischen Fachzeitschriften erschienen waren. Beinahe die Hälfte davon befasste sich überhaupt nicht mit den Vätern. Einige behandelten beide Elternteile, aber nur 11 Prozent stellten die Väter in den Mittelpunkt.

Bei meinen eigenen Recherchen stieß ich gleich auf Beispiele, die Phares' Befund bestätigten. Im Jahr 2006 veröffentlichte Myrna M. Weissman, eine an der Columbia University forschende herausragende Expertin auf dem Gebiet der Epidemiologie, eine Studie, deren Untersuchungsfrage lautete: Kann durch die Behandlung depressiver Mütter das bekannte Risiko, dass deren Kinder Angst und Depressionen entwickeln, vermindert werden?[6] Durch die Behandlung der Mütter verbesserte sich auch die psychische Gesundheit der Kinder, aber die Studie enthielt keine Hinweise zur Rolle der

Väter. Hätten mitfühlende, verständnisvolle Väter den Kindern noch mehr geholfen? Wäre durch gefühlskalte, abwesende Väter alles noch viel schlimmer für die Kinder geworden? Eine andere Forscherin, die die Interaktion zwischen Eltern und Neugeborenen als Untersuchungsgegenstand gewählt hat, hielt in einem Protokoll das Verhalten und Handeln der Mutter gegenüber ihrem Kleinkind minutiös fest. Gab die Mutter das Kind in die Hände des Vaters, vermerkte die Forscherin: »Baby an Vater übergeben«, und damit war das Experiment beendet.[7] 2005 fand ein Kongress der Society for Research in Child Development statt. Dort traf ich auf Hunderte von Wissenschaftlern, die alle über Forschungen zum Thema Kinder, Familien und Erziehung berichteten, aber nur ein knappes Dutzend beschäftigte sich mit den Vätern. Fast alle Verfasser dieser Studien beklagten, wie wenig die Wissenschaft doch über die Rolle der Väter wisse.

Der Psychiater Kyle D. Pruett von der Yale University, der seit den 1980er-Jahren über Väter forscht, bemerkt dazu, dass selbst dann, wenn Väter bei so aktuellen Krankheitsbildern wie ADHS, Autismus, Depression im Kindesalter und Suizid von Jugendlichen berücksichtigt werden,[8] die Wissenschaftler gewöhnlich nicht zu der Einsicht kommen, dass die Väter ein Teil der Lösung des Problems sein können. »Wenn wir uns die Mühe machen, nach dem Einfluss des Vaters zu suchen, finden wir ihn am Ende immer. Dass die Wechselwirkung zwischen Vätern und Kindern übersehen wird, hat ein verzerrtes Bild von der ganzen Kindesentwicklung zur Folge, ein Bild mit eklatanten blinden Flecken.« Pruett diagnostiziert diese verzerrende Sicht auch in vielen weit verbreiteten Erziehungsratgebern so prominenter Autoren wie Dr. Spock, T. Berry Brazelton und Penelope Leach. Bei einer kritischen Durchsicht neuerer Auflagen stellt er zwar fest, dass die Autoren jetzt öfter auch mal in Richtung des Vaters zeigen, doch »im Grunde ihres Herzens können sie sich nicht vom Dogma der heiligen Mutter-Kind-Bande lösen«. Der Vater bleibt außen vor. Einziger Fortschritt in dieser Frage ist immerhin, dass die meisten Forscher das Problem jetzt sehen und es auch ansprechen.

Dieses Desinteresse an den Vätern setzt eine Tradition von unzutreffenden, abwertenden, ja gehässigen Bildern fort.[9] Die Historiker Elizabeth und Joseph Pleck verweisen auf Cartoons aus der *Saturday Evening Post,* die bis in die 1920er-Jahre zurückreichen. Der Vater wird dort als »dummer August« dargestellt, »der keine Autorität über seine Kinder hat. Er kann auch nicht kochen und er kann die Kleinen nicht zu Bett bringen, ohne über seine Schnürsenkel zu stolpern.« Und das war erst der Anfang. Väter sahen sich schwereren Vorwürfen ausgesetzt, als nur die Hausaufgaben der Kinder zu vergessen oder den Hackbraten anbrennen zu lassen, sie gefährdeten die nationale Sicherheit. Kritiker machten besorgte Mütter und abwesende Väter dafür verantwortlich, dass im Zweiten Weltkrieg so viele Rekruten bei der Musterung durchfielen. Den Söhnen sei der notwendige Schneid nicht beigebracht worden, sie seien zu schwach, zu feige, um zu kämpfen. In dieser allgemeinen Väter-Schelte gab es nur wenige Ausnahmen: etwa in den Fernsehserien die »Cosby Show« (dt. Titel: »Die Bill Cosby Show«) und »Father Knows Best« (dt. Titel: »Vater ist der Beste«), oder Atticus Finch im Film »To Kill a Mockingbird« (dt. Titel: »Wer die Nachtigall stört«) und Bob Cratchit in Charles Dickens' »A Christmas Carol« (dt. Titel: »Eine Weihnachtsgeschichte«).

Auch fast ein Jahrhundert nach den Cartoons in der *Saturday Evening Post* besteht das Klischee des stümperhaften

Vaters fort. Im Jahr 2012 lancierte die Firma Huggies eine Werbekampagne, die zeigen sollte, dass ihre Einwegwindeln robuster seien als die der Konkurrenz. Mit dem Aufruf »Lass Papa mal die Huggies testen!« wurde suggeriert, wenn die Windel das Anlegen durch Papi unbeschadet übersteht, ist sie einfach unverwüstlich. Im selben Jahr schaltete Procter & Gamble während der Olympischen Sommerspiele eine Anzeigenreihe über die Kindheit von berühmten Athleten, die bei der Olympiade im Rampenlicht standen. Der Slogan? »Danke, Mama.« Selbst im Sport war der Beitrag der Väter außen vor, obwohl man erwarten würde, dass wenigstens in diesem Bereich Väter eine wichtigere Rolle spielen.

In jüngster Vergangenheit hat die Firma Clorox,[10] ein Haushaltswaren- und Chemieunternehmen, folgendes Statement auf ihrer Website gepostet: »Ebenso wie Hunde und andere Haustiere sind frischgebackene Väter voller guter Vorsätze. Doch fehlen ihnen das Urteilsvermögen und die Feinmotorik, diese auch in die Tat umzusetzen.« Das Fehlverhalten, das sich die Clorox-Papas zuschulden kommen ließen, bestand unter anderem darin, Kleinkinder im dünnen Strampelanzug bei kaltem, regnerischem Wetter mit nach draußen zu nehmen, sie vom Fußboden essen zu lassen und anschließend vor den Fernseher zu setzen, wo gerade eine Reality-Show lief. Ein Hagel von Kommentaren empörter Väter brachte Clorox dazu, das Statement schnell wieder aus dem Netz zu nehmen. Vermutlich wollte Clorox die Kunden nur amüsieren und nicht ärgern, aber der Schuss ging nach hinten los. Viele Väter zögern heutzutage nicht, sich gegen solche Klischees zur Wehr zu setzen. Wahrscheinlich werden daher Werbetexter zukünftig andere Wege gehen, um die Produkte ihrer Kunden zu vermarkten.

Obwohl die Zahl der wissenschaftlichen Studien über Väter immer noch weit hinter denjenigen über Mütter liegt, nimmt die Väterforschung rasch an Umfang zu. Auf den folgenden Seiten soll ein Weg durch die, wie ich finde, wichtigsten Forschungen zu diesem Thema gezeigt werden. Wir beginnen mit einer evolutionstheoretischen Sicht des Vaters und betrachten dazu das Familienleben unserer prähistorischen Vorfahren. Vor diesem Hintergrund sehen wir dann deutlicher, was die Rolle der heutigen Väter ausmacht. Wir erfahren auch, wie unsere eigene familiäre Vorgeschichte die Vaterrolle prägt. In Kapitel 2 steht das Tauziehen im Vordergrund, das sich mütterliche und väterliche Gene im Augenblick der Empfängnis liefern.

Die folgenden Kapitel zeigen, wie sich das Vatersein im Lauf der Kindesentwicklung gestaltet. In Kapitel 3 betrachten wir, wie sich Väter während der Schwangerschaft ihrer Partnerinnen verändern. Schließlich, was die Wissenschaft heute über Väter nach der Geburt des Kindes weiß. Wir machen einen Abstecher in die Monogamie bei Menschen und erfahren, was dies für Väter und Mütter bedeutet. Kapitel 5 offenbart, dass Väter und Kinder im Säuglingsalter viel enger miteinander verbunden sind als bisher angenommen. Im 6. Kapitel verfolgen wir, wie Väter die nächsten Etappen ihrer Kinder begleiten: das Laufenlernen und der Beginn der schulischen Erziehung. Das folgende Kapitel betrachtet Väter unter dem Forschungsansatz, was die Neurowissenschaft über hormonelle Veränderungen der Väter parallel zu den Entwicklungsetappen ihrer Kinder herausgefunden hat. Kapitel 8 befasst sich mit einer späten Vaterschaft – etwas, das immer häufiger vorkommt. Welche Risiken kann es mit sich bringen, wenn Eltern damit ringen, Familie und Beruf zu vereinbaren? Abschließend wird verdeutlicht, was Väter tatsächlich tun, was sie in der Kinderbetreuung und bei anderen familiären Aufgaben leisten. Im Nachwort ziehe ich eine Bilanz der Erkenntnisse, zu denen wir auf unserem Gang durch die wissenschaftliche Forschung gekommen sind, und zeige, wo wir noch im Dunkeln tappen.

Ich gebe zu, dass es mir schwerfällt, bei der Frage nach dem Wert der Väter unparteiisch zu bleiben. Für mich steht viel auf dem Spiel. Wenn Väter keine Rolle spielen, habe ich Jahrzehnte meines Lebens wenig nutzbringend verwendet, denn ich habe zahllose Stunden, Tage und Jahre mit meinen fünf Kindern verbracht – für nichts und wieder nichts. Nicht, dass ich mich gelangweilt hätte. Wenn es schon nicht nutzbringend war, habe ich doch eine erfüllte Zeit gehabt. Und wenn ich mich nicht irre, haben auch die Kinder diese gemeinsame Zeit genossen, abgesehen davon, dass sie genötigt waren, zum x-ten Mal den einzigen irischen Witz anzuhören, den ich mit einem Akzent zum Besten gab, der meine irische Verwandtschaft und wahrscheinlich die ganze irische Nation beleidigt.

Dass wir den Vätern die gebührende Anerkennung verwehren, spiegelt sich in der Gestalt der heutigen amerikanischen Familie wider. Väter verschwinden darin mehr und mehr. Heutzutage haben weniger Väter Anteil am Leben ihrer Kinder als in jeder anderen Epoche der amerikanischen Geschichte.

Mittlerweile haben Psychologen, Biologen, Soziologen und Neurowissenschaftler eine Fülle an wissenschaftlichen Beobachtungen gesammelt und ausgewertet, aus denen hervorgeht, wie sich Väter verhalten und warum dies für Kinder sehr wohl von Belang ist. Sie zeigen, auf welch vielfältige Weise Väter ihre Kinder beeinflussen und welche Faktoren für das Engagement der Väter in der Familie den Ausschlag geben. Und sie haben mit einer Reihe von Klischees aufgeräumt bzw. mit den Irrglauben entkräftet, ein einseitiges Konzept könne erklären, was Väter wirklich tun. Passé sind Vorstellungen vom Vater als Wächter der Moral, als Männlichkeitssymbol für die Söhne und strenger Zuchtmeister (Vaterbilder, die über viele Generationen Gültigkeit besessen haben). Die Forschung hat herausgefunden, dass Väter viele Rollen in der Familie übernehmen, darunter diejenigen des »Gefährten, Betreuers, Ehepartners, Beschützers, Vorbilds, moralischen Ratgebers, Lehrers«[11] und selbstverständlich auch des Ernährers.

Die Entdeckung der Rollenvielfalt des Vaters ist eine der wichtigsten Errungenschaften in der wissenschaftlichen Erforschung von Familie und Kindern. Da die Ergebnisse in Fachzeitschriften publiziert wurden, die dem breiten Publikum unbekannt sind, hat das meiste nicht die nötige Aufmerksamkeit erhalten. Das ist bedauerlich. Ich habe mir in den vergangenen fünf Jahren einen Überblick über die neue Wissenschaft von der Vaterschaft verschafft und habe dabei viel über mein eigenes Verhalten als Vater herausgefunden. Ich bin mir sicher, dass andere es ebenfalls hilfreich finden.

Viel zu oft enden in der Öffentlichkeit Diskussionen über den Vater – was es heißt, Vater zu sein, und was Väter ihren Kindern mitgeben – in Phrasendrescherei oder lauten Debatten. »Obwohl die gegnerischen Lager – die einen behaupten, auf den Vater verzichten zu können, die anderen halten den Vater für das Allheilmittel – sich in allem widersprechen, haben sie doch eines gemeinsam, dass sie sich eher auf politische Ansichten und weniger auf wissenschaftliche Forschung stützen«,[12] schreiben der bekannte Vaterforscher Ross D. Parke und sein Mitarbeiter Armin A. Brott.

»Während Politiker ihre Ansichten je nach Wählergunst wechseln, sind Forscher in den vergangenen zwei Jahrzehnten einhellig in ihren Erkenntnissen: Die Rolle der Väter ist vielfältig und keineswegs zu vernachlässigen.«

Was bedeutet dies für Familien im nicht traditionellen Sinn? Also Alleinerziehende, homosexuelle Paare oder Eltern, die ihre Kinder adoptiert haben? Ziemlich am Anfang meiner Arbeit an diesem Buch traf ich auf einem Journalistenkongress eine Bekannte, eine unverheiratete Frau, die ein Kind adoptiert hat. Auf ihre Frage, woran ich gerade arbeite, nannte ich ihr die inhaltliche Frage des Buches – Spielen Väter eine Rolle? – worauf sie sofort erwiderte: »Selbstverständlich nicht.« Zuerst hielt ich das für einen Scherz, aber sie meinte es ernst. Ich war bemüht, ihr zu erklären, dass es auf Väter ankäme, aber andere ebenfalls zur Ausgestaltung dieser Rolle beitragen können. Keinesfalls wolle ich über ihre Entscheidung urteilen. Ich habe als Vater Fehler gemacht und sehe mich nicht berufen, andere zu kritisieren. Ich achte anderer Menschen Entscheidung und vertraue darauf, dass wir, von wenigen Ausnahmen abgesehen, alle für unsere Kinder das Beste wollen. Wir sind uns alle einig in diesem Bemühen, und die neuen Erkenntnisse über die Vaterrolle sollten für Familien ganz gleich welcher Couleur nützlich sein.

Als ich noch ein Kind war und Politiker mit mehr Respekt behandelt wurden, als dies heute der Fall ist, hörte man oft Eltern zu ihren Kindern sagen, sie könnten später einmal alles Mögliche im Leben erreichen, sogar Präsident von Amerika werden. Heute wissen wir, dass diese Behauptung anfechtbar ist. Wir leben in einer Gesellschaft, die von sozialen und ethnischen Gegensätzen geprägt ist. Deshalb ist es für manche sehr viel leichter, Erfolg zu haben, als für andere. Wir wissen aber auch, dass ein afroamerikanisches

Kind, das bei seiner alleinerziehenden Mutter groß geworden ist und seinen Vater kaum kannte, eben doch Präsident werden kann. Die neuere Forschung hat erwiesen, dass Väter ihre Kinder in vieler Hinsicht ganz wesentlich prägen. Das heißt aber nicht, dass Kinder, die in vaterlosen Familien aufwachsen, zum sozialen Misserfolg verurteilt sind. »Wir müssen allen Müttern helfen, die ihre Kinder allein erziehen«,[13] sagte Barack Obama bei seiner ersten Präsidentschaftskampagne. »Mütter, die ihre Kinder morgens zur Schule bringen, zu ihrer Arbeitsstelle gehen und sie nachmittags wieder abholen; die eine zweite Schicht einlegen, die für das Abendessen sorgen, das Mittagessen kochen, die Rechnungen bezahlen, den Haushalt führen und alle Arbeiten erledigen, die sonst zwei Elternteile gemeinsam verrichten. Viele alleinerziehende Mütter leisten Heldenhaftes, aber sie brauchen Unterstützung. Sie brauchen Hilfe und ihre Kinder ebenfalls. Nur so haben sie ein sicheres Fundament. Und nur so hat unser Land ein sicheres Fundament.«

Wir sagen oft, dass uns nichts wichtiger ist als unsere Kinder. Aber unsere persönlichen und sozialen Prioritäten stimmen nicht immer mit diesem Bekenntnis überein. Das vorliegende Buch dreht sich um Väter, aber es dreht sich auch um Kinder. Wenn wir eine Zukunft wollen, in der unsere Kinder die Chance auf ein erfülltes Leben haben, dann sollten wir der Rolle des Vaters mehr Aufmerksamkeit schenken. Damit würden wir auch die Familien stärken, den Müttern helfen, die Gleichheit voranbringen und den Kindern eine bessere Zukunft bescheren. Und das ist das Wichtigste von allem.

Kapitel 1

Die Wurzeln der Vaterschaft:
Pygmäen, Finken und Hungersnöte

Werdende Väter können gemeinsam mit ihren Ehefrauen oder Partnerinnen das Kinderzimmer einrichten, die Wände streichen oder in Läden nach einem Bettchen suchen. Je nach Haushaltsbudget können beide auch ein IKEA-Regal aufbauen, ein im 21. Jahrhundert auf der ganzen Welt bekanntes Bindungsritual. Solche Tätigkeiten geben Männern Anlass, über ihre Vaterrolle nachzudenken, aber die eigentlichen Grundlagen der Vaterschaft wurden schon lange vorher gelegt. Mindestens drei Faktoren spielen hierbei eine Rolle. Der erste ist die biologische Auslese, durch die sie auf die Vaterschaft vorbereitet sind. Der zweite sind die (familiären) Gene, wodurch sich jeder Vater von allen andern Vätern unterscheidet. Und der dritte sind die Nährstoffe, Schadstoffe und die weiteren Elemente aus der Umwelt des Menschen. Wir entdecken erst jetzt, wie diese Faktoren Väter prägen und beeinflussen und wie sie ihnen manchmal auch Steine in den Weg legen.

Vor nicht langer Zeit hatte ich in einer stillen Sommernacht im südlichen Florida Gelegenheit, mir klarzumachen, wie ungewöhnlich und wichtig doch die Rolle des Vaters bei uns Menschen ist. Mit anderen Wissenschaftlern beobachtete ich Meeresschildkröten bei der Eiablage. Wir sahen, wie ein grünes Schildkrötenweibchen zuerst ein tiefes Loch etwa in der Mitte des Sandstrandes grub und darin rund 150 Eier, jedes von der Größe eines Tennisballes, ablegte. Danach schaufelte sie mit rhythmischen Bewegungen der Hinterbeine das Loch wieder zu. Alles Weitere, das Schlüpfen, den Weg zum Wasser, die Nahrungssuche und das Heranwachsen überließ sie ihrem Nachwuchs.

Bei der Eiablage trat ihr wie auch vielen anderen Schildkrötenmüttern eine durchsichtige Flüssigkeit aus den Augen. Der Legende nach weinen sie über ihre Kinder, die sie nie kennenlernen werden. Auch wir waren gerührt von diesem Anblick. Doch es handelt sich nicht um Tränen, sondern um überschüssiges Salz, das sich im Körper der Schildkröten ansammelt und ausgeschieden wird. Auch Krokodilmütter »weinen« solche Tränen bei der Eiablage. Daher rührt der Ausdruck »Krokodilstränen weinen« für jemanden, der Bedauern nur heuchelt.

Tatsächlich fühlt die Schildkröte kein Bedauern. Sie hat mit ihren Hinterfüßen ein Loch für die Eier geschaufelt und diese nach der Ablage im Sand versteckt. Damit hat ihre Brutpflege ein Ende. Und das gilt für sehr viele Tierarten. Die Eier werden nicht bewacht, und die Jungen stehen, kaum dass sie geschlüpft sind, auf eigenen Beinen. Tiermütter, die ihre Jungen so auf die Welt bringen, haben viel Nachwuchs, um das Risiko hoher Verluste auszugleichen. Ist der Beitrag der Mütter schon gering, so ist derjenige der Väter kaum nennenswert. Sie spielen außer bei der Zeugung keine Rolle.

Für die Mütter von Säugetieren herrschen andere Verhältnisse, wenngleich für Väter die Unterschiede nicht so groß sind. Anders als die frisch geschlüpften Meeresschildkröten, die von Anfang an auf sich selbst gestellt sind, verfügen Säugetiere – und damit sind warmblütige Wirbeltiere von der Spitzmaus bis zum Primaten gemeint – dank der Muttermilch über eine ergiebige Nahrungsquelle. Das hat aber seinen Preis. Neugeborene Säugetiere brauchen viel Zeit, bis sie ausgewachsen sind. Die säugende Mutter steht in dieser Zeit für weiteren Nachwuchs nicht zur Verfügung. Und – darin den Schildkröten nicht unähnlich – die meisten Säugetiermütter erhalten kaum Hilfe von den Vätern.

Bei den 5 bis 10 Prozent der Säugetierarten, in denen die Männchen bei der Aufzucht helfen, finden sich sehr unterschiedliche Modalitäten. Monogam lebende Springaffen- und Nachtaffenväter gehören zu den am eifrigsten sich um den Nachwuchs sorgenden Eltern im ganzen Tierreich.[14] Ihr Einsatz wird nur von wenigen Menschenvätern erreicht. Springaffenväter versorgen ihre Kinder mit Nahrung und folgen den Müttern den ganzen Tag lang. Wenn die Affenbabys nicht gestillt werden, tragen die Väter sie auf ihrem Rücken. Am Ende der ersten Lebenswoche bleibt der Kontakt der Mutter mit ihrem Jüngsten tagsüber auf vier bis fünf Stillzeiten beschränkt. Der Affenvater trägt sein Kind über 90 Prozent der Zeit und verliert dabei häufig an Gewicht. Die Affenbabys binden sich eng an die Väter. Experimente haben gezeigt, dass diese Bindung stärker ist als die zur Mutter. Ein Springaffenbaby wird viel ängstlicher, wenn es von seinem Vater getrennt wird als von seiner Mutter. Bei Trennung vom Vater kreischt es mehr und zeigt einen höheren Stresshormonspiegel, als wenn die Mutter abwesend ist. Und gleichgültig ob ein Springaffenvater der biologische Vater der Kinder ist oder sich nur aus Zuneigung um sie kümmert, er wird sie nicht aus den Augen lassen.

Menschenväter widmen sich wohl nicht ganz so intensiv ihren Kindern und Ehefrauen,[15] jedenfalls nicht, was das Tragen und Füttern der Kleinen betrifft, aber sie gehören zu den treusorgendsten Exemplaren im Reich der Säuger. In allen menschlichen Kulturen helfen Väter dabei, ihre Kinder großzuziehen. Gewiss, manche Väter sind in dieser Hinsicht eifriger als andere. Manche verlassen ihre Familien wegen anderer Partnerinnen und wieder andere aus Gründen, die unklar bleiben. Doch die meisten Menschenväter ernähren wenigstens ihre Familien. Zweifellos wäre es spannend herauszufinden, ob sich die Väter in den etlichen Millionen Jahren der Menschheitsentwicklung auch schon so um die Kinderaufzucht gesorgt haben, wie sie es in heutiger Zeit tun. Investierten schon unsere frühesten männlichen Ahnen viel Zeit, Energie und Ressourcen in ihren Nachwuchs, der über Jahre hinweg auf die Hilfe seiner Eltern angewiesen ist? Oder machten sie sich rasch wieder auf die Suche nach anderen paarungswilligen Frauen, um mit ihnen neue Nachkommen zu zeugen und damit die Chancen für ein Überleben ihres Erbguts zu erhöhen? Und falls dies anfangs der Fall gewesen sein sollte, wann hat sich das geändert und warum?

Solche Fragen werden wir wahrscheinlich nie beantworten können. Wir wissen nicht einmal, wann im Lauf der Menschheitsentwicklung Männer und Frauen angefangen haben, dauerhafte Beziehungen einzugehen. Immerhin besitzen wir einige Hinweise dank der Arbeit von Archäologen und Paläoanthropologen, die prähistorische Funde untersucht haben.[16] Danach waren schon bei den Frühmenschen vom Typus des *Australopithecus,* der vor vier bis einer Million Jahren lebte, Männer und Frauen so sehr aneinander gebunden, dass Männer bei der Versorgung der Kleinkinder halfen, Nahrung beschafften und Schutz vor Raubtieren boten. Zu dauerhaften Beziehungen zwischen Männern und Frauen ist es aller Wahrscheinlichkeit mit dem *Homo erectus* vor gut 1,5 Millionen Jahren gekommen. Mütter, Väter und Kinder hatten denselben Schlafplatz, Kinder lernten vom Vater, und der Vater beschützte sie. Im späten *Pleistozän,*

vor rund 120 000 Jahren, gingen die Männer auf Großwild-
jagd. Sie hatten mehrere Frauen und verbrachten die Zeit
zwischen den Jagdzügen in Lagern, wo sie mit den Kindern
zusammenkamen. Im Verlauf des *Spätpleistozäns* entstanden
komplexe Techniken und Kunstformen, die von den Vätern
auf die Söhne überliefert wurden. Am Ende der Eiszeit vor
12 000 Jahren wandelten sich die Lebensumstände. Einfache Formen der Landwirtschaft entstanden, die Frauen
sammelten Pflanzen und trugen stärker zur Ernährung bei.
Monogamie wurde immer mehr zur Regel. Die Väter, die
nun nicht mehr auf die Jagd gehen mussten, verbrachten
mehr Zeit mit den Kindern und entwickelten ein innigeres
Verhältnis zu ihnen.

Viele Wissenschaftler vermuten, dass die Volumenzunah-
me des menschlichen Gehirns, das in den vergangen zwei
Millionen Jahren ständig gewachsen ist, ein Grund gewesen
ist, weshalb sich Väter stärker um ihren Nachwuchs kümmerten.[17] Wir wissen nicht, warum das Gehirn ständig
wuchs, möglicherweise wegen der sozialen Intelligenz, die
nötig wurde, als unsere Vorfahren in immer größeren Gruppen zusammenlebten. Mit zunehmendem Hirnvolumen
mussten die Kinder, die an der Last ihrer großen Köpfe
schwer zu tragen hatten, vorzeitig geboren werden. Wenn
ihre Entwicklung im Mutterleib zu weit gedieh, bestand die
Gefahr, dass sie den Geburtskanal der Mutter nicht mehr
passieren konnten. Ein Umstand, der einer ansonsten viel-
versprechenden Entwicklung ein jähes Ende gesetzt hätte.

Doch früher geboren werden hat seinen Preis.[18] Das
Kleinkind braucht mehr Pflege. Menschenkinder brauchen
mehr Zeit als alle anderen Lebewesen, ehe sie den Punkt erreichen, an dem sie sich selbst ernähren können. Für alle, die
gern Kalorien ausrechnen, gebe ich Folgendes zu bedenken:

Bis ein Kind sich selbst ernähren kann, vergehen etwa 18 Monate, bis dahin sind 13 Millionen Kalorien in Form von Muttermilch, Getreideprodukten und Erbsenbrei nötig.[19] Die Mütter konnten dies nicht allein leisten, sie brauchten Hilfe.

Wenn Anthropologen die Lücke schließen wollen zwischen dem, was wir über die Menschheitsentwicklung wissen möchten, und dem, was Fossilienfunde an Hinweisen geben, dann wenden sie sich den Gesellschaften zu, die auch heute noch in Verhältnissen leben, die unseren prähistorischen Vorfahren in ihrer Eigenschaft als Jäger und Sammler ähnlich sind. Zeitgenössische Jäger- und Sammler-Gesellschaften leben immer noch auf die gleiche Weise wie unsere Vorfahren die meiste Zeit ihrer Entwicklung über. Der Ackerbau wurde erst vor 10 000 Jahren erfunden,[20] und das industrielle Zeitalter begann erst vor wenigen Jahrhunderten. Davor waren die Menschen Jäger und Sammler. Von heutigen Naturvölkern können wir etwas über die Väter vor den Umwälzungen durch Landwirtschaft und Industrie lernen.

Unter den heute noch lebenden Gruppen ist diejenige aus dem westlichen Becken des Kongo, also fast im Herzen Afrikas, besonders interessant. Die Landschaft besteht aus dem weit ausladenden grünen Blätterdach des Urwalds, der hin und wieder von sonnengedörrter Savanne unterbrochen wird. Gorillas, Schimpansen, Buschschweine, mehrere Affenarten, Eichhörnchen und eine kleine Antilopenart, genannt Ducker, haben hier ihren Lebensraum im Schatten der Urwaldriesen. Elefanten und größere Antilopen – die Sitatungas – halten sich in den Sumpfgebieten der Flusstäler auf. Das Klima zeichnet sich durch konstante Temperaturen und eine hohe Luftfeuchtigkeit aus und kennt sehr regenreiche und weniger regenreiche Perioden (die »Trockenzeit«).

Was auf den ersten Blick wie ein tropisches Paradies aussieht, ist in Wirklichkeit ein Ort, an dem um das Überleben gekämpft wird. Jäger merken rasch, dass Wild eher rar ist und sehr versteckt lebt. Sich vegetarisch ernähren ist auch nicht leicht, denn viele Pflanzen, die unter dem grünen Blätterdach gedeihen, sind ungenießbar. Der Boden eignet sich nur bedingt zum Ackerbau. Ökologen bezeichnen den westlichen Kongo daher als marginalen Lebensraum, aber bevölkert ist das Gebiet dennoch. Zu seinen Bewohnern zählen die Aka-Pygmäen, die hier schon seit Urzeiten ansässig sind und gelernt haben zu überleben.

Die Aka leben vom Ertrag ihrer Sammlertätigkeit und von der Jagd, die sie mit Netzen betreiben.[21] Darüber hinaus bleibt ihnen freie Zeit, ja man kann sagen, dass sie ein Leben in Muße führen. Die Männer nehmen die ganze Familie mit auf ihre Jagdzüge. Die Ehefrauen helfen mit, indem sie das Wild in die Netze der Ehemänner treiben. Da die Eltern ihre Kinder nicht in der Kita abgeben können, sind auch die Kleinen auf der Jagd mit dabei. Die Jagdzüge werden organisiert geführt, die Familien sind stets eingebunden, und die Aka-Männer verbringen viel Zeit mit ihren Kindern.

Der Anthropologe Barry S. Hewlett von der Washington State University in Vancouver (USA) forscht seit 1973 über die Aka. Ursprünglich lag sein Schwerpunkt nicht auf den Aka-Vätern, aber das änderte sich, als er seine wissenschaftliche Arbeit bei den Aka vorübergehend unterbrach und als Organisator einer Behörde für Kindesentwicklung in die USA zurückkehrte. Für diese Funktion arbeitete er sich in die Literatur zur Entwicklungspsychologie des Kindes ein. Die Beschreibungen der Rolle und des Verhaltens des Vaters in der westlichen Kultur bildeten das genaue Gegenteil zu seinen Beobachtungen in Afrika. Im Jahr 1984 kehrte er mit dem Ziel dorthin zurück, das Verhalten der Aka-Väter zu erforschen, woran er bis heute arbeitet. Hewlett hat mittlerweile ein Haus in einer Aka-Siedlung, wo er sich jedes Jahr für mehrere Wochen bzw. Monate aufhält. Was Hewlett über das Vatersein gelernt hat, setzt er bei seinen sieben Kindern selbst in die Praxis um.

Hewlett stellte sehr bald erhebliche Unterschiede zu westlichen Eltern fest. Aka-Eltern tragen die kleinen Kinder fast ständig am Körper,[22] und zwar in engem Hautkontakt, da sie gewöhnlich keine Kleidung am Oberkörper tragen. Den ganzen Tag über sprechen Eltern oder andere Erwachsene mit den Kindern, spielen mit ihnen, sind liebevoll und zärtlich und bringen ihnen Überlebenstechniken bei. Säuglinge werden nach Verlangen gestillt und, wenn sie Ängstlichkeit oder Unruhe zeigen, gleich beruhigt. Hewlett berichtet nicht ohne Verwunderung, dass einem kaum ein Jahr alten Kleinkind schon gezeigt wird, wie man mit Macheten, spitzen Grabstöcken, scharfen Speeren und Kleinäxten umgeht. Erstaunlich, wie Kindern Verantwortung übertragen wird und wie früh sie im Gebrauch der Werkzeuge der Eltern unterwiesen werden. Einjährige mit dem Umgang von Kleinäxten vertraut zu machen ist wohl kein Erziehungsziel, das wir von den Aka übernehmen sollten.

Bei aller Aufmerksamkeit und allem Kontakt lassen die Aka-Eltern, anders als viele amerikanische Eltern, jedoch nicht zu, dass sich ihr Leben ausschließlich um die Kinder dreht. »Amerikanische Eltern erlauben ihren Kindern, das Gespräch von Erwachsenen zu unterbrechen; sie fragen die Kinder, was sie gern essen wollen, und sie kommen ganz allgemein den Wünschen der Kinder entgegen.« Solches Verhalten schreibt Hewlett einer typischen kindzentrierten Familie zu.

Die Gemeinschaft der Aka ist dagegen erwachsenenzentiert. Eltern unterbrechen nur selten ihre Tätigkeit, um Kindern ihre ungeteilte Aufmerksamkeit zu schenken. »Wenn ein Baby Unruhe zeigt, den Vater, der es trägt, mit Urin oder Exkrementen beschmutzt, während dieser sich gerade mit anderen unterhält oder die Trommel schlägt, dann wiegt der Vater das Kind sanft und putzt den Schmutz mit einem Blatt ab, ohne seine sonstige Tätigkeit zu unterbrechen.«[23] Aka-Familien verbringen 47 Prozent des Tages mit dem Halten der Kleinkinder oder bleiben doch in deren unmittelbarer Nähe.[24] Nach Hewletts Beobachtungen krabbeln Babys gern zu ihren Vätern, und Väter nehmen sie gern auf den Arm, weil diese den Umgang mit Kindern genießen. Die Väter nehmen die Babys sogar auf ihre nächtlichen Touren mit.[25] Hewlett war Zeuge, wie Männer ihre Kinder an die Hand nahmen, als sie sich mit anderen Männern zum Palmweintrinken draußen auf den Feldern trafen. (Man stelle sich einen amerikanischen Vater vor, der sich sein Baby auf die Hüfte setzt und dann zu einer Kneipentour mit seinen Kumpeln aufbricht!)

Eines Morgens machte Hewlett eine Beobachtung. Ein Vater namens Yopo lag noch mit seinem acht Monate alten Sohn Manda im Bett,[26] als Yopos Frau aufstand und Wasser für das Lager holen ging. Yopo setzte Manda auf seinen Schoß und summte vor sich hin. Manda griff sich einen Zweig und spielte mit ihm. Yopo sang das Lied, das auf der Netzjagd gesungen wird, und drückte Manda an seine Brust. Manda hängte sich an den Hals des Vaters und Yopo legte ihm ein Blatt auf den Kopf. Manda quietschte vor Vergnügen. Yopo sang weiter das Jagdlied und hielt Manda gut eine Stunde lang, auch dann noch, als seine Frau vom Wasserholen zurückkam. Bei einer anderen Gelegenheit sahen ein Vater und eine Mutter, wie ihr fünfzehn Monate alter

Sohn unweit ihrer Hütte sein Bedürfnis verrichtete. Der Vater unterbrach seine Tätigkeit – er fertigte Schnüre für das Jagdnetz – und reinigte den kleinen Sohn, dann putzte er den Boden mit einer Handvoll Blättern. Anschließend setzte sich der Vater und wendete sich wieder den Schnüren zu. Sein Sohn näherte sich ihm, legte ihm eine Hand auf das Bein und sah ihm bei der Arbeit zu.

Zu Hewletts interessantesten Entdeckungen gehörte, dass Aka-Väter sich intensiv abends um die Kinder kümmern,[27] wenn Wissenschaftler oft gar nicht mehr beobachten. Gewöhnlich betreiben Anthropologen ihre Feldforschung tagsüber. Folglich entgeht ihnen, was Väter auch und vor allem nachts für ihre Kinder leisten. So kommt es zu der Behauptung, Väter würden sich kaum an der Kinderbetreuung beteiligen. Wir können dieses Verhalten auf unsere eigenen Familien übertragen. Doch was Väter nachts für ihre Kinder tun, wird auch in Studien der Industriestaaten nicht erwähnt. So entsteht eine verzerrende Darstellung der Verhältnisse. »Kleine Kinder wachen, ganz gleich in welcher Kultur sie leben, oft nachts auf, und ich habe den Eindruck, dass Väter sich nachts viel um die Kinder kümmern«, schreibt Hewlett. Da Psychologen ihre Beobachtungen im Allgemeinen nicht in Familien mit Säuglingen und Kleinstkindern durchführen, entgehen ihnen diese Tätigkeiten. Sie wissen wenig über die Rolle des Vaters, weil sie ihn nicht in Aktion sehen, und ziehen den Schluss, er tue wenig.

Hewlett stellte fest, dass die Aka-Väter ihre kleinen Kinder neun Prozent des Tages im Arm hielten und 20 Prozent am Abend. Das ist zwar nicht gerade das, was wir besonders wertvolle Zeit nennen, denn die Väter sind mit dem Kind auf dem Arm parallel noch mit anderem beschäftigt. Doch in den vielen Stunden, die Väter und Kinder gemeinsam verbringen, entstehen ungewöhnlich enge Beziehungen, »der Vater kennt sein Kind sehr gut«.

In Amerika verstehen Väter unter besonders wertvoller Zeit die Zeit, die sie mit ihren Kindern spielen. Aka-Väter spielen nicht oft mit ihren Kindern, sie zeigen ihnen ihre Liebe und Zuneigung auf andere Weise und kennen subtile Formen der Kommunikation.[28] Die Aka zeigen, dass gemeinsam verbrachte Zeit, und sei sie auch mit ganz gewöhnlichen Tätigkeiten erfüllt, sehr wohl eine sichere emotionale Basis schafft, die den Kindern zu Autonomie und Selbstsicherheit verhilft.

Solche Feldstudien an den Aka und anderen Völkern außerhalb unserer westlichen Kultur stellen vieles in Frage, was wir über Väter zu wissen glauben. Sie belegen, dass Väter, wenn die Umstände es erfordern, mehr für ihre Kinder tun können und wollen. In Anbetracht des Drucks, den unsere sich ständig wandelnde Gesellschaft ausübt, ist es unwahrscheinlich, dass viele Väter so viel Zeit mit ihren Kindern verbringen werden wie die Aka-Väter. Aber die Aka zeigen uns, wie Vaterschaft auch aussehen kann, und daran können wir lernen, welche Art von Vater wir gern sein wollen.

Die Aka vermitteln uns eine Vorstellung von der Vaterschaft in prähistorischen Zeiten, aber sie sagen uns wenig darüber, wie sich die Vaterrolle in den vergangenen Jahrzehnten verändert hat. Wie schon zu Beginn dieses Kapitels erwähnt, werden Männer nicht allein durch die Evolution für die Vaterrolle bestimmt, sondern auch durch ihre eigene Familie und die Umwelt. Wir werden sehen, dass fehlerhaftes Erbgut und die Belastung durch Umweltschadstoffe das künftige Leben der Kinder und Kindeskinder negativ beeinflussen können.

Wir wissen alle, dass eine Schwangere möglichst gesund essen, quecksilberbelasteten Fisch meiden, das Rauchen aufgeben und den Kontakt mit Lösungsmitteln vermeiden sollte. Dies und noch vieles mehr kann die Gesundheit des Fötus gefährden. Das leuchtet ein, denn ein Kind im Leib der Mutter hat einen so engen Austausch mit ihr wie sonst nie ein Mensch mit seiner Umwelt.

Aus demselben Grund liegt es nahe anzunehmen, dass ein Vater kaum oder gar keinen Einfluss auf die Gesundheit des Fötus hat, da er mit diesem in keinem physischen Kontakt steht. Doch das ist falsch. Die Forschung hat gezeigt, dass die Umwelt des Vaters, sein Verhalten und sogar sein Erscheinungsbild Auswirkungen auf die Gesundheit des Fötus und sogar auf die der Enkel haben können.

Die erste Spur dieser Zusammenhänge findet sich in der Mitte der 1960er-Jahre.[29] Eine Pharmazeutin namens Gladys Friedler untersuchte die Wirkung von Morphium auf weibliche Ratten und fand heraus, dass die Droge die Entwicklung des Rattennachwuchses beeinträchtigte. Dann injizierte sie auch männlichen Ratten Morphium und ließ sie sich mit gesunden weiblichen Ratten paaren. Sie fragte sich, ob diese Belastung ebenfalls den Nachwuchs in seiner Entwicklung beeinflusst. Nach gängiger Anschauung war das nicht anzunehmen. Das Morphium konnte die männlichen Ratten auf verschiedene Weise beeinflussen, jedoch nicht ihre Samenzellen. Doch die gängige Anschauung erwies sich als falsch. Die Rattenjungen hatten Untergewicht und waren unterentwickelt, und das nur wegen der Morphiumbelastung des Vaters vor ihrer Zeugung. Die Pharmazeutin verstand nicht recht, was sie da entdeckt hatte. Keiner konnte das damals, und niemand glaubte ihr. Sie warb um Forschungsgelder für weitere Untersuchungen, doch ihre Kollegen rieten ihr davon ab. Sie blieb hartnäckig und sah sich schließlich im vergangenen Jahrzehnt in ihrer Arbeit bestätigt.

Forscher haben in einer Reihe neuerer Studien Belege für diese Form der väterlichen Vererbung vorgelegt. Die interessantesten Befunde stammen aus einem Ort namens Överkalix in Schweden. Der kleine Ferienort liegt hoch im Norden, wo die umliegenden Hügel im Sommer von der Mitternachtssonne und im Winter vom Polarlicht erleuchtet werden.

Schwedische Forscher waren auf Överkalix aufmerksam geworden,[30] weil die dortige Stadtverwaltung das ganze 19. Jahrhundert über, als es zu mehreren Missernten kam, ein genaues Register geführt hatte. Ernteerträge und Getreidepreise wurden in den »Mitteilungen des Statthalters in Västerbotten an seine Majestät den König« festgehalten. Die Forscher erfuhren, wie viele Kinder 1905 in Överkalix geboren wurden, und fanden Angaben über Rekordernten und Hungersnöte bis in die Zeit der Großeltern dieser Kinder. Die Forschungshypothese bestand darin, nach Zusammenhängen zwischen der Ernährungslage der Großeltern und dem Gesundheitszustand der Enkel zu suchen. In ertragreichen Jahren hatten die Großeltern reichlich zu essen, in mageren hingegen reichte es kaum zum Überleben. Ob Schwankungen in der Ernährung der Großeltern Auswirkungen auf die Enkelgeneration haben könnten, war die Untersuchungsfrage.

Besondere Aufmerksamkeit fanden die Angaben, die etwas über die Ernährung der Großväter in deren früher Jugendzeit sagten, denn dieses Alter sollte von ausschlaggebender Bedeutung für die Gesundheit sein. Diese Vermutung bestätigte sich. Die Enkel von Männern, die reichlich zu essen hatten, lebten nicht so lange wie die Enkel derjenigen, die hatten Hunger leiden müssen. Und der Hunger brachte noch weitere Vorteile für die Enkel. Letztere starben weniger oft an Herzkrankheiten oder Diabetes als die Enkel der wohlgenährten Großväter.

Marcus Pembrey vom University College London wertete die Befunde aus Överkalix sowie weitere Quellen aus, immer der Fragestellung folgend, welche Schlüsse aus dem Verhalten und der Ernährung der Väter auf mögliche Folgen für ihre Kinder und Enkel gezogen werden könnten.[31] Ihm stand Material von über 166 englischen Vätern zur Verfügung, die nach eigenen Angaben vor dem elften Lebensjahr mit dem Rauchen begonnen hatten. Er verglich deren Kinder mit den Kindern von Vätern, die erst später im Leben das Rauchen angefangen hatten. Die Söhne der Väter mit früher Tabaksucht wiesen häufiger schon mit neun Jahren Übergewicht auf. Offenbar gab es eine Verbindung zwischen Vätern und Söhnen, aber nicht zwischen Vätern und Töchtern.

Pembrey und seine Kollegen werteten auch die historischen Angaben zu Ernteerträgen in Överkalix aus. Sie bestätigten, dass Enkel von gutgenährten Großvätern väterlicherseits früher starben. Und sie kamen zu demselben Befund bei Enkelinnen, deren Großmütter väterlicherseits reichlich zu essen hatten. Der umgekehrte Fall traf auch zu: Enkel hatten ein geringes Risiko, früh zu sterben, wenn ihre Großeltern väterlicherseits als Kinder nur wenig Nahrung zur Verfügung hatten.

Doch damit nicht genug. Man hat schon lange gewusst, dass Mütter, die während der Schwangerschaft zu viel essen oder fettleibig sind, das Risiko erhöhen, dass auch ihre Kinder einmal fettleibig werden.[32] Nun aber wissen wir, dass ein ähnliches Phänomen auch bei Vätern zu beobachten ist. Kinder von fettleibigen Müttern und Vätern werden mit hoher Wahrscheinlichkeit ebenfalls fettleibig. Dieses Forschungsergebnis verdanken wir Margaret J. Morris und ihren Kollegen von der Universität von New South Wales in Australien. Sie stellten fest, dass übergewichtige Kinder gewöhnlich auch übergewichtige Mütter und Väter hatten. Daher fragten sie sich, ob die Ernährung des Vaters – und nicht seine Gene – das Risiko der Kinder, an Diabetes vom Typ 2 zu erkranken, erhöht oder nicht.

Die Forscher verabreichten normalgewichtigen männlichen Ratten ein Futter mit 40-prozentigem Fettanteil, um sie auf Übergewicht zu bringen. Anschließend ließen sie diese Ratten sich mit weiblichen Ratten paaren, die normales Futter erhalten hatten. Die Rattenjungen wiesen erhöhtes Gewicht und Fettansatz auf. Tests ergaben bei ihnen auch ein erhöhtes Diabetesrisiko. Beim weiblichen Rattennachwuchs sah das Entwicklungsmuster anders aus. Bei ihrer Geburt waren der Fettanteil und das Körpergewicht normal, doch als erwachsene Tiere zeigten sie einen veränderten Glukose- und Insulinstoffwechsel, der typisch für eine Diabeteserkrankung ist. Bei einer genauen Untersuchung der Gene der Rattentöchter entdeckten die Wissenschaftler eine veränderte Wirkungsweise von 642 Genen,[33] die die Inselzellen (in denen Insulin produziert wird) steuern. Für diesen Zusammenhang konnte es nur eine Erklärung geben: Die fetthaltige Kost hatte bei den Rattenvätern die Beschaffenheit der Samenzellen verändert[34] und als weitere Folge den Rattentöchtern eine Krankheit übertragen, die erst im Erwachsenenalter zum Ausbruch kommt.

Solche Phänomene werden epigenetische Veränderungen genannt. Diese ändern nicht die DNA-Sequenz der Gene, bestimmen aber, ob manche Gene aktiviert werden oder nicht. Die Ergebnisse der Untersuchungen zu Överkalix und die Studien zur Fettleibigkeit legen solche epigenetischen Veränderungen als Erklärung nahe.

Andere Studien haben ähnliche Beziehungen bei anderen Krankheiten nachgewiesen. Einer Forschergruppe von der University of Massachusetts unter der Leitung von Oliver J. Rando fand heraus, dass eine proteinarme Ernährung bei männlichen Mäusen eine Veränderung vieler Gene auslöst,[35] die für den Cholesterin- und Fettstoffwechsel der Nachkommen verantwortlich sind. Die Forschergruppe bot eine interessante Hypothese an, wie es dazu kommen könnte. Vielleicht verändert der Organismus des Vaters, der quasi »spürt«, dass im Lebensmilieu Proteinknappheit herrscht, die Gene, die er an seine Nachkommen weitergibt, um diesen bei der Anpassung an ein karges Milieu zu helfen. »Es gibt Mechanismen, die dafür sorgen, dass Lebewesen ihre Nachkommen über vorherrschende Umweltbedingungen informieren«, heißt es weiter. Auf diese unerwartete und erstaunliche Weise kann ein Vater das Überleben seiner Nachkommenschaft fördern.

Jedes dieser Ergebnisse stieß weitere Forschungen an, und mittlerweile gibt es genügend Hinweise, dass Gesundheitsprobleme bei Vätern an ihre Kinder vererbt werden. In einer Studie aus jüngster Zeit setzten Eric J. Nestler und seine Kollegen von der Mount Sinai School of Medicine in New York männliche Ratten anhaltendem Stress aus.[36] Anschließend paarten sie sich mit normalen Rattenweibchen. Die Rattenjungen zeigten in Physiologie und Verhalten Symptome, die auf Angst und Depression verwiesen. Lorena Saavedra-Rodríguez und Larry A. Feig von der Tufts University School of Medicine in Boston fanden heraus, dass weibliche Mäuse Stresssymptome an ihren Nachwuchs weitergaben. Für Väter gilt das Gleiche. Das ist ein weiterer Beleg für den Großvater-Effekt, der aus den Överkalix-Studien bekannt ist.[37]

Forschungsergebnisse dieser Art häufen sich. Je mehr sich die Forschung mit diesen Veränderungen beschäftigt, desto häufiger findet sie Bestätigungen. In einer Studie, die auf dem Jahreskongress der Society of Neuroscience im November 2013 vorgestellt und dann in der wissenschaftlichen Zeitschrift *Nature* veröffentlicht wurde, berichten Brian G. Dias und Kerry J. Ressler von der Emory University in Atlanta, dass männliche Mäuse Angst aus traumatischen Erfahrungen an ihre Nachkommen weitergeben. Sie versetzten männlichen Mäusen leichte Stromstöße, wenn die Tiere einem bestimmten Geruch ausgesetzt waren.[38] Sie taten dies so lange, bis die Mäuse mit Schrecken auf diesen Geruch und auf keinen anderen reagierten. Nach den Paarungen der Mäuse stellten Dias und Ressler fest, dass der Nachwuchs eine erhöhte Schreckreaktion auf ebendiesen Geruch zeigte. Die Angst wurde an die nächste Generation weitervererbt.

Noch vor einem Jahrzehnt hätten Forscher nicht erwartet, solche epigenetischen Veränderungen bei Vätern zu finden. Dass die gesundheitliche Verfassung der Mütter Auswirkungen auf das ungeborene Kind hat, überrascht nicht, denn die Verbindung zwischen Mutter und Fötus ist besonders innig. Die einzige Verbindung zwischen Vater und Fötus ist die Samenzelle, die das Ei befruchtet. Sie birgt eine reiche, aber manchmal auch schädliche genetische Ausstattung. Die Frage bleibt, wie die Erfahrungen der Väter die epigenetischen Marker in den Spermien verändern, sodass Gesundheitsrisiken oder Ängste der Väter auf den Nachwuchs übertragen werden. Bisher können die Forscher nur Hypothesen anbieten, ein gesichertes Wissen gibt es hier noch nicht.

Andere Forscher haben untersucht, inwiefern Gifte und Umweltschadstoffe Gefahren für die Väter heraufbeschwören und ob die Belastung mit solchen Substanzen auch Veränderungen beim Nachwuchs verursacht. Können Schadstoffe die

Wirkungsweise der väterlichen Gene in der gleichen Weise verändern wie Stress, eine bestimmte Ernährung oder Angst? Erste Untersuchungen zur Beantwortung dieser Frage wurden von dem Biochemiker Michael K. Skinner von der Washington State University durchgeführt. Er setzte Laborratten einem Fungizid, einem pilztötenden Mittel namens Vinclozolin aus, das zum Pflanzenschutz im Wein- und Obstbau verwendet wird.[39] Dass die Chemikalie der Gesundheit der Ratten schaden würde, war zu erwarten. Doch Skinner fand noch viel mehr heraus. Das Fungizid schaltete bei den Ratten Gene ein, die normalerweise ausgeschaltet waren, und umgekehrt – und diese Veränderungen in der Wirkungsweise der Gene wurden an den Nachwuchs weitergegeben. Forscher wussten schon lange, dass Umweltschadstoffe eine Auswirkung auf die Gene haben können. Doch sie waren davon ausgegangen, dass Spermien und Eizellen von solchen Veränderungen ausgenommen seien. Skinner stellte fest, dass dem nicht so war, im Gegenteil. Die Veränderungen hatten Bestand und wurden an die nächste Generation weitervererbt.

Wenn Umweltbelastungen die Wirkungsweise von Genen veränderten, von denen man angenommen hatte, dass sie gegen äußere Einflüsse geschützt seien, dann war es plausibel, sich zu fragen, ob die Belastung mit Schadstoffen am Arbeitsplatz bei Männern genetische Schäden verursachen könne. Tania A. Desrosiers und ihre Kollegen von der Universität von North Carolina führten eine epidemiologische Untersuchung an einer großen Zahl von Arbeitern durch, um herauszufinden, ob manche Berufe in einer Korrelation mit Gesundheitsproblemen bei deren Kindern standen.[40] Die Untersuchungshypothese bewahrheitete sich. Bei bestimmten Berufen der Väter bestand ein höheres Risiko, dass ihre Kinder mit einem Geburtsfehler zur Welt kommen. Zu diesen Berufen zählten Arbeiter in der Erdöl- und Gasgewinnung, in der chemischen Industrie, Drucker, Computerwissenschaftler, Friseure und Kraftfahrer. Manche Berufe standen sogar in Verbindung mit spezifischen Geburtsfehlern: Erkrankungen an Grauem und Grünem Star bei Fotografen sowie Erkrankungen des Verdauungstraktes bei Landschaftsgärtnern. Epidemiologische Studien erfordern stets Bestätigung durch klinische Untersuchungen und Labortests. Die Ergebnisse müssen also noch überprüft werden. Immerhin kann man darin schon eine ernstzunehmende Warnung sehen.

Diese Studien zeigen, dass Väter und sogar Großväter die Gesundheit ihrer Kinder und Kindeskinder beeinflussen können. Doch es gibt noch andere Wege, Verbindungen zwischen Vätern und Kindern aufzudecken. So kann man sich fragen, ob es noch andere Eigenschaften väterlicherseits gibt, die die gesundheitliche Verfassung der Kinder bestimmen. Forscher sind der Frage nachgegangen, ob das Aussehen eines Mannes Folgen für seine Kinder haben könnte. Und sie haben erstaunliche Antworten auf diese Frage gefunden – auf einem Umweg ins Tierreich zu den Zebrafinken.

Diese Vögel stammen ursprünglich aus Australien und werden rund elf Zentimeter groß. Das Männchen hat einen rotbraunen Wangenfleck, die typische weiß-graue Zebrazeichnung unter der Kehle und einen roten Schnabel. Man mag sich wundern, warum ausgerechnet der Zebrafink die passende Tierart sein soll, um Fragen nach männlicher Attraktivität zu klären. Wie kann ein Forscher ein besonders hübsches Exemplar von einem weniger attraktiven Artgenossen unterscheiden? Und doch vermitteln uns Zebrafinken eine wichtige Erkenntnis über die Vaterschaft: Die Schönheit des Männchens ist auch für seine Nachkommen von Bedeutung.

Die Geschichte der Zebrafinken habe ich von James P. Curley gehört,[41] einer Koryphäe auf dem Gebiet der Vaterschaftsgenetik. Der an der Columbia University in New York forschende Wissenschaftler arbeitet eigentlich nicht mit Finken, sondern mit Mäusen, die sich ebenfalls gut zum Studium der männlichen Genetik eignen. Als ich ihn in seinem Labor besuchte, machte er mich auf die Zebrafinken aufmerksam und ging mit mir zu einem kleinen Raum, in dem Kollegen eine laut zwitschernde Zebrafinken-Population hielten. Aus genetischen Untersuchungen an den Vögeln geht hervor, dass Männchen auf indirektem Weg die Überlebenschancen ihrer Nachkommen dadurch erhöhen können, dass sie die Weibchen zu liebevoller Brutpflege animieren.

Die Wissenschaftler verfolgten die Frage, ob die Attraktivität eines Männchens das Brutpflegeverhalten des Weibchens beeinflusst. Anlass zu den Experimenten gab die Beobachtung, dass Finkenweibchen für die Paarung Männchen mit einem roten Ring am Bein bevorzugen. Die Weibchen haben wenig Interesse an Männchen mit grünen Beinringen. Mit dieser Entdeckung ersparten sich die Forscher die Mühe herauszufinden, was denn gut aussehende Finkenmännchen seien. Es genügte, das richtige Accessoire zu kennen.

Warum Weibchen gerade Männchen mit roten Beinringen bevorzugen, ist schwer zu erklären. Immerhin finden Weibchen Männchen mit großen roten Wangenflecken sehr attraktiv, also könnte, wie Curley vermutet, das Rot der Beinringe in gewisser Weise das Rot der Wangenflecken wieder aufnehmen. Aber auch ohne eine überzeugende Erklärung war dieses Phänomen sehr hilfreich für die Forscher. Sie versahen die Hälfte der Männchen einer Gruppe mit roten Beinringen und die andere Hälfte mit grünen. Dann verglichen sie die Nachkommen miteinander.

Die Nachkommen der Männchen mit den roten Bändern hatten eindeutig Vorteile. Sie bettelten öfter um Nahrung als andere und hatten damit Erfolg: Ihre Mütter gaben ihnen mehr Futter. Die Weibchen legten Eier mit mehr Wachstumshormonen, wenn die Eier von attraktiven Männchen befruchtet worden waren. Nun könnte man annehmen, dass die attraktiven Männchen einfach bessere Gene hatten, doch das war nicht der Fall. Dass die Männchen attraktiver gemacht wurden, veranlasste die Weibchen dazu, sich ihrem Nachwuchs mit größerem Engagement zu widmen. Die attraktiveren Männchen hatten keine bessere genetische Ausstattung, wenngleich dies für die Weibchen so scheinen mochte.

Curley hielt den Befund für so unglaublich, dass man darüber lachen konnte. Wie war es möglich, dass ein rotes Band am Bein des Männchens so ausschlaggebend für das Verhalten des Weibchens wurde? Er entschloss sich, das Experiment mit entsprechenden Änderungen an seinen Mäusen zu wiederholen. Hierzu verglich er Männchen, die in Isolation aufgezogen worden waren, mit solchen, die ein Leben in einem eher naturnahen Milieu genossen hatten. Dann paarte er jedes Männchen mit einem Weibchen. Die Weibchen, die sich mit »gehätschelten« Männchen gepaart hatten, widmeten den Mäusejungen mehr Zeit und Pflege. Es war das gleiche Bild wie bei den Zebrafinken: Die Mäuseweibchen kümmerten sich intensiver um ihren Nachwuchs, wenn sie einen attraktiveren Partner hatten.

Von dem Ergebnis bestärkt, führte Curley einen anderen Test durch. Diesmal mit gestressten und normalen Mäusen. Weibchen, die sich mit normalen Männchen gepaart hatten, säugten und leckten die Mäusejungen öfter, und diese zeigten auch weniger Stress als der Nachwuchs der gestressten Mäuseväter. Auch hier erwies sich: Attraktive Männchen machten ihre Partnerinnen zu besseren Müttern, und das war ein Vorteil für die Nachkommen.

Curley setzte unter diesen Prämissen seine Forschungen fort und untersuchte, ob ein Männchen seine Ängstlichkeit ebenso wie seine Stressanfälligkeit auf den Nachwuchs übertragen könnte. Um bei Männchen hohe Ängstlichkeit auszulösen, nahm er sie aus ihren Käfigen und setzte sie in ihnen völlig unbekannte Behältnisse. Diejenigen, die am wenigsten Neigung zeigten, ihre neue Umwelt zu erkunden, waren die Mäuse mit der höchsten Ängstlichkeit. Er ließ diese Männchen sich mit Weibchen paaren und stellte fest, dass die Töchter der ängstlichen Väter ähnliche Symptome zeigten. Die Mäusejungen wurden nur von der Mutter aufgezogen, hatten also mit dem Vater keinen Kontakt. Die Forscher deuteten dies so, dass Marker in den väterlichen Samenzellen an die Töchter weitervererbt wurden, unabhängig vom Verhalten der Mutter. (Diese Marker sind verantwortlich für epigenetische Veränderungen, denn sie greifen in die Wirkungsweise der Gene ein, nämlich ob sie ein- oder ausgeschaltet sind, ohne die DNA zu ändern.) Die Söhne erbten nichts von der Ängstlichkeit der Väter. Auch dieser Befund hat seine Parallelen. Die Gut- oder Schlechtgenährtheit der Großväter in Överkalix beeinflusste nur die Söhne, nicht die Töchter. Ganz offensichtlich betreffen manche Veränderungen nur die Söhne, andere nur die Töchter. Dass es dafür keine plausible Erklärung gibt, beweist nur, dass weitere Forschung nötig ist, um diese generationenübergreifenden Wirkungen zu verstehen.

Curley und seine Kollegen konzentrieren ihre Arbeit nun auf ein Gen namens *Peg3,* das sich ebenfalls unterschiedlich auf Söhne und Töchter auswirkt. Die Bezeichnung steht für »paternal exprimierte Gene«: Bei dieser Genfamilie tritt nur die Kopie des Vaters, nicht die der Mutter beim Nachwuchs in Erscheinung. »Was der Vater seinem Nachwuchs mitgibt, ist von ausschlaggebender Bedeutung«, sagt Curley. Er untersucht zwar die Gene von Mäusen, aber eine Variante von *Peg3* tritt auch beim Menschen auf. Was Curley bei Mäusen entdeckt, wird vermutlich auch für Menschen von Belang sein. Um die Wirkungsweise des Gens etwas anschaulich zu machen, gibt der Forscher einen kurzen Abriss des Liebeslebens der Mäuse. Noch jungfräuliche Männchen versuchen aufs Geratewohl ein beliebiges Weibchen zu begatten – gleichgültig, ob es brünstig ist oder nicht. Gewöhnlich gelingt es den Männchen auch, und damit ist ihr Problem gelöst. Nach der Paarung entwickeln sie die Fähigkeit, am Geruch zu erkennen, ob ein Weibchen in der fruchtbaren Phase ist oder nicht. Curley wollte nun wissen, wie *Peg3* bei diesem Verhalten zum Tragen kommt. Mit einem Kunstgriff schaltete er *Peg3* bei einem Teil der Männchen aus. Die auf diese Art behandelten Männchen konnten nicht mehr erkennen, ob ein Weibchen brünstig war, auch nicht nach der Paarung. So fuhren sie fort, Weibchen zu begatten, die nicht in der fruchtbaren Phase waren. Nach einer Weile aber gaben die orientierungslosen Männchen auf. Daraus schloss Curley, dass *Peg3* bei männlichen Mäusen ausschlaggebend für angemessenes Paarungsverhalten ist.

Anschließend wandte sich Curley den weiblichen Mäusen zu. Bei diesen nun hatte das Ausschalten von *Peg3* einen ganz anderen Effekt. Das Paarungsverhalten bleibt bei ihnen unberührt, dafür ändert sich ihr Pflegeverhalten. Während der Tragezeit fressen sie nicht genug. Nach der Geburt des Nachwuchses sollten sie die Jungen eigentlich ablecken, sie säugen, die Plazenta verzehren (als Nahrungsquelle) und ein Nest bauen. Weibchen mit deaktiviertem *Peg3* erfüllen alle diese Aufgaben sehr viel nachlässiger als normale Mäuseweibchen.

Fasst man die Forschungsergebnisse zusammen, so zeigt sich, dass *Peg3* dafür verantwortlich ist, wie gut das Paarungsverhalten der männlichen Nachkommen eines Vaters ist und wie gut sich die weiblichen Nachkommen um die Aufzucht des Nachwuchses kümmern. Das Paarungsverhalten der Söhne und die Kinderaufzucht der Töchter werden die Gesundheit der Enkel bestimmen. Wieder haben wir es mit Auswirkungen zu tun, die Kinder und Kindeskinder gleichermaßen betreffen. Es scheint plausibel, dass das Gen *Peg3* bei Menschen eine ähnliche Wirkung bei Männern und ihrem Nachwuchs entfaltet. Damit ist diese Verbindung noch nicht bewiesen, aber Curley und andere Forscher schöpfen daraus das Vertrauen, bei Menschen auf ähnliche Mechanismen zu stoßen.

Wir können Menschen nicht in Käfige sperren, sie mit farbigem Schmuck versehen und sie dann zur Paarung freigeben. Anders als Zebrafinken, die sich bei der Wahl des Beinschmucks nicht äußern durften, hätten Männer wohl etwas einzuwenden gegen das Ansinnen, sie für ein Experiment unattraktiv zu machen. Auch wären sie nicht mit Manipulationen einverstanden, die negative Auswirkungen auf ihre Nachkommen haben könnten. Aber Mäuse, Finken und Menschen sind doch in genetischer Hinsicht so ähnlich, dass Aussagen, die für eine dieser Gattungen gelten, auch für uns relevant sind. Obwohl diese Ergebnisse also noch keine Beweiskraft für Menschen haben, dürfte es für werdende Väter klug sein, sich über ihre Gesundheit und ihre Ernährung Gedanken zu machen, sogar schon ehe ihre Partnerinnen von ihnen schwanger werden. Das wäre ein guter Rat für Väter, selbst wenn damit keine direkten Vorteile für ihre Kinder verbunden wären. Und falls doch, wäre es ein doppelt guter Rat.

Kapitel 2
Empfängnis: das genetische Tauziehen

Vor Jahren, es war kurz nach meinem Berufsbeginn als Wissenschaftsjournalist bei der *Associated Press*, teilte ich mir zufällig ein Taxi mit einem Biologiestudenten vom Massachusetts Institute of Technology (MIT). Wir waren beide auf der Anreise zu einem Krebs-Kongress in Houston, und er fieberte seinem ersten wissenschaftlichen Vortrag vor einem landesweiten Fachpublikum entgegen. Sein Thema war eine Studie über das Y-Chromosom, mit dem Väter ihren genetischen Beitrag für ihre Kinder leisten. Unsere Wege haben sich über die Jahre immer wieder gekreuzt, und ich habe seinen wissenschaftlichen Aufstieg verfolgt. Heute ist David C. Page der Direktor des angesehenen, dem MIT angeschlossenen Whitehead Institute for Biomedical Research in Cambridge, Massachusetts. Und seine Forschungen betreffen weiterhin die Fragen, die ihn schon beschäftigt hatten, als wir damals im selben Taxi saßen.

Unlängst hat er eine faszinierende Darstellung der Geschichte des Y-Chromosoms veröffentlicht.[42] Dieses ist bekanntlich ausschlaggebend bei der geschlechtlichen Fortpflanzung. Männliche Lebewesen haben ein X-Chromosom und ein Y-Chromosom, weibliche Lebewesen haben zwei X-Chromosomen. Mütter geben eines ihrer X-Chromosomen an ihr Kind weiter, Väter geben entweder ein X-Chromosom weiter, sodass daraus ein Mädchen, oder ein Y-Chromosom, sodass daraus ein Junge entsteht. Page und sein Forschungsteam haben nun nachgewiesen, dass das Y-Chromosom, das unter dem Mikroskop deutlich kleiner ist als das X-Chromosom, nur noch einen Bruchteil seiner ursprünglichen Größe besitzt. Zu einem bestimmten Zeitpunkt hatten beide Chromosomen rund 800 Gene gemeinsam. Von diesen 800 Genen stimmen nur noch 19 überein, bedingt durch einen Genschwund auf dem Y-Chromosom.

Verschwinden die männlichen Lebewesen allmählich?

Das nicht. Die Gene sind verschwunden, aber die männlichen Lebewesen welken deshalb nicht dahin. Der größte Teil des Genschwundes fand schon vor sehr langer Zeit statt, seither scheint sich das Y-Chromosom stabilisiert zu haben. Für Väter und für uns alle ist das ein Glück. Neueste Forschungen über das Y-Chromosom vermitteln uns ein faszinierendes Bild der männlichen Erbanlagen, die trotz des Genschwundes komplizierter und bedeutender sind, als man erwarten würde.

Bis vor Kurzem noch glaubte man ziemlich genau zu wissen, was bei der Empfängnis geschieht. Vater und Mutter steuern jeweils 23 Chromosomen für die befruchtete Eizelle bei und statten diese mit dem vollständigen Chromosomensatz von 46 aus. (Alle bilden gleiche Paare mit Ausnahme des X- und Y-Chromosoms.) Die befruchtete Eizelle teilt sich in weitere Zellen, aus denen sich ein Embryo bildet, der die Merkmale von Vater und Mutter aufweist. So weit scheint alles einfach. Seitdem aber Wissenschaftler Instrumente entwickelt haben, um Eizellen im Labor künstlich zu befruchten und den Vorgang in allen Einzelheiten zu untersuchen, stellt sich alles als sehr viel vertrackter dar.

In den späten 1970er-Jahren arbeitete in Cambridge, England, der junge Entwicklungsbiologe M. Azim Surani[43] im

Labor des Physiologen Robert G. Edwards. Bekannt wurde Edwards als ein Mitglied des Forschungsteams Steptoe und Edwards, das die Technik der künstlichen Befruchtung in der Retorte oder IVF entwickelte. Edwards und der Gynäkologe Patrick C. Steptoe waren 1978 verantwortlich für die Geburt von Louise Brown, des ersten sogenannten Retortenbabys. Für diese Errungenschaft sollten sie später den Nobelpreis erhalten. Als Surani zu dem Team stieß, machte die Forschung an der In-vitro-Fertilisation – der künstlichen Befruchtung im Glas – große Fortschritte. Surani fand den Geist in diesem Labor sehr anregend. Edwards wollte gemeinsam mit ihm forschen, aber Surani verfolgte eine andere Idee.

Ihn interessierte das Phänomen der Parthenogenese, was Altgriechisch ist und Jungferngeburt bedeutet. Damit ist eine Form der Fortpflanzung gemeint, bei der gesunde Nachkommen entweder nur aus den Genen der Mutter oder nur aus den Genen des Vaters hervorgehen, ohne dass es zu einer Kombination beider Anlagen kommt, wie es bei der geschlechtlichen Fortpflanzung der Fall ist. Die Wissenschaft wusste damals, dass dieses Phänomen bei bestimmten Fischen, Reptilien und anderen Tierarten verbreitet ist, dass es aber nicht bei Säugetieren, einschließlich des Menschen, und auch nicht bei Versuchstieren im Labor vorkommt. Surani wollte herausfinden, ob Mäuse im Labor so manipuliert werden konnten, dass es zu einer Parthenogenese kommt.

Bei Mäusen und Menschen geben männliche Samenzelle und weibliche Eizelle jeweils einen Chromosomensatz für das befruchtete Ei, welches also einen doppelten Chromosomensatz besitzt. Damit ist es für die weitere Teilung und Diversifizierung ausgestattet. Rein theoretisch würden auch zwei weibliche Chromosomensätze in einer Eizelle für die Teilung genügen, denn das Ei hätte die nötige Anzahl an Chromosomen. Nach dem damaligen Stand des Wissens in der Genetik sollte sich ein solches Ei, auch wenn es ausschließlich weibliche Gene enthielt, normal entwickeln.

Gemeinsam mit seiner Assistentin Sheila C. Barton hatte Surani, als er Edwards' Laborteam verließ, die nötige Technik zur Manipulation von Genen und Eizellen entwickelt. Nun wendete er diese Instrumente an, um ein Mäuseei mit einer Kopie der Gene einer anderen weiblichen Maus künstlich zu »befruchten«. Ohne Erfolg. Er wiederholte das Experiment mehrmals, mit dem gleichen Resultat. Aus den nur mit mütterlichen Genen ausgestatteten Eiern entwickelten sich viel zu kleine, anfällige Föten, von denen keiner überlebte. Kurze Zeit nachdem die Eier den Mäuseziehmüttern eingepflanzt worden waren, starben die Föten an den Folgen genetischer Defekte. Die einen wuchsen langsamer und blieben viel kleiner als normale Embryonen, die anderen hatten einen abnorm großen Dottersack. Ein Embryo hatte nur schwach entwickeltes Hirngewebe, ein anderer besaß ein schlagendes Herz, aber keinen Kopf.

Offenbar steuerten Väter etwas Wesentliches für das Überleben der Embryonen bei. Worin dieser wesentliche Beitrag bestehen könnte, wusste damals niemand, aber genau das wollte Surani herausfinden und forschte in die andere Richtung. Er produzierte befruchtete Eizellen, die den doppelten männlichen Chromosomensatz aufwiesen. Auch diese Embryonen überleben nicht. An der Technik konnte es nicht liegen, denn wenn er die gleichen Instrumente zur Kombination von väterlichen und mütterlichen Genen verwendete, entwickelten sich überlebensfähige Embryonen. Er zog daraus den Schluss, dass die mütterlichen in gleicher Weise wie die väterlichen Gene etwas beitrugen, was für das Überleben des befruchteten Eis unverzichtbar war.

Dieses »Etwas« konnte nicht im genetischen Code selbst liegen, denn der war für mütterliche und väterliche Gene gleich. Ein mütterliches Hämoglobin-Gen ist von einem väterlichen Hämoglobin-Gen nicht zu unterscheiden (auch wenn es geringfügige individuelle Unterschied gibt). Die Gene mussten auf eine Art und Weise markiert sein, die den genetischen Code nicht verändert. Damit hatte man nicht gerechnet, und das war anfangs auch schwer zu akzeptieren. Für die Genetik war es ein ganz neues Phänomen. Suranis Kollegen trauten seinem Befund nicht,[44] und das aus dem einfachen Grund: Er widersprach den Grundsätzen der Genetik, wie sie Gregor Mendel Mitte des 19. Jahrhunderts formuliert hatte. Seine Entdeckung, die nach ihm benannten Mendelschen Regeln der Vererbung, bilden das Fundament, auf dem die moderne Genetik ruhte. Mendel hatte acht Jahre lang Erbsenpflanzen gezüchtet und minutiös festgehalten, welche Merkmale von einer Generation zur nächsten vererbt wurden. Er kreuzte hoch wachsende Pflanzen mit niedrig wachsenden, grüne Erbsen mit gelben und so weiter, um zu sehen, was davon in der folgenden Generation zur Erscheinung kommen würde. Was er feststellte, war völlig überraschend und bahnbrechend.

Vor Mendel stellten sich Biologen die Kreuzung zweier Pflanzen so vor, dass dabei eine Mischung herauskäme. Wer eine Erbsenpflanze mit kantigen Samen und eine solche mit runden Samen kreuze, erhielte eine Erbsenpflanze mit leicht kantigen Samen. Doch so war es nicht. Manche Pflanzen hatten runde Samen und manche kantige, je nachdem, wie Mendel sie kreuzte. Eine Mischung gab es nicht. Die Anlagen erschienen in der folgenden Generation als eindeutige Merkmale, sie mischten sich nicht. Die Merkmale gehen auf Gene zurück, die von jedem Elternteil an die Nachkommen weitergegeben werden, daher ist eine Mischung nicht möglich. Das konnte Mendel nicht wissen, denn Gene waren zu seiner Zeit noch nicht entdeckt. Er musste sich an das halten, was er an seinen Erbsenpflanzen beobachten konnte.

Für Mendel machte es keinen Unterschied, ob das Merkmal von mütterlicher oder väterlicher Seite kam. Die Anlagen verbanden sich auf eine bestimmte, vorhersehbare Weise, unabhängig von ihrer Herkunft. Diesen Grundsatz stellte nun Surani mit seinen Forschungen in Frage.[45] Die Wissenschaftler mussten sich also entscheiden, wem sie glauben wollten – Mendel oder Surani. Für die meisten gab es keinen Zweifel. Wenn Suranis Ergebnisse im Widerspruch zu Mendels Grundsätzen standen, musste Surani sich geirrt haben. »Um das Jahr 1983 hörten Wissenschaftler in Cambridge von meinen Experimenten. Sie luden mich ein, ein Seminar im Institut für Genetik zu veranstalten«, erzählt Surani. »Sie wirkten alle sehr skeptisch, aber ich war von meiner Arbeit überzeugt.« Er erhielt auch bald Unterstützung von einem Forscher aus Amerika. Davor Solter forschte am Wistar Institute, einem unabhängigen biomedizinischen Forschungszentrum in Philadelphia. Er hatte ähnliche Experimente wie Surani durchgeführt und war zu den gleichen Ergebnissen gelangt. Das war der springende Punkt. Wenn kontrovers diskutierte Forschungsergebnisse in voneinander unabhängigen Labors gefunden worden sind, kann man sie nicht ohne Weiteres verwerfen.

In einer frühen Publikation bezeichnete Surani diese väterlicher- oder mütterlicherseits markierten Gene als »geprägt«, als ob sie mit einer Kennung versehen wären, an der man die jeweilige Herkunft ablesen konnte. Die Bezeichnung passte. Aus weiteren Forschungen ging hervor, dass die meisten menschlichen Gene nicht geprägt sind. Unter den schätzungsweise 20 000 Genen des Menschen sind bisher nur rund 100 gefunden worden, die diese spezifische chemische Prägung aufweisen. Manche Forscher sind allerdings der Meinung, dass es noch mehr sein müssten.

Doch wozu dient die genomische Prägung, auch »Imprinting« genannt? Hierzu untersuchte Surani alle Mäuseföten, die die Tragzeit nicht überlebt hatten. Wurden beim Experiment zwei mütterliche Chromosomensätze verwendet, entwickelten sich die Embryonen richtig, aber nicht die Plazenta der Mutter. Bei Experimenten mit väterlichen Chromosomensätze war es umgekehrt: Die Plazenta war normal, aber die Embryonen entwickelten sich nicht wie vorgesehen. Daraus ergab sich der erste Hinweis auf die Funktion der geprägten Gene. Genaueres konnte Surani nicht entnehmen, aber immerhin so viel, dass väterliche und mütterliche Gene für unterschiedliche Entwicklungen verantwortlich waren.

Weitere Beweise für die Existenz geprägter Gene folgten, bis Surani und Solter schließlich ihre Forscherkollegen von der Richtigkeit der Ergebnisse überzeugen konnten. Dass genomische Prägung auch beim Menschen vorkommt, bestätigte sich ebenfalls. Im Übrigen hatte sich Mendel nicht geirrt; seine Befunde waren nur nicht vollständig. Obwohl nur eine kleine Zahl der menschlichen Gene geprägt ist, reicht dies als Erklärung, weshalb beim Menschen Parthenogenese nicht funktioniert. Nachkommen brauchen einen väterlich geprägten und einen mütterlich geprägten Chromosomensatz, wenn sie überlebensfähig sein sollen.

Nachdem die Genetiker erkannt hatten, dass genomische Prägung für die Fortpflanzung ausschlaggebend ist, wurde ihnen auch klar, dass sie uns verletzlich macht für eine Reihe schwerer genetischer Defekte. Bei Genen, die nicht geprägt sind, verfügen wir über eine Versicherungspolice. Wir bekommen von jedem Elternteil eine Kopie, und beide Kopien sind austauschbar. Wenn also eine fehlerhaft ist, funktioniert die andere in den meisten Fällen, und wir bleiben gesund. Dass die Evolution uns mit einer Sicherungskopie der meisten Gene ausgestattet hat, hat also seinen Grund. Mutationen sind recht häufig, Krankheiten und Störungen wären sehr verbreitet, wenn wir nicht über einen genetischen Ersatz verfügten, der wie ein Notstromaggregat im Fall eines allgemeinen Stromausfalls einspringt. Gewöhnlich spielt es keine Rolle, welche Gen-Kopie im Organismus arbeitet, solange sie funktioniert. Anders liegt der Fall bei geprägten Genen, denn sie besitzen eine Kennung. Wenn eine Mutation in der einzigen funktionieren Kopie auftritt, hat das gravierende Folgen, wie Forscher herausgefunden haben.

Ich fand Suranis Forschungsarbeit faszinierend. Hier wurde deutlich, wie Väter auf das Leben ihres Nachwuchses Einfluss nehme, und das war gleichermaßen für Wissenschaftler wie auch für Familien wichtig, deren Kinder mit einer Erbkrankheit behaftet sind. Ich habe viel über Genetik und Erbkrankheiten geschrieben und weiß, dass wir alle auf einem schmalen Grat zwischen Gesundheit und Krankheit wandeln. Ein einziges Stottern oder ein Druckfehler im genetischen Code entscheidet darüber, ob wir ein gesundes Kind haben oder eines, das sehr krank oder nicht überlebensfähig ist. Mit der Entdeckung der genomischen Prägung scheint der Grat noch schmaler und noch gefährlicher geworden zu sein. Ich wollte daher mit erbgeschädigten Kindern und deren Eltern sprechen und zeigen, dass die scheinbar abstrakten Befunde in der genetischen Forschung gravierende Folgen für Väter und ihre Kinder haben können.

Mein erster Besuch galt der Familie des kleinen Alexander Baker in der Upper West Side von Manhattan. Alexander, ein aufgeweckter, über die Maßen freundlicher Junge, stand kurz vor seinem fünften Geburtstag. Als ich in die Wohnung der Bakers kam, spielte Alexander gerade ein Spiel auf seinem iPad, freute sich aber gleich über den Besucher. Er schaute auf und begrüßte mich mit einem breiten Lächeln, ehe er sich wieder seinem Spiel widmete. Während ich mich mit seinen Eltern unterhielt, schaute er immer wieder zu uns herüber. Maria, seine Mutter, ist 35 und arbeitet als Publizistin, Thomas, sein Vater, ist ebenfalls 35 und ist Personalleiter. Ihr zweites Kind, der knapp ein Jahr alte James, lag still in den Armen seiner Mutter.

Kaum hatte ich meinen Laptop aufgeklappt, um Notizen für unser Interview zu machen, erschien auch schon Alexander hinter mir und schaute mir über die Schulter. Als ich ihm erklärte, was ich vorhatte, lächelte er, nickte und beobachtete mich eine Weile. Dann kehrte er wieder zu seinem iPad zurück. Nach etwa 20 Minuten reichte er seiner Mutter das iPad und zeigte ihr etwas auf dem Bildschirm. Sie schaute ihn an und sagte: »Sag ›Hilf mir‹.« Nach einem Zögern sagte er es. Dieser Satz ist einer der wenigen, die er überhaupt sagen kann, und auch nur dank intensivem Training mit einem Logopäden. Außer der fehlenden Sprechfähigkeit ist Alexander in der Entwicklung zurückgeblieben, leidet häufig an Anfällen und braucht sein Leben lang Betreuung.

Thomas und Maria ahnten schon in den ersten Monaten, dass mit Alexander irgendetwas nicht stimmte. Als mit acht Monaten bei ihm verschiedene Entwicklungsverzögerungen festgestellt wurden, hatten sie Gewissheit. »Wir wussten, dass es nicht leicht für uns wird«, sagte Thomas. »Verwandte und Bekannte meinten zwar, dass wir als junge Eltern uns zu viel Sorgen machten und dass sich Jungen sowieso langsamer entwickelten. Aber wir sahen das nicht so.« Das Paar suchte Rat von Fachärzten – Genetiker, Kinderärzte und Neurologen – und konsultierte am Ende mehr als 20 Spezialisten. »Das waren wohl die schwierigsten und quälendsten Jahre unseres bisherigen Lebens. Wir gingen von Arzttermin zu Arzttermin, immer mit dem sicheren Gefühl, dass unser Kind an etwas erkrankt war, und jedes Mal bekamen wir keine Antwort bzw. eine weitere Fehldiagnose.«

Erste Diagnosen waren Autismus und Zerebralparese (eine Form der Bewegungsstörung), doch beides wurde bald verworfen. Die Ärzte flüchteten sich in eine Diagnose, die sie allgemeine Entwicklungsverzögerung nannten. Das war nur eine Bezeichnung pro forma, mit der lediglich gesagt wurde, dass Alexander die altersgemäßen Fähigkeiten nicht besaß. Da die Ursachen im Unklaren blieben, bot sich diese vage Bezeichnung an oder der Zusatz »nicht weiter bestimmte« Entwicklungsverzögerung.

Die Bakers diskutierten mit vertrauten Personen ihrer Umgebung über diesen Befund und erzielten schließlich einen ersten Durchbruch. In Thomas' Verwandtschaft gab es eine Frau, die in ihrem Biologiestudium einen Forschungsbericht über das Angelman-Syndrom geschrieben hatte. Alexanders Verhalten, die fehlende Sprechfähigkeit, die Art und Weise, wie er mit den Händen schlug, wenn er in Aufregung geriet, all das sind Symptome des Angelman-Syndroms, eine seltene und schwere Störung des Nervensystems, ohne Heilungschancen. Eine Form von Autismus konnte allerdings nicht ausgeschlossen werden. Aber immerhin, die Bakers hatten einen neuen Ansatzpunkt. Sie wandten sich erneut an die Fachärzte, die ihre Besorgnis sogleich zerstreuen wollten. Doch die Eltern ließen nicht locker. Im November 2008 vor dem Erntedankfest wurde Alexander erneut untersucht, und diesmal lautete die Diagnose Angelman-Syndrom. »In diesem Augenblick fühlten wir uns bestätigt und besorgt zugleich«, sagte mir Maria. Sie waren erleichtert zu wissen, was es war. Aber sie hatten auch die Gewissheit, dass es sich um eine Behinderung handelte, die ihrem Kind das Leben schwer machen würde. »Bis dahin«, sagte Thomas, »hofften wir, dass es nur eine Phase wäre, die überwunden werden konnte.« Andere Eltern, deren Kinder am Angelman-Syndrom leiden, haben eine lange Liste von Therapiemöglichkeiten aufgestellt, die wenigstens Linderung der Symptome versprechen. Thomas und Maria versicherten mir, dass Alexander jede nur denkbare Form der Therapie erhalten würde. Dazu gehörten eine behindertengerechte Schule, Ergotherapie zum Trainieren der Feinmotorik, Feldenkrais-Übungen zur Verbesserung des Gleichgewichtssinns und der Bewegung, logopädische Übungen, Wassertherapie und jedes Wochenende Hippotherapie, d. h. therapeutisches Reiten, um die Hüften für einen sicheren Gang zu trainieren. Manche Maßnahmen werden von der Krankenversicherung bezahlt, vieles aber nicht. Maria hat ihre Karriere auf Eis gelegt, um sich ganztags um Alexander zu kümmern.

Bei Kindern mit Angelman-Syndrom sind Anfälle häufig, wobei die Form dieser Anfälle variiert. Noch vor Kurzem befand sich Alexander in einer Phase, wo er distanziert und nicht ansprechbar wirkte. Die Bakers wussten zunächst nicht, wie sie darauf reagieren sollten, bis Alexanders Ärzte ihnen sagten, dass ihr Sohn sogenannte nicht-konvulsive Anfälle hatte. Bis zum Zeitpunkt der Diagnose hatte er über einen Monat lang solche Anfälle. Das war der Grund für den abwesenden Eindruck, den er machte. Solche Anfälle sind an sich gefährlich und behindern den Behandlungserfolg der anderen therapeutischen Maßnahmen.

Eine vollständige Heilung jedoch gibt es nicht. Alexander wird sein Leben lang auf Hilfe angewiesen sein. Er ist ein liebenswürdiger kleiner Junge, doch gewisse Entwicklungsstufen wird er sehr wahrscheinlich nie erreichen. Nachts trägt er immer noch Windeln und wird vermutlich nie ohne sie auskommen. Die Bakers lieben Alexander und bringen ihm viel Verständnis entgegen, und er gibt ihnen diese Liebe zurück, und doch weiß das Paar, dass ihr Familienleben niemals leicht sein wird. »Wir werden wohl nie aus seinem Mund hören, dass er uns liebt«, sagt Thomas, »jedenfalls nicht mit diesen Worten. Wir können immer nur vermuten, ob er einen guten oder einen schlechten Tag durchlebt. Wir machen uns Sorgen, wie wohl unser Leben aussehen wird, wenn unser kleiner Junge erst einmal ein Teenager oder ein heranwachsender Mann ist. Dann wird sein Hang, jeden zu umarmen, nicht mehr so liebenswürdig und drollig wirken, und nicht jedem wird das gefallen.« Die Bakers bemühen sich, Alexander jede Förderung zuteilwerden zu lassen. Und sie warten und hoffen auf eine Heilmethode oder doch etwas, das die Zukunftschancen für ihren Sohn verbessern könnte.

Alexanders Symptome sind Folge einer Reihe von Genmutationen im Abschnitt des Chromosoms 15. Diese Gene stammen ausschließlich von der Mutter, sie sind genomisch geprägt, werden also, technisch gesprochen, nur »exprimiert«, wenn sie mütterlicherseits vererbt sind. Die Gen-Kopie, die Kinder vom Vater erhalten, ist quasi stillgelegt. Wenn die mütterlichen Gene ausfallen oder wegen eines Genfehlers nicht richtig arbeiten, fehlt dem Kind eine funktionierende Kopie. Die stillgelegten Gene des Vaters können nicht als Ersatz einspringen.

Doch damit nicht genug. Der Abschnitt auf Chromosom 15, der für das Angelman-Syndrom verantwortlich ist, enthält ein weiteres Gen, das nur dann aktiv wird, wenn es vom Vater stammt. Ist dieses väterliche Gen fehlerhaft, werden Kinder mit dem Prader-Willi-Syndrom geboren.

Solche Kinder haben ähnliche Entwicklungsverzögerungen wie Kinder mit dem Angelman-Syndrom. Eines der charakteristischen Merkmale des Prader-Willi-Syndroms ist sein Einfluss auf das Essverhalten. Säuglinge mit diesem Syndrom haben Probleme bei der Brusternährung und weisen vor dem Abstillen gewöhnlich Untergewicht auf. Nach dem Abstillen entwickeln sie dann plötzlich einen gewaltigen Appetit und werden unweigerlich übergewichtig. Auch ihre sonstige Entwicklung ist gestört. Ihr Muskeltonus ist schwach, was ihre Bewegung behindert. Wie beim Angelman-Syndrom gibt es auch hier eine Reihe von Therapiemaßnahmen zur Linderung der Symptome, aber nichts, was auch nur annähernd einer Heilung gleichkäme.

Prader-Willi ist ein weiteres Beispiel für Defekte bei geprägten Genen. Ursache ist eine Mutation auf demselben Chromosomenabschnitt, der auch für das Angelman-Syndrom verantwortlich ist, doch in diesem Fall ist das väterlich vererbte Gen Objekt der Mutation. Nach meinem Besuch bei den Bakers nahm ich Kontakt zu einer Familie auf, deren Sohn am Prader-Willi-Syndrom leidet. Wir fanden einen Termin für einen Besuch, und kurze Zeit später nahm ich eines Abends den Zug von Manhattan nach Long Island, wo Michael und Barbara Stevens und ihr Sohn James wohnten. Michael ist 38 und arbeitet als Buchhalter in New York. Barbara ist ein Jahr jünger und gelernte Krankenschwester. Ihr Sohn James ist fünf Jahre alt und geht in den Kindergarten. Wie die Bakers bemühten sich auch die

Stevens um alle erdenklichen Hilfen und Fördermaßnahmen für ihr Kind, darunter auch solche, die nicht unter den Versicherungsschutz fallen. Wie Maria Baker hat auch Barbara Stevens ihren Beruf aufgegeben, um sich ganz um ihren Sohn James zu kümmern.

Michael und Barbara hatten das Glück, schon kurz nach der Geburt eine zutreffende Diagnose zu erhalten. Erste Symptome hatten sich schon in der Spätphase der Schwangerschaft bemerkbar gemacht, die Ärzte stellten zum damaligen Zeitpunkt ungewöhnlich geringe Kindsbewegungen fest. Die Ärzte entschieden, die Geburt vorzeitig einzuleiten für den Fall, dass es Komplikationen geben könnte. Bei seiner Geburt blieb James stumm. Barbara litt an Schwangerschaftsdiabetes. Da dies beim Fötus Übergewicht verursachen kann, wurde James zur Beobachtung auf die Intensivstation verlegt. Der verantwortliche Arzt tippte gleich auf Prader-Willi-Syndrom, denn James war nicht nur stumm, er wurde auch mit Hodenhochstand geboren, ein eindeutiger Hinweis. Auch Barbara tendierte zu dieser Diagnose, als Kinderschwester kannte sie Kinder mit Prader-Willi. »Ich bin gar nicht dazu gekommen, mir die obligatorische Zigarre anzuzünden«, sagte Michael. Zwei Wochen später bestätigten genetische Untersuchungen den Befund. James blieb insgesamt sechs Wochen im Krankenhaus.

Barbara war gerade dabei, James das Abendessen zu geben, als Michael und ich eintrafen. Wegen des Risikos der Fettleibigkeit als Folge überstarker Hungergefühle hat Barbara ihrem Sohn einen rigorosen Ernährungsplan verordnet. Sie gibt ihm viermal am Tag zu essen: 200 Kalorien zum Frühstück, 300 zum Mittagessen, 200 zum Nachmittagssnack und 300 zum Abendessen. Zusätzlich verabreicht sie ihm Wachstumshormone, Fischöl, Coenzym Q10, ein Aminosäureersatz, Carnitin, Kalzium, Multivitaminpräparate und ein Laxativ, Letzteres wegen Verdauungsproblemen, die als Folge der Entwicklungsstörung auftreten. Zwar hat James noch kein unstillbares Hungergefühl entwickelt, aber seine Eltern wissen, dass dies früher oder später eintreten wird. »Das ist das Bedrohliche an dieser Krankheit, das fürchten alle Eltern«, sagte Michael. »Man hört von Teenagern, die 200 Kilo wiegen.«

Obwohl Kinder mit Prader-Willi-Syndrom nicht für ihre Kontaktfreude bekannt sind, fand ich James genauso liebenswürdig wie Alexander. Auch er freute sich, Besuch zu bekommen. Als seine Mutter und ich hinaufgingen, um sein Zimmer anzuschauen, beeilte er sich nachzukommen, um mir alles selbst zu zeigen. Sein ganzer Stolz war die E-Gitarre, die er zu spielen lernte. James' IQ kann, nach Aussage seiner Mutter, gerade noch als »normal« bezeichnet werden.

Bei James' Geburt hatten Barbara und Michael schon den Plan, ein Haus zu kaufen. Nun berücksichtigten sie dabei die Bedürfnisse ihres Sohnes. Sie richteten das Haus so ein, dass die Küche und die Speisekammer vom Rest des Hauses abgetrennt sind. Schränke und Türen sind abschließbar. »Solche Kinder stehen nachts auf und plündern den Kühlschrank, stehlen Nahrungsmittel, ja sie essen aus der Mülltonne«, berichtete Barbara. »Sie werden nicht glauben, was für Geschichten wir zu hören bekommen.« Leider sind das keine bloßen Gerüchte. Ein extremer, unstillbarer Appetit ist ein Charakteristikum des Prader-Willi-Syndroms.

Meine Besuche bei Eltern mit Kindern, die an Erbkrankheiten leiden, haben mein Verständnis für die Folgen von Störungen bei geprägten Genen vertieft. Die schweren Leiden der beiden Jungen unterstreichen die ausschlaggebende Bedeutung des Imprintings. Gewiss, Mütter und Väter geben

ihre Erbanlagen an die Kinder weiter, aber auf diesem For-
schungsfeld hat sich gezeigt, dass der Beitrag der Väter weit
über das hinausging, was man von dem bisschen DNA in einem Spermium erwarten würde.

Gene, die solch gravierende Krankheiten verursachen
können, wären im Lauf der Evolution nicht aufgetreten,
ohne dass es dafür wichtige Gründe gibt. Nach den Besu-
chen bei Alexander und James suchte ich nach jemandem,
der eine Antwort wusste, warum es überhaupt zu Imprinting
kommt und was dies über den Beitrag der Väter aussagt.
Meine Suche führte mich zu David Haig von der Harvard-
Universität.

Einige Jahre nach der Entdeckung des Imprintings arbeitete
Haig noch als junger Biologe in Australien. Im Lauf seiner
wissenschaftlichen Karriere fand er schließlich heraus, warum es Imprinting überhaupt gibt. Haig, heute Professor für
Evolutionsbiologie, hätte nach seinem akademischen Abschluss die wissenschaftliche Forschung beinahe zugunsten
eines Lebens als Globetrotter und Abenteurer aufgegeben.
Dann aber entschied er sich doch für eine Doktorarbeit
über ein Thema aus einem scheinbar entlegenen Gebiet der
Evolutionsbiologie: der Konflikt zwischen Eltern und Nachkommen im Pflanzenreich. Seine Forschungen sollten ihn
schließlich weit über die Pflanzenwelt hinausführen und bei
der Entwicklung seiner »Verwandtschaftstheorie« hilfreich
sein. Mit dieser Theorie lieferte er eine Erklärung, warum
es überhaupt zu genomischer Prägung kommt.

Um in Haigs Büro zu gelangen, muss man durch das Mu-
seum of Comparative Zoology gehen und kommt an den berühmten botanischen Glasmodellen der Blaschkas vorbei.
Haig hat kein Labor, er arbeitet nicht mehr experimentell, son-

dern sucht Erklärungen für die Ergebnisse der experimentellen Forschung anderer Wissenschaftler. Zu Beginn seiner Karriere musste er für eigene Experimente »eine Viertelmillion Borsten an Fliegenbäuchen zählen«, so Haig. Das habe ihm die Laborarbeit für den Rest seines Lebens verleidet.

Er begann sich – über die Pflanzenwelt hinaus – für den menschlichen Wettbewerb zwischen Eltern und Nachkommen zu interessieren. Im Jahr 1993 veröffentlichte er einen Aufsatz zu einem Aspekt dieses Wettbewerbs – dem Konflikt zwischen Mutter und Fötus während der Schwangerschaft. Auch Väter können Gründe haben, mit den Müttern zu konkurrieren, aber Haig wies nach, dass ein Fötus das Gleiche tut, obwohl dieser doch zum Überleben gänzlich von der Mutter abhängt. »Die Schwangerschaft wird gewöhnlich als ein Miteinander von Mutter und Fötus angesehen«, schrieb Haig. Doch das entspreche nicht der Wahrheit, vielmehr sei es ein Krieg, in dem »das Handeln des Fötus durch Gegenmaßnahmen der Mutter in Schach gehalten werde«.

Ein erstaunliches Beispiel dafür ist die Fähigkeit des Fötus, die mütterlichen Arterien so zu beeinflussen, dass sie sich nicht zusammenziehen können.[46] Der Fötus entnimmt so durch die Plazenta alle Nährstoffe aus der Blutbahn der Mutter. Die Mutter ist dagegen machtlos. Die Einflussnahme geht noch weiter, der Fötus kann Hormone direkt in die mütterliche Blutbahn ausschütten. Ein Hormon ändert die Insulinproduktion der Mutter und bewirkt eine Erhöhung des Blutzuckers. Da das zuckerreiche Blut durch die Plazenta strömt, erhält der Fötus mehr Zucker. Steigt der Blutzuckergehalt zu sehr, dann entwickelt die Mutter Diabetes, wie es bei James' Mutter der Fall gewesen ist. Nach Haigs Auffassung ist Schwangerschaftsdiabetes nur eines der möglichen Ergebnisse des Kampfes zwischen Mutter und Kind.

Andere Hormone sollen den Blutdruck der Mutter erhöhen und damit den Blutstrom zum Fötus verstärken. Wenn die fötalen Hormone den mütterlichen Organismus überwältigen, kann die Mutter lebensgefährlich hohen Blutdruck entwickeln. Dies wird durch klinische Befunde bestätigt und in Fachkreisen Präeklampsie genannt. Beeindruckt von diesem prekären Gleichgewicht, schreibt Haig: »Die natürliche Auslese sorgt für Dinge auf diesem Planeten, die komplexer sind als alles andere im unbelebten Universum. Ich bin von Haus aus Evolutionsbiologe und als solcher stelle ich diese Frage: Warum gibt es dieses Ding überhaupt?«

Auf der Suche nach Antworten dachte Haig auch über einen anderen genetischen Konflikt nach, nicht den zwischen Mutter und Kind, sondern zwischen den Eltern selbst. Dazu nahm er einen Faden von Surani, Solter und anderen wieder auf. Haig wusste, dass sie einen Mechanismus entdeckt hatten, der mütterliche Gene von väterlichen differenziert. Nun suchte er nach einer Erklärung, warum das so ist.

Das Ergebnis war seine »Verwandtschaftstheorie«. Vereinfacht ausgedrückt verhält es sich folgendermaßen: Väter und Mütter haben beide ein starkes Interesse daran, dass ihre Nachkommen überleben. Sie wollen aber Verschiedenes für ihre Kinder, weil ihre Fortpflanzungsstrategien verschieden sind. Bei den meisten Säugetierarten paart sich das Männchen nur einmal mit dem Weibchen, dem es begegnet. Paaren, weiterziehen und erneut paaren. Das Männchen sorgt sich nicht, ob das Ergebnis zu sehr an den Kräften des Weibchens zehrt und dieses für weitere Nachkommenschaft ungeeignet macht. Es will so viele Nachkommen wie möglich zeugen. Weibchen hingegen verfolgen eine andere Strategie. Jedes ihrer Jungen nimmt sie für einen beträchtlichen Teil ihres Fortpflanzungslebens in Anspruch. Ein Weibchen kann sich nicht so oft paaren und so viele Junge haben wie ein Männchen, deshalb muss es dafür sorgen, dass all seine Nachkommen überleben. Der Quantität auf der einen Seite steht die Qualität auf der anderen gegenüber. Bei jeder neuen Schwangerschaft lautet die Strategie des Weibchens, dem Embryo das zu geben, was er braucht, aber nichts darüber hinaus. Dadurch bewahrt sie sich Ressourcen für die nächste Schwangerschaft. Verausgabt sie sich zu sehr, bringt sie das Leben des nächsten Jungen oder ihr eigenes in Gefahr. Das Männchen will dagegen der Mutter so viel Kraft und Einsatz entlocken wie möglich für seine Nachkommen. Haig schreibt hierzu: »Mütterliche Gene haben ein wesentliches Interesse am Überleben und Wohlergehen der Mutter. Väterliche Gene zielen darauf ab, Mütter zu bewegen, möglich viel Zeit und Einsatz für ihr Kind aufzuwenden.«

Nun ist die Bühne bereitet für den Wettbewerb. Vertreter des männlichen und des weiblichen Geschlechts tun alles, um ihre eigene Strategie durchzusetzen. Doch wie machen sie das? Wie kann ein Vater die Mutter dazu bringen, ein Maximum an Ressourcen für das Kind aufzuwenden? Und wie kann eine Mutter mit ihren Ressourcen haushalten und verhindern, dass das Vorherige eintritt? Haigs Erkenntnis bestand darin, dass die geprägten Gene die Waffen sind, die männliche und weibliche Vertreter bei diesem Kampf einsetzen. Das Imprinting, mit dem Männer und Frauen die Gene kennzeichnen, schalten diese ein oder aus, ganz so wie es für ihre Strategie günstig ist.

Ein Elternteil versieht das Gen mit einer Kennung, und diese Kennung bestimmt, ob das Gen in den Nachkommen aktiv wird oder nicht. Wenn die Gene, die vom Vater vererbt werden, aktiv sind, stimulieren sie das Wachstum des Fötus. Sie drängen den Fötus, möglichst viele Ressourcen für sich zu fordern gemäß der Wettbewerbsstrategie des Vaters. Wenn die Gene, die von der Mutter vererbt werden, aktiv sind, bremsen sie das Wachstum des Fötus. Dadurch kann die Mutter Kräfte für kommende Kinder sparen.

Haigs Theorie sollte nicht nur eine Erklärung für Suranis Entdeckung liefern, sondern auch für alles Weitere, was Wissenschaftler im Gefolge von Suranis Forschungen noch herausfanden. Surani kann Anspruch erheben, das Phänomen der genomischen Prägung entdeckt zu haben, aber er wusste damals nicht, welche Gene geprägt waren bzw. was sie tatsächlich bewirkten. Es dauerte noch ein Jahrzehnt, ehe das erste geprägte Gen entdeckt wurde.[47] Diese Erkenntnis ist der Arbeit von Elizabeth Robertson zu verdanken, die damals am Department of Genetics and Development der Columbia University forschte und heute an der Universität Oxford lehrt. Ihr Forschungsthema waren damals das Wachstum und die Entwicklung von Mäusen. Dazu schaltete sie bestimmte Gene aus, um zu sehen, welche Folgen das für die Entwicklung des Embryos hat. In einem Aufsatz in der Fachzeitschrift *Cell* aus dem Jahr 1991 berichteten Robertson und ihre Kollegen von einer erstaunlichen Entdeckung an einem Gen namens *Igf2*, das die Produktion des insulinähnlichen Wachstumsfaktors II, genannt IGF-II, regelt. Wenn die Forscher das Gen bei Mäusemüttern ausschalteten, geschah gar nichts. Die Nachkommen entwickelten sich normal. Daraus konnte geschlossen werden, dass das Gen keine oder nur eine geringe Rolle für die Entwicklung der Mäusekinder spielte. Anders verhielt es sich, wenn Robertson das Gen bei Mäusevätern ausschaltete. Dann nämlich erreichten die Embryonen nur 60 Prozent des normalen Wachstums. Nur wenn das Gen vom Vater vererbt wurde hatte es bestimmenden Einfluss auf das Wachstum.

Das deckt sich mit Haigs Theorie. Das väterliche Gen veranlasste den Fötus, mehr Nährstoffe aus der Blutbahn der Mutter zu entnehmen, ein wesentlicher Punkt in der Fortpflanzungsstrategie des Vaters. Damit war der entscheidende experimentelle Nachweis für die Konkurrenz zwischen Müttern und Vätern gefunden. Andere Forscher fanden weitere geprägte Gene, und auch hier bestätigte sich, was Haig vorausgesagt hatte, dass väterliche Gene das Wachstum des Fötus stimulieren. Zu Ende gedacht, hatte diese Strategie einen gravierenden Nachteil: Wenn der Fötus Raubbau an der Mutter betreibt, könnte diese sterben, und mit ihr würde auch der Fötus untergehen.

Mit den neuen Entdeckungen kamen aber auch die mächtigen Abwehrwaffen der Mütter ans Licht.[48] Mütterlich geprägte Gene leisten Widerstand gegen die männliche Strategie und zügeln den Fötus bei der Nährstoffentnahme. Dieser nimmt dann nicht, soviel er bekommen kann, sondern nur das für sein Überleben Notwendige. Das von der Mutter ins Rennen geschickte markierte Gen hat den Namen *Igf2r* und ist für den IGF-II-Rezeptor verantwortlich. Soll das männliche IGF-II aktiv werden, muss es sich an den IGF-II-Rezeptor anschließen. Wenn die Mutter über den Rezeptor bestimmt, kann sie das hungrige IGF-II zügeln. Denise P. Barlow und ihre Kollegen vom Forschungsinstitut für Molekulare Pathologie in Wien stellten fest, dass sich Haigs Theorie auch in diesem Fall bewahrheitet. *Igf2r* war, wie zu erwarten, geprägt – aber im umgekehrten Sinn. Das Rezeptorengen wurde nur aktiv, wenn es von der Mutter stammte. Wenn das *Igf2r*-Gen beim Vater ausgeschaltet ist, passiert nichts. Wenn aber das *Igf2r*-Gen bei der Mäusemutter inaktiv ist, entwickelt der Fötus ein abnormes Wachstum und stirbt vor der Geburt.

Über diese Konkurrenz der Eltern publizierte Haig, nicht ohne maliziöse Anspielung auf eine Detektivgeschichte von Sherlock Holmes, einen Aufsatz mit dem Titel »Genomic Imprinting and the Strange Case of the Insulin-like-Growth Factor II Receptor« (»Genomische Prägung und der seltsame Fall des Rezeptors für den insulin-ähnlichen Wachstumsfaktor II«). Darin schreibt er: »Gewiss ist es kein Zufall, dass IGF-II und sein Typ-2-Rezeptor gegensätzlich geprägt sind.« Haig sieht darin eine Bestätigung seiner Theorie. Mit den beiden Genen liefern sich die Eltern einen Kampf über die Größe ihrer Nachkommen, je nach den jeweiligen Entwicklungszielen. Den Kritikern seiner Theorie entgegnet Haig in der Manier eben dieses Sherlock Holmes: »Eine alte Maxime von mir lautet, wenn man das Unmögliche ausgeschlossen hat, muss das, was übrig bleibt, wohl oder übel die Wahrheit sein.«

Auch wir Menschen haben entsprechende Gene, und wenn das System fehlerhaft arbeitet, können die Folgen gravierend sein. Nehmen wir an, die mütterlichen und väterlichen Kopien des Gens *IGF2* (in der Wissenschaft ist es üblich, die Bezeichnungen der menschlichen Gene mit Großbuchstaben zu versehen, bei allen anderen Lebewesen werden Kleinbuchstaben verwendet) sind irrtümlich beide angeschaltet, das mütterliche Gen ist also nicht wie üblich inaktiv. Oder nehmen wir an, das befruchtete Ei erhält zufällig zwei Kopien des aktiven väterlichen Gens. Der Fötus erhält dann die doppelte Dosis an Wachstumsimpulsen. Das Ergebnis ist das Beckwith-Wiedemann-Syndrom. Kinder, die daran leiden, haben ein Geburtsgewicht, das um 50 Prozent über der Norm liegt. Auch der gegenteilige Effekt kann eintreten. Wenn beide Gene ausgeschaltet sind, entnimmt der Fötus dem mütterlichen Organismus nicht in hinreichendem Maß die Ressourcen, die er braucht, der Säugling kommt mit Untergewicht zur Welt.

»Wir haben es mit einem Tauziehen zu tun«, schreibt Haig. »Zwei Parteien ziehen am Strang. Beide bewegen sich nicht viel, nur kleine Bodengewinne in die eine oder die andere Richtung sind zu verzeichnen. Und beide sind voneinander abhängig, sie halten sich gegenseitig. Aber wenn es zu einer Mutation bei einem geprägten Gen kommt, erhält das Ergebnis pathologische Züge, weil eine Partei das Seil losgelassen hat.«

Bis vor Kurzem glaubte man noch, dass die Zahl der Gene mit dieser geschlechtsspezifischen Kennung eher selten sei, etwa 100 von schätzungsweise 25 000 menschlichen Genen. Doch Haig und seine Kollegin Catherine Dulac, Molekularbiologin aus Harvard, verwendeten eine andere Methode zum Auffinden von genomisch geprägten Genen und kamen zu dem Schluss, dass es mehr als 1 000 geben könnte. Einige Kritiker haben diese Schätzung angezweifelt, da die Untersuchung ihrer Meinung nach nicht einwandfrei sei und geprägte Gene nicht so häufig vorkämen, wie Haig und Dulac behaupteten. Doch gleichviel, wer in diesem Fall Recht hat, eines ist klar: Der genomische Geschlechterkrieg ist ein weit verbreitetes Phänomen.

Wie hoch die Zahl der geprägten Gene auch sein mag, viele von ihnen werden nur im Gehirn aktiv, wo sie das Verhalten in vielfacher Weise beeinflussen. Tatsächlich kämpfen mütterliche und väterliche Gene um die Vorherrschaft in unserem Gehirn. Wie Catherine Dulac mir gegenüber formulierte: »Wir wissen jetzt, dass wir von Mutter und Vater unterschiedliche Anweisungen bekommen, und das spielt sich im Genom ab – in unserem Gehirn! Dem Kampf zwischen Mutter und Vater über das richtige Verhalten ihrer Kinder kann also niemand entgehen.« Aber die geprägten Gene werden nicht in allen Hirnrealen aktiv. Hier erhebt sich eine interessante Frage. Die Forschung hat gezeigt, dass Fehler im Imprinting das Wachstum des Fötus beeinflussen, ja sein Leben bedrohen können. Könnten Fehler in geprägten Gehirngenen mit psychischen Krankheiten zusammenhängen?

Dieser Ansicht sind Christopher Badcock von der London School of Economics und Bernard Crespi von der Simon Fraser University in British Columbia. Sie glauben, dass ein Auseinanderfallen im Tauziehen zwischen geprägten Genen im Hirn die Ursache sein könnte für psychische Krankheiten von Autismus bis Schizophrenie.[49] Diese Theorie könnte auch einen Fingerzeig zur Lösung des schon lange bestehenden Rätsels um die Genetik psychischer Krankheiten darstellen. Viele psychische Krankheiten brechen innerhalb einer Familie aus, aber das ist keine Frage eindeutiger Vererbung wie etwa bei der Augenfarbe. Wieder einmal stehen die Tatsachen nicht im Einklang mit den Mendel'schen Regeln. Die Wege der Vererbung psychischer Krankheiten sind verschlungen und wenig erforscht, sie folgen nicht den bekannten Regeln. Das legt den Gedanken nahe, dass Imprinting-Fehler bei diesen Krankheiten eine Rolle spielen. Wenn das zuträfe, könnte ein besseres Verständnis der Wirkungsweise zu neuen Therapien führen.

Crespi zufolge gibt es eine Verbindung. Kinder mit dem Beckwith-Wiedemann-Syndrom, die ein vom Gen *IGF2* bedingtes Großwachstum aufweisen, haben ein anormal großes Gehirn und tragen ein erhöhtes Autismusrisiko. Untersuchungen zu Personen mit Autismus, aber ohne Beckwith-Wiedemann-Syndrom, belegen, dass auch sie ein abnorm großes Gehirn haben können. »Es gibt Hinweise, dass bei Autismus ein Großwachstum des Körpers und des Gehirns vorliegt«, sagt Crespi. »Und Forschungen haben eine Verbindung mit dem Gen *IGF2* nachgewiesen.«

Crespi und Badcock betrachteten nun den umgekehrten Fall, wenn also beim Fötus das Gen *IGF2* nicht exprimiert und abnormal klein ist. Würde sich daraus eine psychische Verfassung entwickeln, die gewissermaßen das Gegenteil von Autismus wäre? Autisten können nicht wahrnehmen, was in ihrem sozialen Umfeld geschieht. Ihnen fällt es schwer zu verstehen, was andere denken. Nun stelle man sich Personen mit einem übermäßig empfindlichen Sinn für zwischenmenschliche Phänomene vor. Das kann so weit gehen, dass sie Dinge in das Verhalten anderer hineinlesen, die gar nicht geschehen. Solche Personen hören zum Beispiel Stimmen, die gar nicht existieren, ein Merkmal der Schizophrenie. Crespi und Badcock konzipierten ein Spektrum psychischer Krankheiten auf der Grundlage möglicher Verbindungen dieser Krankheiten mit Imprinting-Fehlern. Autismus bildet das eine Ende dieses Spektrums, Schizophrenie, bipolare Störung und Depression das andere. Crespi und Badcock glauben nicht, dass sie mit Imprinting und ihrem Spektrum psychischer Krankheiten die Antwort auf alle Fragen zum Phänomen Geisteskrankheit gefunden haben, aber ihre Entdeckung sei von ausschlaggebender Bedeutung, um alle geprägten Gene im Gehirn zu finden. Dann gelte es, ihre Wirkungsweise zu ergründen und zu erforschen, wie Mutationen in diesen Genen psychische Krankheiten auslösen können.

Crespi betont, dass jüngste Forschungsergebnisse seine Voraussagen bestätigen. Forscher haben bei Schizophrenie-Patienten eine geminderte Aktivität dreier Gene festgestellt, die aktiv sind, wenn sie vom Vater stammen. Nach Crespis

Voraussage sollte eine verminderte Expression paternaler Gene einen Menschen zu Schizophrenie und Depression neigen lassen. Und genau das geschieht auch. Nur weil Psychiater die Arbeit von Biologen, die über Imprinting forschen, nicht verfolgen und umgekehrt, so Crespi weiter, sind so wenige Fortschritte bei der Aufklärung eines Zusammenhangs zwischen Imprinting und Geisteskrankheit zu verzeichnen.

Diese Feststellung habe ich bei der Arbeit am vorliegenden Buch ebenfalls häufig gemacht. Ich stimme Crespi zu, wenn er behauptet, Psychiater und Biologen würden nicht intensiv genug zusammenarbeiten. Wahr ist aber auch, dass Psychologen nicht mit Neurowissenschaftlern, Evolutionsbiologen nicht mit Ärzten und Epidemiologen nicht mit Soziologen kommunizieren. Die Verbindungen der Väter zu ihren Kindern berühren alle diese Forschungsfelder, doch eine wechselseitige Befruchtung der wissenschaftlichen Disziplinen findet kaum statt.

»Was auf diesem Gebiet bisher noch nicht geleistet wurde, ist die Vernetzung über verschiedene Stufen«, sagt Crespi. »Man wünscht sich, die Stufe der Genetik mit der Stufe der Hirnstruktur und der Stufe der Psychiatrie zu vernetzen.« Seine Zusammenarbeit mit Badcock ist ein Schritt in diese Richtung: »Zwei sehr unterschiedliche Wissenschaftsdisziplinen kommen hier zusammen, nämlich die Theorie der sozialen Evolution und die Psychiatrie. Ich glaube, dass ich die Leute dazu gebracht habe, bei der Erforschung von Autismus und Schizophrenie mehr über Evolutionsbiologie nachzudenken.« Auf dem Feld der Psychiatrie wäre ein Schuss Evolutionsbiologie sehr nützlich.

Einer der Gründe, warum ich Haigs und Crespis Forschungsarbeit so interessant finde, ist der, dass sie uns zwingen, die Definition des Menschen neu zu überdenken. Nach herkömmlicher Sicht ist der Mensch ein Individuum, also ein Wesen, das sich nicht weiter analysieren lässt. Nun aber ist das Individuum Schauplatz divergierender Gene. »Wenn unsere Gene nicht untereinander einig sind, dann wird das Ich zum Schiedsrichter unter den konkurrierenden Strategien«, meint Haig. Der Körper ist keine Maschine. Vielmehr sind wir alle »eher wie ein soziales Gebilde organisiert, mit einer je eigenen Innenpolitik und mit Vertretern unterschiedlicher Programme.« Wenn diese unterschiedlichen Programme in Konflikt geraten, können wir das sogar wahrnehmen. Wir zögern Entschlüsse hinaus. Wir entscheiden, ob wir kooperieren oder konkurrieren. Wir schwanken zwischen sofortiger Bedürfnisbefriedigung und langfristiger Planung. Vielleicht ist das, was wir in solchen Situationen wahrnehmen und fühlen, nichts anderes als das Wechselspiel unserer widerstreitenden Gene.

Alexander Bakers Vater Thomas schrieb mir nach unserer Begegnung, er sei optimistisch, dass weitere Forschung den Weg zur Heilung oder doch einer teilweisen Heilung der Patienten mit Angelman-Syndrom zeigen werde.[50] Er bezog sich dabei auf die Arbeiten von Benjamin Philpot und dessen Kollegen von der University of North Carolina. Forscher wissen nun, dass das Angelman-Syndrom durch den Ausfall oder die Mutation eines mütterlicherseits geerbten Gens namens *UBE3A* verursacht wird. Wie bereits gesagt, wird das Gen nur dann im Gehirn exprimiert, wenn es von der Mutter stammt. Auch Väter geben eine Kopie des Gens weiter, aber es ist im Gehirn des Kindes stummgeschaltet. Wenn es nun gelänge, die Kopie des Vaters zu aktivieren, würde sie dann für das fehlende mütterliche Gen einspringen und damit Alexander und anderen Angelman-Patienten zu einer

körperlichen Verfassung verhelfen, die ein halbwegs normales Leben erlaubt?

Philpot untersuchte eine Reihe chemischer Verbindungen, wobei er auch Neuronen aus Mäusen verwendete, und
fand ein Dutzend, die das stummgeschaltete väterliche Gen
Ube3a wieder aktivierten und als Ersatz für die ausgeschaltete
mütterliche Kopie verwendbar machten. Er bestimmte auch,
wie die Verbindungen arbeiteten. Als nächsten Schritt injizierte er sie lebenden Mäusen und stellte fest, dass die väterlichen Gene in Teilen des Gehirns und im Rückenmark aktiviert wurden. In den Neuronen des Rückenmarks blieben sie
zwölf Wochen nach der Verabreichung des Stoffes immer
noch aktiviert. Wissenschaftler sind im Allgemeinen vorsichtig, wenn es darum geht, weitreichende Schlüsse aus Tier-
experimenten zu ziehen. Deshalb erstaunte es mich, dass
Philpot selbst das Potenzial seines Forschungsbefundes sehr
optimistisch einschätzte. Freilich gab er zu bedenken, dass
Mittel schädliche Nebenwirkungen bei anderen Genen oder
im Körper haben können. Es werde daher noch eine Weile
dauern, ehe Versuche am Menschen beginnen können.
Wenn das Mittel auch bei Genen wirkt, die für das Prader-
Willi-Syndrom verantwortlich sind, könnte ein Kind mit Angelman-Syndrom zu einem Kind mit Prader-Willi-Syndrom
werden – kein guter Tausch.

Und doch stoßen diese Forschungen eine spannende Entwicklung an. Eines der Mittel, die Philpot untersucht hat, ist
bereits zur Therapie einer bestimmten Art von Meningitis
freigegeben worden. Es steht den Ärzten frei, das Medikament in welcher Hinsicht auch immer zu verschreiben. Das
ist ein großer Fortschritt. Philpots Medikament kann nun
auf legalem Wege auch Kindern mit Angelman-Syndrom ver-
schrieben werden. Philpots weitere Forschung könnte ähn-

liche Therapiemöglichkeiten für andere Krankheiten als Folge von Imprinting hervorbringen.

Die Natur hat uns mit diesen ungewöhnlichen Genen ausgestattet, die keine funktionierenden Sicherungskopien besitzen. Die Sicherungskopien sind aber vorhanden. Wenn es also Forschern gelingt, sie auf unschädliche Weise zu aktivieren, könnten viele Krankheiten gelindert oder sogar geheilt werden. Die Entdeckung der genomischen Prägung und die Theorien, die sie erklären, führen uns vor Augen, dass der genetische Beitrag der Väter für ihre Kinder viel umfangreicher und komplexer ist, als vermutet wurde. Wie wir im folgenden Kapitel sehen werden, hält der Einfluss der Väter auf die Kinder während der Schwangerschaft an. In einer Phase, wo zwischen Vater und Fötus keine sichtbaren Bande vorhanden scheinen, bleiben beide doch eng miteinander verbunden.

Kapitel 3

Schwangerschaft:
Hormone, Depression und die erste Ehekrise

Wenn es einen Zeitpunkt im Leben einer Familie gibt, an dem Väter keine große Rolle für die Kinder spielen, dann, so die gängige Auffassung, dürfte das für Schwangerschaft und Säuglingsalter zutreffen. In diesen Monaten habe die Natur den Müttern die größte Verantwortung übertragen. Aber die Natur hat während der Schwangerschaft auch den Vätern eine Rolle zugedacht. Auch bei ihnen finden körperliche Veränderungen statt, genauso wie bei ihren Partnerinnen. Mehr noch: Es gibt Verbindungen zwischen dem Verhalten der Väter während der Schwangerschaft und ihrem späteren Bezug zu den Kindern. Was ein Vater vor der Geburt seines Kindes erlebt, kann seine Rolle als Vater, die er in den folgenden Jahren spielen wird, prägen.

Philip A. Cowan und seine Frau Carolyn Pape Cowan von der University of California in Berkeley gehörten zu den Ersten, die sich wissenschaftlich mit der Rolle des Vaters während der Schwangerschaft der Partnerin beschäftigt haben. Die wissenschaftliche Studie verdankt sich zum großen Teil ihrer eigenen Erfahrung als Eltern. Sie hatten jung geheiratet – Carolyn war 19 und arbeitete in ihrer ersten Vollzeitstelle als Lehrerin. Philip war 21 und studierte noch. Beide hatten schon als Teenager neben der Schule gejobbt, deshalb fühlten sie sich für die Anforderungen der Erwachsenenwelt, einschließlich der Ehe, gewappnet.

Nach zwei Ehejahren dachten sie an die Gründung einer Familie.⁵¹ Carolyn war bereit dazu, räumt aber im Nachhinein ein, dass sie Philip drängen musste. Ihr erstes Kind, Joanna, kam gesund auf die Welt und ebenso ihre anderen Kinder Dena und Jonathan, die im Abstand von zwei und vier Jahren geboren wurden. Es waren die frühen 1960er-Jahre, als die meisten Frauen für die Kindererziehung zu Hause blieben. Carolyn kündigte ihre Lehrerstelle und widmete sich fortan ganz ihren Kindern.

Als ihr erstes Kind zwei Jahre alt und das zweite schon unterwegs war, zogen die Cowans von Kanada nach Kalifornien. Der Umzugsstress und der Abschied von Familie und Freunden waren größer, als sie gedacht hatten. Nun, da Philip arbeitete und Carolyn die ganze Zeit bei den Kindern blieb, hatten sie das Gefühl, einander nicht mehr so nah zu sein. Meinungsverschiedenheiten, was die Kindererziehung betrifft, trieben sie noch weiter auseinander. Das Ganze spitzte sich zu einer Ehekrise zu, der ersten mit potenziell schweren Konsequenzen.

»Wir hatten nicht daran gedacht, dass die Tatsache, ein Baby zu haben, lang verschüttete Gefühle der Dankbarkeit oder der Enttäuschung über unsere eigene Kindheit wecken würde«, erinnern sie sich in ihrem Buch *When Partners Become Parents: The Big Life Change for Couples* (dt. Titel: *Wenn Partner Eltern werden. Der große Umbruch im Leben des Paares*). »Uns war auch nicht bewusst, dass unsere unterschiedlichen Ansichten darüber, ob man ein weinendes Baby auf den Arm nehmen und trösten oder im Gegenteil lieber schreien lassen sollte, mehr mit unseren eigenen emotionalen Bedürfnissen als mit denen des Kindes zu tun hatten. Wir hatten mit solchen Konflikten in uns und zwischen uns nicht gerechnet, und wir waren nicht in der Lage, uns auf produk-

tive Weise mit ihnen auseinanderzusetzen.« Nach zehn gemeinsamen Jahren war ihre Ehe plötzlich in schwere Turbu-
lenzen geraten.

Doch sie waren nicht die Einzigen mit solchen Problemen. Befreundete Ehepaare in ähnlicher Situation trennten sich oder ließen sich scheiden. Die meisten von ihnen
hatten sich Kinder gewünscht und hatten sich für die Idee,
eine Familie zu gründen, begeistert. Doch die Verantwortung, Kinder aufzuziehen, schien über ihre Kräfte zu gehen.
»Fast alle Betroffenen sahen den Ursprung der Schwierigkeiten in den ersten Jahren des Familienlebens«, schreiben Carolyn und Philip. Dieses Phänomen, das in Familien ganz unterschiedlichen Zuschnitts auftritt, wird durch zahlreiche
Studien in Amerika und anderswo in der Welt bestätigt. Die
Cowans und mit ihnen befreundete Paare standen vor einem
Rätsel. Sie fragten sich, was denn mit ihnen nicht stimme.

Die Cowans waren deshalb nach Kalifornien umgezogen,
weil Philip eine Stelle als Psychologe an der Universität Berkeley angeboten worden war. Er schlug dort schließlich eine
Laufbahn als Professor für Psychologie ein. Auch Carolyn
hatte sich in der Zwischenzeit zur Psychologin weitergebil-
det. Aus wissenschaftlicher Neugier, aber auch um wieder
Tritt zu fassen, begannen Philip und Carolyn in den 1970er-
Jahren ihr Projekt, das zu einem Meilenstein der Sozialfor-
schung werden sollte. Unter dem Titel »Familiengründung«
begleiteten sie 15 Jahre lang 96 Paare und ergründeten die
Ursachen, die hinter ihren eigenen Eheproblemen und denen
der anderen Paare steckten.

Die Studie umfasste 72 Ehepaare, die ein Kind erwarteten, und 24 Paare ohne Kinder.[52] Die Cowans begleiteten
sie wissenschaftlich, bis die Kinder das Jahr des Grundschul-
eintritts erreichten. Sie initiierten auch Paargruppen, die sich

unter Anleitung ausgebildeter Teams vom Zeitpunkt vor der Geburt des Kindes bis danach einmal wöchentlich trafen. In den Gruppen diskutierten die Partner Fragen der eigenen Gesundheit und psychischen Verfassung, ihrer Paarbeziehung, ihrer Idealvorstellungen von Elternschaft, ihrer Absichten darüber, was sie aus ihren Herkunftsfamilien einbringen und was sie vermeiden wollten, und wie sich vorstellten, mit den beruflichen Anforderungen und anderen Stressfaktoren außerhalb der Familie fertigzuwerden.

Neben vielen anderen Befunden gibt die Studie auch Auskunft, wie sich Väter in der Schwangerschaft verändern.[53] Aus dem Material, das die Cowans für ihr »Familiengründungsprojekt« sammelten, geht hervor, dass sich mancher Vater während der Schwangerschaft der Partnerin einen Bart wachsen ließ, andere verloren Körpergewicht, und wieder andere kämpften mit Beschwerden, die sie früher nicht bemerkt hatten. In den meisten Fällen handelte es sich um Äußerlichkeiten, die auf innere Veränderungen deuteten. »Wenn wir nach Einzelheiten fragten, wurden die körperlichen Veränderungen schnell abgehakt, während Veränderungen, die das psychische Befinden und die Partnerbeziehung betrafen, oft bis in die Nacht hinein diskutiert wurden.«

In solchen langen Gesprächen berichteten Männer über seelische Veränderungen, die den Fortbestand ihrer Ehe in Gefahr brachten. Dazu gehörten die Schwierigkeit, mit der Partnerin über eigene Gefühle oder über Erwartungen im Zusammenhang mit Schwangerschaft und Elternrolle zu sprechen; ferner Veränderungen in ihrem Geschlechtsleben und unrealistische Vorstellungen, wie sie nach der Geburt des Babys die Zeit für Kinderbetreuung und Haushaltsarbeiten untereinander aufteilen würden. Die meisten Männer meinten, dass es Regeln gebe, die zu befolgen seien, und eine davon war, dass der Mann keine Schwäche zeigen dürfe, wenn die Partnerin auf die Stärke des Mannes angewiesen sei. Doch genau darin bestand ein Problem. Wenn Männer meinen, Kummer und Sorgen für sich behalten zu müssen, dann reden sie mit ihren Frauen nicht mehr über das, was für sie wichtig ist. Das wiederum erhöhte die Spannung und vergrößerte die Distanz zwischen den Partnern.

In der Studie gaben sich manche Paare gegenseitig die Schuld für ihren Kummer. Ein werdender Vater arbeitete im Lauf der Schwangerschaft immer länger im Büro, und das, obwohl seine Frau seine Hilfe beim Einrichten des Kinderzimmers und anderen Vorbereitungen bis zur Geburt brauchte. Sie warf ihm vor, schlechte Entscheidungen getroffen zu haben, weshalb er nun zusätzlich Arbeit im Büro habe. Ihre Kritik veranlasste ihn, noch länger im Büro zu bleiben, um sie durch Erfolge vom Gegenteil zu überzeugen. Hätte sie ihn in seiner Arbeit gelobt und ermutigt, hätte er sich nicht verpflichtet gefühlt, jeden Abend erst spät Feierabend zu machen.

Viele Männer, die an Cowans Studie teilnahmen, sprachen davon, dass sie es anders machen wollten als ihre eigenen Väter. Die meisten stammten aus traditionellen Familien, in denen der Vater oft nur für seine Arbeit lebte und distanziert und fremd wirkte, wenn er nach Hause kam. »Fast alle werdenden Väter nahmen sich vor, mehr für ihre Kinder da zu sein, als das ihre Väter gewesen waren«,[54] schreiben die Cowans. Ein werdender Vater berichtete, sein eigener Vater sei ihm immer so fremd vorgekommen. Auch heute noch habe er Mühe, mit ihm über wirklich Wichtiges zu sprechen. »Meine Kinder sollen mich kennen und mit mir über alles reden können, was sie bewegt. Sie sollen nie im Zweifel sein, welche Gefühle ich für sie hege.«

Die von 1979 bis 1990 andauernde Studie des Ehepaars Cowan entstand zu einer Zeit, als es für Frauen noch nicht so selbstverständlich war, außer Haus zu arbeiten. Viele Männer steckten mehr Zeit in die Arbeit, um, wie sie den Cowans mitteilten, für den höheren Finanzbedarf, den Frau und Kinder mit sich bringen, gewappnet zu sein. Die werdenden Mütter sahen das ganz anders, nämlich als eine Form des Rückzuges.

Von den Paaren, die während der Studie begleitet wurden, waren 20 Prozent geschieden, als ihre Kinder in den Kindergarten eintraten. Was nicht bedeutete, dass es bei den übrigen 80 Prozent keine Probleme gegeben hätte. Einige hatten große Zweifel an ihrer Ehe und steuerten auf die Scheidung zu. Philip machte sich Sorgen über den Konflikt in solchen Familien und über die Folgen für die Kinder.

Die Cowans hatten aber auch gute Nachrichten, und dies hing mit den Vätern zusammen: Den Kindern von Vätern, die ihre Partnerin in der Schwangerschaft begleiteten und unterstützten, fiel später der Übergang in den Kindergarten leichter. Glücklichere Paare, das versteht sich eigentlich von selbst, kümmern sich mehr um ihre Kinder, und solche Kinder fühlen sich geliebt und gehen gern in den Kindergarten.[55] Das hilft ihnen später auch in der Schule und anderswo.

Die Cowans stellten fest, dass in den meisten Familien der Vater von Säuglingen und kleinen Kindern weniger im Haushalt arbeitete als die Mutter.[56] Die Zukunft, so schreiben sie, gehöre den Männern, die sich im Haushalt und in der Kindererziehung stärker engagieren. »Wenn wir genau hinhören, was Männer und ihre Ehefrauen uns hierzu sagen, stellen wir fest, dass solche Männer selbstzufriedener sind und der Familie einen höheren Stellenwert einräumen als Männer, die sich nicht um die Hausarbeit und die Familie kümmern. Und ihre Ehefrauen fühlen sich ebenfalls besser.«

Die Veränderungen bei Männern während der Schwangerschaft ihrer Partnerinnen sind außer von den Cowans auch von vielen anderen Forschern festgestellt worden.[57] Während dieser Zeit finden im weiblichen Körper tiefgreifende, vor allem hormonelle Veränderungen statt, um die Frau für das Austragen des Fötus, die Geburt und die Ernährung des Kindes vorzubereiten. Das ist alles wohlbekannt. Neu hingegen ist, dass auch bei Männern die Hormone in Aufruhr geraten. Die auffälligste Veränderung ist die Gewichtszunahme, zu der es bei Männern während der Schwangerschaft ihrer Partnerinnen häufig kommt. Viele Frauen entwickeln einen regelrechten Heißhunger – selbstverständlich brauchen sie mehr Nahrung, wenn sie in anderen Umständen sind. Dass auch Männer in dieser Zeit an Gewicht zunehmen, könnte schlicht damit zu tun haben, dass das Lebensmittelangebot im Haus größer ist. Hormone braucht man als Erklärung nicht zu bemühen. Aus der anthropologischen Forschung weiß man, dass dieses Phänomen, dessen wissenschaftlicher Ausdruck »couvade« (nach dem französischen Wort für »brüten«) lautet, nicht nur in Großbritannien und den USA, sondern auch in nichtwestlichen Gesellschaften auftritt, und zwar in viel extremerer und geradezu einschränkender Form. Bei den Eingeborenen in Papua-Neuguinea legen sich Männer in den letzten Schwangerschaftsmonaten ihrer Ehefrauen zu Bett, klagen über ständige Übelkeit und Rückenschmerzen, wollen gepflegt werden und benehmen sich geradezu hysterisch.

Zu den Schlüsselhormonen, die hier eine Rolle spielen, gehören Testosteron,[58] ein Sexualhormon, und Prolaktin, das Hormon, das die Milchproduktion stillender Mütter anregt. Auch Männer haben Prolaktin, obgleich sie nicht stillen. Warum sich der Hormonspiegel bei Männern ändert, war bisher ein Rätsel. Aus dem Tierreich ist bekannt, dass hormonelle Veränderungen bei manchen Arten vorkommen, in denen sich die Väter bei der Brutpflege und Aufzucht des Nachwuchses beteiligen. Der Prolaktinspiegel steigt bei Primaten, bei Vogelmännchen, kurz bevor sie Vater werden, sowie bei Nagetieren, bei denen sich neben den Müttern auch die Väter um die Jungen kümmern. Die Frage, ob ähnliche Veränderungen in der menschlichen Gattung auftreten, hat bisher niemanden interessiert. In einer Veröffentlichung aus dem Jahr 2000 haben Anne E. Storey, Katherine E. Wynne-Edwards und ihr Team von der Memorial University in Neufundland erstmals auf diese Forschungslücke hingewiesen: »Über die physiologischen Veränderungen und den Wandel im Verhalten von Vätern bis zur Geburt ihres Kindes ist wenig bekannt.« Mit Blick auf die Befunde bei Tieren vermuteten Storey und ihre Kollegen, dass Veränderungen, die mit der Schwangerschaft der Partnerinnen einsetzen und sich bis über die Geburt hinaus fortsetzen, in analoger Form auch bei Männern zu erwarten seien. Und sie sagten voraus, dass die hormonellen Schwankungen bei jedem Einzelnen in Beziehung stehen dürften mit den Symptomen, die die Männer während der Schwangerschaft zeigen, und mit ihrer Aufgeschlossenheit gegenüber dem Neugeborenen.

Für die Studie wurden 34 Paare ausgesucht, die einen Geburtsvorbereitungskurs in einem nahe gelegenen Krankenhaus absolvierten.[59] Bei den Männern wurde eine Blutprobe vor und nach der Geburt des Kindes abgenommen. Nur bei drei Paaren sollte es die erste Geburt sein. Alle wurden gefragt, ob die Männer einige charakteristische Begleitsymptome der Schwangerschaft zeigten wie Übelkeit, Gewichtszunahme, Abgeschlagenheit, Heißhunger und Stimmungsschwankungen. Bestandteil der Studie war auch, dass die

Paare bestimmten Situationen ausgesetzt wurden, z. B. zeigte man ihnen die Neugeborenen oder auch nur die Bettdecken, die in der Säuglingsstation verwendet wurden, außerdem führte man ihnen einen Film über das Stillen vor. Die Frage lautete, ob solche Reize eine kurzfristige Veränderung der verschiedenen Hormonspiegel auslösen könnten.

Die Untersuchungen ergaben signifikante Veränderungen für alle drei Hormone, die Storey und Wynne-Edwards im Fokus hatten – Testosteron, Cortisol und Prolaktin. Das Hormonbild bei den Männern entsprach den Verhältnissen bei den schwangeren Frauen. Verglichen mit Messungen gegen Ende der Schwangerschaft der Partnerin fiel der Testosteronspiegel der Männer um 33 Prozent, nachdem sie den ersten Kontakt mit ihren Babys hatten.

Wie ist dieser Abfall des Testosteronspiegels zu erklären? Viele Wissenschaftler sind der Meinung, dass ein Anstieg des Testosteronwerts für ein kämpferisches Verhalten bei Mensch und Tier verantwortlich ist. Der Testosteronabfall bei der Geburt des Babys könnte als List der Natur gewertet werden, um den Männern zu zeigen, dass sie nun besser die Fäuste unten lassen und sich um ihre Babys kümmern sollen. Aus evolutionstheoretischer Sicht ist das ein kluger Schachzug, denn kriegerisches Verhalten ist unvereinbar mit Hegen und Pflegen. Und Männer, die eine stärkere Bindung an ihre Babys haben, werden vermutlich eher in der Nähe der Familie bleiben und sich um sie kümmern.

Tatsächlich haben im September 2013 James K. Rilling und seine Kollegen und Kolleginnen von der Emory University einen Artikel in den *Proceedings of the National Academy of Sciences* veröffentlich, wonach der Testosteronspiegel im Blut sich umgekehrt proportional zu elterlicher Kinderbetreuung verhält, d. h. der Testosteronwert war bei denjenigen Vätern am höchsten, die sich kaum um die Kinderbetreuung kümmerten.[60] Die Forscher fanden auch heraus, dass die Väter, die ihren Kindern mehr Zeit und Energie widmeten, kleinere Testikel (Hoden) hatten. Die Ergebnisse stützen die Annahme, dass in der Natur ein Ausgleich zwischen Paarungsverhalten und Kinderaufzucht besteht. Manche männliche Lebewesen setzen auf die Kopulation und vernachlässigen die Kinderaufzucht, andere entscheiden sich genau andersherum.

Im Tierreich sind die Verhältnisse eindeutig.[61] Bei männlichen Schimpansen, die sich durch sexuelle Promiskuität auszeichnen, sind die Testikel durchschnittlich doppelt so groß wie bei Männern. Schimpansen beteiligen sich kaum an der Aufzucht der Jungen. Männliche Gorillas haben dagegen kleine Testikel und hüten ihre Kinder. Bei Männern ist es individuell verschieden, welchem Verhalten sie den Vorrang geben. Rilling wollte mit seiner Studie herausfinden, warum manche Männer bessere Väter sind als andere. Zwar ist mit der Studie nicht der Beweis erbracht, dass aus großen Testikeln und hohen Testosteronwerten eindeutig geschlossen werden kann, was für ein Typus Vater der betreffende Mann einmal sein wird, aber immerhin ist ein wichtiger Schritt zur Beantwortung der Frage getan, warum Männer in ihrem Einsatz für die Betreuung und Erziehung von Kindern so verschieden sind.

Storey und ihr Forschungsteam fanden bei ihrer Untersuchung hormoneller Veränderungen noch weitere Auffälligkeiten bei Männern während der Schwangerschaft ihrer Partnerinnen. Besonders bedeutsam war ein Anstieg des Prolaktins gegen Schwangerschaftsende. Der Prolaktinspiegel war höher bei solchen Männern, die hellhörig auf das Weinen der Babys reagierten, und bei denjenigen, die mehr

88

schwangerschaftsbezogene charakteristische Verhaltensweisen zeigten. Außerdem existierte ein deutlicher Zusammenhang zwischen den Hormonwerten der Frauen und denen ihrer Partner. Die Hormonwerte der Frauen stiegen und fielen in Abhängigkeit von den physiologischen Prozessen während der Schwangerschaft. Die Hormonwerte der Männer stiegen und fielen in Übereinstimmung mit den Werten ihrer Partnerinnen.

Die hormonellen Verhältnisse ändern sich bei den Schwangeren, je näher der Zeitpunkt der Entbindung rückt. Ihre Hormonwerte sind eine Folge der physiologischen Veränderungen in ihrem Körper. Die gleichen hormonellen Veränderungen bei den Vätern sind aber nicht abhängig von der Anzahl der Tage bis zur Geburt des Kindes, sondern sie stehen in Korrelation zu den hormonellen Veränderungen bei ihren Partnerinnen. Dies führt zu der Schlussfolgerung, dass die hormonellen Veränderungen beim Mann parallel zu denen bei seiner Partnerin verlaufen, je näher und inniger das Verhältnis der beiden während der Schwangerschaft ist. Und wenn das der Fall ist, dann wird der Mann auch ein besserer Vater.

Auch dies ist kein Beweis für eine Verbindung zwischen den Hormonen der Mutter und des Vaters, aber alles deutet darauf hin, dass die hormonellen Veränderungen wichtig sind für die Entwicklung treusorgender Väter. Tatsächlich haben weitere Forschungen von Storey und Wynne-Edwards gezeigt, dass man bei frischgebackenen Vätern, denen man ihr Baby – oder auch nur eine Puppe in einer Decke, an der noch der Geruch des Babys haftet – in den Arm legt, einen Anstieg von Prolaktin und Cortisol und einen Abfall von Testosteron feststellen kann. Die Hormone scheinen also das Verhalten der Männer während der Schwangerschaft maßgeblich zu beeinflussen. Umso erstaunlicher ist es, dass Männern diese Verhaltensänderungen meist gar nicht bewusst sind.

Das Verhältnis, das Männer zu ihren Neugeborenen haben, wird aber nicht nur durch Hormone bestimmt.[62] Die körperliche und geistige Verfassung eines Vaters kann Auswirkungen auf die Gesundheit des Neugeborenen haben. Im Jahr 2010 fiel Prakesh S. Shah von der Universität Toronto auf, dass bisher wenig darüber geforscht wurde, ob es einen Zusammenhang gibt zwischen Vätern und Frühgeburten bzw. Babys, die termingerecht, aber mit geringem Gewicht zur Welt kommen. (Beides erhöht das Risiko von Krankheit oder Kindstod in den ersten Tagen oder Wochen.) Die Forschung konzentrierte sich bis dahin auf die Mütter, da die Annahme einer möglichen Beziehung zwischen einem schlechten Gesundheitszustand oder einer riskanten Lebensweise der Mutter und dem Zustand des Kindes bei der Geburt einfach näher liegt. Bei Müttern sind die Faktoren für Risikobabys detailliert erforscht worden, weil Mütter in der neunmonatigen Schwangerschaft ihre Kinder ungleich stärker prägen als Väter. Das ist eine schlichte biologische Tatsache, was allerdings nicht heißt, dass die Rolle der Väter zu vernachlässigen wäre.

Shah und seine Kollegen und Kolleginnen werteten 36 Studien aus und analysierten sie unter der Fragestellung, ob es eine Beziehung zwischen den Vätern und der Verfassung der Neugeborenen geben könnte. Sie kamen zu dem Schluss, dass sich die Wahrscheinlichkeit für Frühgeburten bzw. Untergewicht des Neugeborenen erhöht, je älter die Väter sind, oder wenn diese selbst mit geringem Gewicht zur Welt kamen.

Die Studie aus Toronto erschien im *American Journal of Obstetrics and Gynecology* und wurde in derselben Zeitschrift umgehend von einer anderen Forschergruppe kritisiert, die dem kanadischen Team vorwarf, der Frage nicht auf den Grund gegangen zu sein. Es gebe väterlicherseits eine lange Liste von Faktoren, die die Geburt beeinflussen können. So spiele es eine Rolle, welche Einstellung Väter zu der Schwangerschaft haben, wie sie sich selbst während dieser Zeit verhalten und welche Beziehung sie zu ihrer Partnerin haben. Diese Faktoren können den Stress der werdenden Mutter erhöhen und ihren Umgang mit sich selbst beeinflussen. Wenn Väter das Kind eigentlich nicht haben wollen, gehen Mütter seltener zur Schwangerenvorsorge. Wenn Väter während der Schwangerschaft rauchen, kann das auch die Mütter in ihrem Entschluss, nicht zu rauchen, wankend machen, was wiederum die Wahrscheinlichkeit eines geringen Geburtsgewichts erhöht.

Der Kommentar hob hervor, wie selten Forscher öffentlich dafür kritisiert werden, der Rolle der Väter nicht die gebührende wissenschaftliche Aufmerksamkeit geschenkt zu haben. Am Schluss stand die Mahnung an Ärzte und Wissenschaftler, bei Schwangerschaftsrisiken stärker auf die Väter zu achten. Das ist immerhin ein Zeichen, dass sich bei diesem Thema Einstellungen ändern.

Ein Beispiel für Forschungen, die der neuen Sichtweise Rechnung tragen, haben wir einem Team von der University of South Florida zu verdanken. Unter der Leitung von Amina Alio, Professorin für staatliches Gesundheitswesen, fand das Team heraus, dass das Risiko eines Kindstodes im ersten Lebensjahr geringer ausfiel, wenn der Kindsvater seine Partnerin während der Schwangerschaft mitfühlend begleitete.[63] Kinder, deren Vater abwesend war und folglich auch die Schwangerschaft nicht begleiten konnte, hatten öfter Untergewicht oder kamen zu früh zur Welt. Die Sterberate bei Kindern, die die ganze Schwangerschaft über auf die Anwesenheit des Vaters verzichten mussten, war fast viermal höher als die bei Kindern, deren Vater stets bei der Familie gewesen war. Schließlich kamen mütterlicherseits Beschwerden, die das Kind im Mutterleib beeinflussen können wie z. B. Anämie, Bluthochdruck und andere gravierende Probleme, deutlich häufiger bei Frauen vor, bei denen der Kindsvater während der Schwangerschaft abwesend war.

Eine weitere Studie aus dem Jahr 2011, diesmal aus Neuseeland, ging der Frage nach, welchen Einfluss Väter auf das Geburtsgewicht ihrer Kinder haben könnten.[64] Das Team versammelte für seine Forschungen 2 002 Paare, bei denen die Frau schwanger war, und begleitete sie bis zur Geburt des Kindes. Untersucht wurde, ob es einen Zusammenhang gebe zwischen Fettleibigkeit oder Blutdruckproblemen des Vaters und dem Geburtsgewicht des Kindes. Zwischen Blutdruck und Geburtsgewicht schien kein Zusammenhang zu bestehen, aber beim Blick auf das Körpergewicht der Väter stellten die Forscher etwas Erstaunliches fest: Fettleibigkeit der Väter und hier besonders Bauchfett stand in Korrelation mit einem 60-prozentigen Anstieg des Risikos, dass das Kind mit geringem Geburtsgewicht zur Welt kommt. Ob die Mutter an Fettleibigkeit litt oder nicht, spielte keine Rolle.

Das wirkte wie eine Offenbarung. Väter, die eine Eizelle befruchtet haben, haben keinen weiteren physiologischen Kontakt mit dem sich nun entwickelnden Lebewesen. Und doch beeinflussen sie auf die eine oder andere Weise die Physiologie ihres Kindes. Wie ist das möglich? Eine Hypothese ist, dass Mütter und Väter denselben Speisezettel haben und daher ein stets tüchtig zulangender Vater das Essverhalten seiner Partnerin beeinflusst. Eine andere Hypothese lautet, dass die Gene des Vaters in irgendeiner Weise das Wachstum des Fötus im Bauch der Mutter steuern. Wie, das ist freilich ein Rätsel. Mit diesen Entdeckungen wird der bisher ausschließlich auf die Mütter fixierte Forschungsansatz in Frage gestellt. Die Wissenschaft hatte die Wichtigkeit der Väter während der Schwangerschaft nicht erkannt, weil niemand danach geforscht hatte.

Die neuen Erkenntnisse über die biologischen Grundlagen der Vaterschaft stellten die zu diesem Thema herrschende Auffassung in der Psychologie des 20. Jahrhunderts in Frage. Diese Auffassung war im Wesentlichen durch John Bowlby geformt, dessen Bindungstheorie eine sehr einflussreiche und allgemein anerkannte Beschreibung der menschlichen Entwicklung darstellt. Nach Bowlby war die Bindung, die ein Säugling und Kleinkind mit seiner Bezugsperson – in den allermeisten Fällen die Mutter – eingeht, eine wesentliche Voraussetzung für eine normale psychische Entwicklung.

Bowlby begann seine Forschungen in den 1940er-Jahren.[65] Damals war John Watson die führende Figur auf dem Gebiet der Erziehungspsychologie. Watson nannte Eltern, die im Umgang mit ihren Kindern nachgiebig waren, »rührselig« und »sentimental«; er trat für eine strenge Erziehung ein. Es sei falsch, einen weinenden Säugling auf den Arm zu nehmen, denn das ermutige ihn, weiter zu weinen. Besser sei es, das Kind schreien zu lassen. Bowlbys Bindungtheorie schlug Watson aus dem Feld. Anders als Watson, der nichts von Tröstungen hielt, meinte Bowlby, das Weinen sei ganz natürlich, ein Alarmsignal, das evolutionsbiologische Wurzeln habe. Säuglinge schrien, wenn sie Nahrung, Hilfe oder Schutz brauchten.

Obwohl Bowlby großen Einfluss ausübte, erreicht er doch nicht die allgemeine Bekanntheit seines berühmtesten Vorgängers in diesem Feld, Sigmund Freud. Freud war nun kein Wissenschaftler,[66] wenngleich er selbst sich für einen solchen hielt. Er war vor allem ein brillanter Schriftsteller und Theoretiker. Bei seinen Beobachtungen stützte er sich auf eine sehr kleine Gruppe von Personen, die fast alle wegen psychischer Störungen zu ihm kamen. Doch Freuds Gedanken kamen wissenschaftshistorisch gesehen zur rechten Zeit. Darwin hatte gezeigt, wie ein Großteil der Biologie durch einfache biologische Grundsätze zu erklären war, und nun tat es ihm Freud auf dem Gebiet des menschlichen Verhaltens gleich. In den 1950er-Jahren war in Amerika fast jeder bedeutende Lehrstuhl für Psychiatrie von einem Psychoanalytiker Freud'scher Schule besetzt. Die Freudianer verfassten die Lehrbücher, brachten die Fachzeitschriften heraus und hatten in allem das Sagen.

So standen die Dinge, als Bowlby die Vorherrschaft der Freudianer in Frage stellte. Anders als Freud war Bowlby ein der naturwissenschaftlichen Forschung verpflichteter Forscher. Mit seiner ersten Untersuchung wollte er herausfinden, warum manche Kinder eine sichere Bindung zu ihrer Mutter entwickeln, während andere dies nicht tun. Er arbeitete mit Ethologen zusammen, die elterliches Brutpflegeverhalten bei Tieren untersuchten, und versprach sich davon eine neue Sicht auf menschliches Bindungsverhalten. Auch die Erkenntnisse der Evolutionsbiologie nutzte er und fragte sich, ob die Bindung die Überlebenschancen von Tierjungen oder Kindern erhöhte. Nach seinen Untersuchungen kam er zu der Feststellung, dass Kleinkinder, die vor dem Alter von zwei Jahren eine sichere Bindung zu ihrer Mutter aufgebaut haben, resoluter ihre Umwelt erkunden als solche Kinder, denen diese sichere Basis fehlt. Letztere sind passiver, hängen an ihren Müttern und leiden noch viele Jahre an Trennungsangst.

Die Bindungstheorie gehört weiterhin zu den Grundlagen der Entwicklungspsychologie. Bowlby stieg, noch vor Freud, zum meistzitierten Psychologen in wissenschaftlichen Publikationen des 20. Jahrhunderts auf. Bowlbys Theorie revolutionierte nicht nur das Verständnis des Bindungsverhaltens, sondern lieferte auch Erklärungen für Trennung und Verlust. Und sie stellte die Mütter ins Zentrum. Die Rolle des Vaters bestand nach Bowlbys Auffassung darin, die Mutter zu unterstützen. Im Drama der Kindheit hatte er lediglich eine Nebenrolle. (So dachte übrigens auch Shakespeare. In dem Monolog über die sieben Lebensalter des Menschen, der mit den Worten »Die ganze Welt ist eine Bühne« beginnt, beschreibt er Männer als Säuglinge, Kinder, Liebhaber, Soldaten und vieles mehr – aber niemals als Eltern.)

Der breite Zuspruch, den die Bindungstheorie fand, konnte nicht darüber hinwegtäuschen, dass sie in erster Linie auf Bowlbys klinischen Beobachtungen basierte, aber nicht auf Experimenten. Zwar war sie wissenschaftlicher als Freuds Theorie, aber ihr fehlte eine strenge wissenschaftliche Evaluierung. Diese Aufgabe übernahm Mary Ainsworth, eine Schülerin Bowlbys, mit dem sie in den 1950er-Jahren zusammengearbeitet hatte. Schon früh in ihrer Wissenschaftskarriere zog sie nach Uganda, wo ihr Ehemann eine Stelle beim East African Institute of Social Research in Kampala innehatte. Sie organisierte Forschungsmittel für eine neunmonatige Studie über ugandische Mütter und deren Kleinkinder und kam zu dem Ergebnis, dass verständnisvolle, mitfühlende Mütter und hier vor allem solche, die ihr Kind gern stillen, eher in der Lage sind, ihren Kindern eine sichere Basis zu geben.

Zwei Jahre später zog Mary Ainsworth ins amerikanische Baltimore, wo sie an der Johns Hopkins University lehrte und ihre Forschungsarbeit fortsetzte. Sie nahm einen britischen Studenten namens Michael Lamb in ihren Mitarbeiterstab auf. Lamb war eigens in die USA gekommen, um bei ihr zu studieren. Lamb, der heute Psychologieprofessor an der Universität Cambridge ist und eine führende Rolle in der Väterforschung spielt, war begeistert von Ainsworth' Forschungen, nur wunderte er sich, dass die Rolle des Vaters dabei völlig außer Acht gelassen wurde. »Die Kinder, die in diesen Studien untersucht wurden, wuchsen alle in Familien mit Vater und Mutter auf«, berichtete mir Lamb. »Und doch lag der Fokus ausschließlich auf der Beziehung zur Mutter. Ich fand diese mutterzentrierte Forschung schon merkwürdig. Und ich begann mich dafür zu interessieren, welche Bedeutung die anderen Beziehungen wohl hatten.«

Sein Interesse an der Vaterrolle hatte nicht nur wissenschaftliche Gründe, sondern ging auf die Beziehung zu seinem Vater zurück, der eine zentrale Bedeutung in seinem Leben spielte. Lamb wuchs in Sambia auf, wo sein Vater in der Kolonialverwaltung arbeitete. Der Vater kam jeden Tag zum Mittagessen nach Hause und verbrachte möglichst viel Zeit mit seinen Kindern. Die Untersuchungen, die Lamb unter der Ägide von Mary Ainsworth vorantrieb, gehörten zu den ersten, die die Annahme in Frage stellten, Väter spielen nur eine Nebenrolle in der Kindesentwicklung. Anfangs war auch Ainsworth skeptisch und versuchte ihm das Projekt auszureden. Doch er blieb hartnäckig und führte seine Untersuchung durch. Am Ende zeigte er, dass Säuglinge und Väter in gleicher Weise und zur gleichen Zeit eine Bindung eingehen wie Säuglinge und Mütter.

Das war ein wichtiger Befund, nicht nur für Psychologen, sondern auch für Väter generell. »Man kann nicht von Vätern erwarten, dass sie ihre Rolle in der Kindererziehung wichtig nehmen, wenn ihnen ständig gesagt wird, dass sie außer als Ernährer der Familie nichts beizutragen haben«, schreibt Lamb.

Lamb war einer der Ersten, die sich gegen die herrschende Lehrmeinung stemmten, aber bei weitem nicht der Letzte. Die Forschung zur Depression bei Kindern ist ein weiteres Feld, in dem die Rolle der Väter lange Zeit nicht beachtet wurde. Psychologen gingen davon aus, dass eine Depression der Schwangeren sich schädlich auf ihre Kinder auswirken könne, aber dass eine Depression des Vaters während der Schwangerschaft seiner Partnerin eine ähnliche Wirkung haben könnte, blieb lange Zeit unvorstellbar. Eine Depression bei Vätern erhöht ähnlich wie bei Müttern das Risiko einer depressiven Erkrankung der Kinder, und das, obwohl Väter keine direkte Verbindung mit dem Fötus haben.

Einen wichtigen Hinweis auf die schädlichen Folgen einer Depression des Vaters für die Gesundheit des Kindes liefert eine Studie aus dem Jahr 2013, die von einem norwegischen Forschungsteam unter der Leitung von Anne Lise Kvalevaag stammt.[67] Sie wertete statistisches Material von 31 663 Kindern und deren Familien auf Informationen zur psychischen Erkrankung der Väter während der Schwangerschaft aus. Bei solchen Studien wird nach Zusammenhängen gesucht; es wird jedoch nichts darüber gesagt, weshalb solche Zusammenhänge bestehen. Die Forscher bieten drei mögliche Erklärungen an: Väter können an ihre Kinder Gene vererben, die mit psychischen Krankheiten in Verbindung stehen. Die Depression der Väter kann ihre Partnerinnen beeinflussen, die wiederum auf die Kinder einwirken. Oder die psychischen Probleme der Kinder könnten eine Folge der Depression des Vaters während des frühkindlichen Entwicklungsstadiums sein. Väter, die vor der Geburt des Kindes depressiv sind, sind es mit höherer Wahrscheinlichkeit als andere auch danach noch. Welche Erklärung auch zutreffen mag, die Studie zeigt, dass die psychische Verfassung der Väter tatsächlich erhebliche Folgen für die Kinder haben kann.

Und das Ergebnis kann noch schlimmer für Kinder ausfallen, wenn beide Eltern depressiv sind. Forscher am Cincinnati Children's Hospital Medical Center haben herausgefunden, dass Kinder mit zwei depressiven Elternteilen ein achtmal höheres Risiko haben, Verhaltensstörungen zu entwickeln, als Kinder, deren Eltern gesund sind. Viele Studien belegen, dass eine schlechte psychische Verfassung der Mutter negative Folgen für das Verhalten und die emotionale Stabilität des Kindes hat, aber nur in wenigen Studien werden beide Eltern berücksichtigt.

Es gibt aber auch etwas Gutes zu berichten. Ein psychisch gesunder Vater kann die verheerende Wirkung, die eine Depression der Mutter auf ihre Kinder hat, lindern. Er dient als Puffer und beschäftigt sich mit den Kindern, wenn die Mutter wegen ihrer Erkrankung nicht ansprechbar ist. Das ist keine einfache Aufgabe. Mütter tun sehr viel für ihre Kinder, wenn sie krankheitshalber ausfallen, sind sie nicht leicht zu ersetzen. Mit Depression gehen oft Schuldgefühle einher. Mütter und Väter, die um die Zeit der Geburt des Kindes in Depression verfallen, können durch das Wissen, sich nicht ausreichend um das Kind zu kümmern, zusätzliche Schuldgefühle entwickeln; ja sie setzen ihren Nachwuchs dem Risiko aus, in ihrem späteren Leben psychische Probleme zu haben.

Die Liste der schädlichen Folgen einer Depression des Vaters wird gegenwärtig immer länger. Von der Depression der Mutter weiß man schon seit einiger Zeit, dass sie mit exzessivem Schreien des Babys oder mit Koliken beim Kleinkind korreliert, aber über die Auswirkungen der Depression des Vaters wusste man nichts. Mijke P. van den Berg vom Erasmus Medical Center in Holland ging dieser Frage nach und kam zu folgendem Ergebnis: Auch die Depression väterlicherseits stellt einen Faktor für exzessives Schreien des Säuglings dar.[68] Eine plausible Erklärung fehlt noch. Es könnte mit der Beschaffenheit der väterlichen Erbanlage zusammenhängen, die der Vater weitergibt, oder mit dem veränderten Verhalten des Vaters im Umgang mit dem Säugling, oder auch mit Ehe- oder Familienstress als Folge der Depression. Wie auch die Erklärung ausfällt, die Untersuchung unterstreicht, dass die Rolle des Vaters berücksichtigt werden muss, wenn nach Gründen für kindliches Verhalten, einschließlich exzessivem Schreien, gefragt wird. Ferner hat eine weitere Untersuchung an den Tag gelegt, dass depressive Väter ihren Kindern nicht nur seltener vorlesen, sondern sie auch öfter schlagen als Väter ohne depressive Erkrankung.

Streit zwischen Müttern und Vätern kann ebenfalls Auswirkungen auf das Wohlergehen des Kindes haben. Ende der 1990er-Jahre führte der Familientherapeut James P. McHale ein Untersuchungsprojekt an der Clark University in Massachusetts durch, das den Titel »Familien in zeitlicher Entwicklung« trug und das von der staatlichen Gesundheitsbehörde finanziert wurde.[69] McHale wollte wissen, wie sich die Beziehung von Mutter und Vater in der Rolle als gemeinsame Erzieher auf die Kinder auswirkt. Es war die erste Studie, die sich der Entwicklung der elterlichen Erziehungsrolle in intakten (d. h. nicht durch Scheidung geprägten) Familien widmete. Was McHale und seinen Kollegen gleich zu Beginn klarwurde, war die Notwendigkeit, die elterliche Beziehung schon während der Schwangerschaft zu untersuchen. Aus der Analyse geht hervor, dass die Persönlichkeit der Eltern, ihre intimes Verhalten und die Qualität der Ehe von großer Bedeutung waren. McHale fand noch etwas, was die Forschung bisher übersehen hatte: »Das Element, das noch fehlte, war die Auffassung, wie das Familienleben aussehen sollte und was die Eltern jeder einzeln bzw. gemeinsam mit dem Partner oder der Partnerin in der neuen Familie erschaffen wollten.«

McHale, der gern sagt, dass seine Forschung von dem Ehepaar Cowan inspiriert ist, erkannte als Erstes, dass das wesentliche Element für die Familiengesundheit im Verständnis des Bündnisses liegt, das Paare über die Erziehung ihrer Kinder eingehen. Die leitende Idee der Studie, die sich in der weiteren Forschung dann auch bestätigt hat, war folgende: Wenn Eltern ein festes Erziehungsbündnis haben, dann zeigen die Kinder weniger Symptome von Stress, die eheliche Beziehung ist fester und die Kinder haben eine bessere Beziehung zu Gleichaltrigen. Andere Forscher hatten hingegen das Erziehungsbündnis in Familien mit getrennt lebenden Elternteilen untersucht, wo die Eltern Regelungen erproben, um die Konflikte zu entschärfen. »In vielen Familien haben beide Eltern eine gute Beziehung zu den Kindern, und doch fühlt sich das einzelne Kind nicht wohl. Das liegt an dem mangelnden Erziehungsbündnis der Eltern … Die Eltern verstehen sich nicht mehr und versuchen die Zuneigung und Loyalität des Kindes zu gewinnen.« Solche chronischen Konflikte des Kindes wegen haben, wie man sich denken kann, keinen guten Einfluss auf das Kind. In vielen Scheidungsfamilien herrscht dieses Verhalten vor, aber nach McHales Befund eben auch in intakten Familien.

Zu den ersten Erkenntnissen gehörte die Feststellung, dass die Erziehungseinstellung der werdenden Eltern von den Erfahrungen mit den eigenen Eltern und der Familie, in der sie aufgewachsen sind, geprägt ist. »In meiner Familie war der Sonntag immer Familientag«, sagte z. B. die werdende Mutter Candice. »Ich wünsche mir, dass wir das als Familie auch tun.« Ihr Ehemann Ron stimmte ihr bei den Familientagen zu, aber nicht bei der Kinderbetreuung. »Sie wird den größten Teil der Kinderbetreuung übernehmen«, sagte er. »Sie wird zu Hause bleiben und sich um die Kinder kümmern. Da wird sie auch die Windeln wechseln, hoffe ich.«

Candice lenkte ein: »Tagsüber werde ich die Kinderbetreuung übernehmen, aber wenn Ron abends nach Hause kommt, löst er mich ab … Ich glaube, dass er ein sehr engagierter Vater wird, weil sein Vater das überhaupt nicht war.« Ron sagte, dass sich seine Eltern immer über die Kindererziehung gestritten haben. Das solle sich in seiner eigenen Familie keinesfalls wiederholen, diese Erfahrung möchte er seinen Kindern ersparen. Es herrscht also Uneinigkeit zwischen den Partnern. Und wenn sich Candice und Ron schon nicht über ihre gemeinsamen Pflichten als Eltern einigen können, werden sie sich auch über Rons Vaterpflichten streiten. McHale nannte solche Meinungsverschiedenheiten »potentielle Konfliktherde.«

Zu Beginn der letzten drei Schwangerschaftsmonate untersuchten McHale und seine Mitarbeiter die Beteiligten auf Depression und fragten nach der ehelichen Zufriedenheit. Zu ihrer Überraschung waren die Belastung und Anspannung viel größer als vermutet. 40 Prozent der Mütter und 22 Prozent der Väter zeigten hohe Werte in einem Test zur Depressionsdiagnose. Nach der Auswertung der Testergebnisse formulierten die Forscher die Hypothese, dass die Tests nicht eigentlich Depression anzeigen, sondern eine gewisse Unruhe über die anstehende Elternrolle. »Sehr viele Eltern in unserer Untersuchungsgruppe hatten einfach Bammel«, schreibt McHale. »Die innere Unruhe war groß, und viele empfanden noch mehr als bloß Unruhe.« Eheliche Zufriedenheit war dagegen kein großes Thema, nur wenige Paare erwähnten hier Probleme. Bei der abschließenden Auswertung kam aber heraus, dass bei der Hälfte der Familien zumindest ein Elternteil Symptome für Depression und Stress in der Ehe zeigte.

Wie vor ihnen schon die Cowans hatten McHale und sein Team auch eingehende Gespräche mit den Vätern. Dabei stellt sich als ein wesentlicher Punkt heraus, dass die werdenden Väter sich fest vornahmen, für ihre Kinder im konkreten und übertragenen Sinne »da zu sein«, gerade weil ihre eigenen Väter dies nicht getan hatten. »Darauf freuen sich Männer, die Vater werden«, schrieben die Cowans, »aber das bereitet ihnen auch Sorgen, solange sie noch im Wartezustand sind.«

Diese Männer haben also die richtige Einstellung. Aber um Engagement zu zeigen, brauchen sie nicht zu warten, bis das Kind auf der Welt ist. Ein werdender Vater, der seiner schwangeren Partnerin beim Einkaufen hilft, sie zu Arztterminen begleitet und mit ihr den Fötus bei der Ultraschalluntersuchung sieht oder seinen Herzschlag hört, wird sich nach der Geburt stärker mit Mutter und Kind verbunden fühlen als ein Vater, der all dies nicht tut. Das gilt sogar für Väter, die nicht mit ihrer Partnerin zusammenleben. Ein Vater, der bereits in der Schwangerschaft engagiert ist, wird auch später eher mit dem Kind spielen, ihm vorlesen und ganz generell bei seiner Erziehung mithelfen.[70] Wenn die Eltern getrennt wohnen, werden die Väter eher geneigt sein, mit der Mutter des Kindes zusammenzuziehen. Solche Nebeneffekte sind für die Eltern und die Kinder gleichermaßen gut.

Der Wunsch, sich zu engagieren, wird freilich nicht immer in die Tat umgesetzt. Auf die Frage, wie sie sich nach der Geburt des Kindes die Aufteilung der Pflichten bei der Kinderbetreuung und Haushaltsführung vorstellen,[71] antworten die meisten Väter, dass sie einen höheren Anteil der Mütter erwarten, aber selbst auch einen wichtigen Beitrag leisten wollen. Ein halbes Jahr nach der Geburt erneut befragt, geben die meisten an, die Mütter übernehmen viel mehr als erwartet, während sie selbst weniger beitragen. Das mag zum Teil daran liegen, dass Väter zu schnell akzeptieren, dass sie für ihre Kinder weniger wichtig sind als die Mütter. Ein anderer Grund kann sein, dass sich die Eltern, wie es bei Candice und Ron der Fall war, nicht einig sind, welche Beziehung der Vater zu seinen Kindern haben soll. Daraus ergeben sich interessante Fragen: Könnte man die Familien so beeinflussen, dass die Väter mehr Verantwortung übernehmen? Könnte man die Einstellung der werdenden Eltern dahingehend ändern, dass den Vätern eine andere Rolle zugewiesen wird? Und welche Auswirkung hätte das auf die Kinder?

Zur Beantwortung dieser Fragen taten sich die Cowans mit einem anderen Forscherehepaar zusammen, mit dem Kinderpsychiater Kyle D. Pruett von der Yale-Universität und mit Marsha Kine Pruett, einer klinischen Psychologin am Smith College in Massachusetts. Ihnen war bekannt, dass staatliche Behörden, in deren Verantwortung Schwangerschaftsbegleitung und Geburtsvorbereitung fallen, Väter oft ausschließen. Wenn man diesen Ansatz änderte, würde das die Väter zu mehr Engagement im Familienleben motivieren? Sie konzipierten einen sechzehnwöchigen Kurs für Paare, die ein Kind erwarteten, mit dem Ziel, die Beziehung der Paare als Ehepartner und als künftige Eltern zu reflektieren. Der Kurs wurde 289 Paaren mit teils mexikanisch-amerikanischen, teils europäisch-amerikanischen Partnern in fünf kalifornischen Verwaltungsbezirken angeboten. In sozialer Hinsicht stammten sie aus der unteren bzw. aus der mittleren Einkommensschicht.

Die Forschung hat schon früher einige Faktoren entdeckt, die das Engagement der Väter in der Familie und der Kinderbetreuung fördern. Einige haben wir bereits genannt: die Qualität der Partnerbeziehung, ihre psychische Gesundheit und ihre Stressresistenz, die Verhaltensmuster, die sie aus dem Umgang mit ihren Eltern und Großeltern kennen. Von mehreren Seiten, teils von staatlichen Behörden, teils von religiös-konfessionellen Organisationen, werden Seminare zum Thema Vaterschaft angeboten. Die meisten stehen unter der Leitung männlicher Seminarleiter und Berater. Bei all diesen Programmen dürfe man aber nicht vergessen, so sagen es die Forscherehepaare Cowan und Pruett, dass »der ausschlaggebende Faktor für väterliches Engagement die Beziehung des Vaters mit der Mutter des Kindes ist, und zwar unabhängig davon, ob das Paar verheiratet, geschieden, getrennt lebend ist oder nie verheiratet war.«

Die Forscher boten ihr Programm sowohl nur Vätern als auch Vätern und Müttern gemeinsam an.[72] Ziel war es, herauszufinden, was sich als erfolgreicher herausstellen würde. Das Seminar, das auf eine frühere, von den Cowans entwickelte Fassung zurückging, umfasste Übungen, Diskussionen und kurze Vorträge, die von je einem männlichen und weiblichen Experten aus dem Bereich der psychischen Gesundheit gehalten wurden. In den Diskussionen ging es um Themen wie Kindererziehung, Paarbeziehung, Stressquellen und Unterstützung außerhalb der Familie.

Das Seminar war besonders erfolgreich, wenn es von Müttern und Vätern gemeinsam absolviert wurde. Deren Kinder hatten ein deutlich geringeres Risiko, Symptome von Depression, Angst und Hyperaktivität zu entwickeln. Das Seminar half auch, Erziehungsstress zu verringern und die Beziehungsqualität zu verbessern. Einige Paare waren so begeistert, dass sie die Sitzungen auch nach dem Ende des Programms fortführten.

Die Schwangerschaft ist die kritische Zeit, in der sich entscheidet, wie sich der Vater in die Beziehung mit dem Geschöpf einbringt, das er im Ultraschallbild sieht und das seine Partnerin schon an den Bewegungen in ihrem Bauch spüren kann. Das verringert zwar nicht die Geldsorgen und andere Ängste, die einen Mann während der Schwangerschaft seiner Partnerin bedrücken können, aber das kann ihn auf den richtigen Weg bringen, seine Vaterrolle so auszufüllen, wie er es sich wünscht.

Wenn wir uns von dem lösen, was wir über Väter zu wissen glauben, und durch das ersetzen, was die Forschung bisher erbracht hat, dann können wir mehr tun, um Väter zu ermutigen. Wie viele Männer wissen eigentlich, dass sich in ihrem Körper hormonelle Veränderungen während der Schwangerschaft ihrer Partnerinnen abspielen? Wie vielen ist bewusst, dass die intensive Begleitung der Frau in ihrer Schwangerschaft bereits ein wichtiger Schritt für den Mann ist, eine engagierte Beziehung zu seinem Kind aufzubauen?

Die Wirklichkeit liegt noch sehr weit zurück hinter der Idee von Gleichberechtigung in der Familie, auch wenn viele Paare sich zu dieser Idee bekennen. Je mehr wir über die Väter wissen, desto mehr können wir tun, damit Idee und Wirklichkeit zusammenrücken.

Kapitel 4
Väter im Labor: von Mäusen und Menschen

Ich befinde mich in einem Labor des Randolph-Macon College in Ashland, Virginia, und beobachte, wie eine Maus verzweifelt aus ihrem Käfig zu entkommen sucht. Eine junge Postdoc-Forscherin, Catherine Franssen, hat sich gerade Gummihandschuhe angezogen und dann ein paar Mäuse in die schuhkartongroßen, mit Sägespänen ausgestatteten Plastikkäfige gesetzt. Sie hat einen Mäusevater samt seinen Jungen in einen ihnen fremden Käfig umgesiedelt – was Mäuse gar nicht mögen. Dahinter steckt eine Absicht: Die Forscherin möchte wissen, wie Väter in Gegenwart ihrer Jungen auf Stress reagieren.

Einige Mäuse schmiegen sich ängstlich aneinander, eine springt die Käfigwand hoch und will sich über den Rand in die vermeintliche Freiheit retten. Das Bemerkenswerte an dieser Maus ist nun, dass sie gar nicht versucht, die Jungen in ihre Flucht einzubinden. Beim Hochspringen landet sie immer wieder auf den Jungen. Da diese noch nicht laufen können, sind sie immer wieder im Weg, doch das stört den Vater nicht im Mindesten. Er versucht weiterhin über den Käfigrand zu entkommen.

Die Annahme, dass nur wenige Väter willens wären, ihr Gehirn der Forschung zur Verfügung zu stellen, um mehr über das Verhalten während der Schwangerschaft ihrer Partnerin oder nach der Geburt des Kindes zu erfahren, ist plausibel. Also haben Forscher auf Labortiere zurückgegriffen, um herauszufinden, warum sich Väter so und nicht anders verhalten. Forschung an Mäusen scheint auf den ersten Blick abwegig, schließlich haben Menschen und diese Nagetiere keine große Neigung zueinander. Wenn Menschen und Mäuse sich begegnen, gehen sie sich mit einiger Wahrscheinlichkeit aus dem Weg. Wenn Sie aber das nächste Mal eine Mausefalle aufstellen, dann bedenken Sie bitte, dass Menschen und Mäuse 90 Prozent ihrer Gene gemeinsam haben. Zwar sind uns Mäuse, genetisch gesehen, nicht so nah wie Schimpansen, aber die Unterschiede sind nicht sehr groß.

Catherine Franssen arbeitet mit Kelly L. Lambert zusammen, einer Neurowissenschaftlerin und Direktorin des psychologischen Instituts des Randolph-Macon College. Ich traf mich nach dem Unterricht mit ihr zu einem Interview. Ich fragte sie, welche verlässlichen Schlussfolgerungen man vom Mäusehirn auf die grauen Zellen des Menschen ziehen könne. Als Antwort öffnete sie einen Kühlschrank in ihrem Labor, nahm eine Pinzette zur Hand, holte ein Mäusehirn aus einem kleinen Plastikgefäß und setzte es behutsam auf ein Papiertaschentuch. Es war von hellgelblicher Farbe, gefurcht und hatte die Größe einer Murmel. Die Form entsprach einem menschlichen Gehirn in Miniaturgröße.

Lambert sagte, wenn sie dieses Mäusehirn sezieren und auf dem Labortisch ausbreiten würde, kämen dabei Strukturen an den Tag, die genau dem menschlichen Hirn entsprechen. Selbstverständlich gebe es Unterschiede, die vor allem im Kortex liegen, dem Ort der höheren Hirnfunktionen. »Zwischen Mäusen und Menschen, aber auch zwischen Schimpansen und Menschen besteht ein gewaltiger Unterschied in der Komplexität des Kortex«, sagt Lambert. Und selbstverständlich ist das Mäusehirn erheblich kleiner. Würde man den Kortex des Mäusehirns in der Fläche ausbreiten, wäre er kleiner als eine Briefmarke. Würde man das Gleiche mit einem menschlichen Hirn tun, würde der Kortex einen Couchtisch bedecken.

Ungeachtet dieser Unterschiede behauptet Lambert, dass uns Mäuse sehr viel über menschliches Verhalten verraten. »Ich forsche über Stress und Widerstandskraft im Zusammenhang mit dem Verhalten der Eltern. Ich möchte herausfinden, wie sich das Gehirn auf neue Umweltbedingungen einstellt. Mäuse weisen eine große genetische Nähe zu Menschen auf. Und ich kann die Ernährung und das Alter bestimmen, was bei menschlichen Versuchspersonen niemals ginge. Mäuse liefern uns Informationen und Hinweise, die wir bei Menschen nicht erwarten können.«

Lambert nimmt sich für ihre Antwort viel Zeit. Seit 25 Jahren konzipiert sie Experimente, um mehr über das Verhalten von Nagern erfahren. Die Mäuse nennt sie ihre »Kollegen mit dem Nagetiergebiss«, und von sich selbst behauptet sie, sie gehöre zu der Minderheit unter den Menschen, die »wertvolle berufliche Beziehungen zu Nagetieren unterhalten«. Wenn sie über menschliches Verhalten nachdenkt, fragt sie sich oft: »Was würden die Nager in dieser Situation tun?«

Der Vorteil der Nagetiere liegt darin, dass sie nichts erfinden. »Wenn ich einen Nager beobachte, sehe ich schlicht, was er tut, ohne jede Verstellung. Ich stelle eine Frage und erhalte eine Antwort in Form von Verhalten«, erläutert Lambert. Mit Menschen ist das ganz anders. Menschen haben die Fähigkeit, Geschichten zu erfinden, um ihr Verhalten zu rechtfertigen. In einer Studie sagten zum Beispiel Mütter, was sie in ihrem Leben am meisten glücklich mache, seien die Kinder. Dieselben Mütter sagten aber auch, Kinderbetreuung gehöre nicht zu ihren bevorzugten Tätigkeiten. Offenbar machen Babys nicht in jeder Beziehung glücklich.

Lambert verweist darauf, dass es solche Ambivalenzen bei Nagern nicht gibt. Der Mäusevater, an dem ich beobachten konnte, wie er auf seinen Kindern herumtrampelte, machte aus dem Desinteresse an seinem Nachwuchs keinen Hehl.

Nagetiere sind auch erstaunlich intelligent, darauf insistiert Lambert gern. Bis vor wenigen Jahren glaubten Forscher, dass nur Menschen und Menschenaffen, zum Beispiel Gorillas und Schimpansen, zur Metakognition befähigt seien. Damit ist gemeint, dass sie wissen, was sie wissen und was sie nicht wissen. Im Jahr 2007 stellten Jonathan Crystal und Kollegen von der Universität von Georgia Tests mit Ratten an, die Aufschluss darüber geben sollten, ob die Tiere zwischen langen und kurzen Klängen unterscheiden können.[73] Ratten, die den Unterschied erkannten, bekamen eine Belohnung, solche, die ihn nicht erkannten, bekamen nichts.

Dann boten die Forscher den Ratten eine dritte Möglichkeit: Wenn sie nach ihrer jetzigen Lernerfahrung nicht in der Lage waren, zwischen kurzen und langen Klängen zu unterscheiden, konnten sie sich entschließen, den Test gar nicht mitzumachen – und dafür würden sie eine kleine Belohnung erhalten. Nun beobachteten die Forscher zu ihrem Erstaunen, dass einige Ratten auf die Teilnahme am Test verzichteten und lieber die kleine Belohnung kassierten als gar nichts. Je schwieriger der Test gestaltet wurde, desto mehr Ratten verzichteten darauf, mitzumachen. Die Ratten konnten also einschätzen, ob sie den Test vermutlich bestehen würden oder nicht, mit anderen Worten, sie wussten, wozu sie in der Lage waren. Damit haben sie die gleiche Einsicht wie Väter Mitte 40, die sich erst einen Halbmarathon vornehmen und dann, wenn sie gehörig ins Schnaufen geraten sind, es doch bei einem lockeren Lauftraining bis zum Ende des nächsten Häuserblocks belassen.

Lambert begann ihre Untersuchungen an Ratteneltern zunächst mit der Frage, wie es den Weibchen gelingt, sich vom eigenen Überlebenskampf auf die Sicherung des Überlebens ihrer Nachkommen umzustellen. Sie und ihr Kollege Craig Howard Kinsley von der Universität von Richmond in Virginia formulierten die Hypothese, dass im Hirn einer Ratte eine Reihe von neuronalen Netzen aktiviert werden muss, damit sie wie eine Mutter handelt. Eine Mutter muss Risiken eingehen, will sie ihre Jungen verteidigen, sie muss sie manchmal auch allein lassen, um Nahrung zu beschaffen. Dabei setzt sie sich selbst den Angriffen von Raubtieren aus. Lambert und Kinsley vermuteten nun, dass die Fertigkeiten der Ratte, Nahrung zu beschaffen, sich verbessern, sobald sie Mutter geworden ist. Schließlich musste sie Furcht vor Räubern überwinden, Nahrung beschaffen und rasch wieder ins Nest zurückfinden, ehe ein Falke oder eine Schlange ihr den Garaus machten. Ihr Handeln musste so effizient wie möglich sein, um das Risiko für den Nachwuchs zu begrenzen.

Lambert und Kinsley führten eine Reihe von Experimenten durch, die ihre Hypothese bestätigten. Rattenweibchen, die Mutter geworden sind, schärfen ihren Sinn für räumliche Orientierung und ihr Ortsgedächtnis.[74] In einem Artikel schreibt die Forscherin: »Junge Ratten, die zum zweiten oder dritten Mal Mutter geworden sind, haben im Vergleich zu gleichaltrigen Weibchen, die diese Erfahrung noch nicht hatten, einen viel besseres Orientierungssinn, sie finden sehr viel schneller an eine Stelle im Labyrinth zurück, an der einen Belohnung versteckt war.« Doch die Experimente gingen noch weiter. Als nächsten Schritt setzte man Weibchen, die noch nie trächtig gewesen waren, mit Rattenjungen in einen Käfig und machte sie sozusagen zu deren Pflegemüttern. Die Pflegemütter entwickelten das gleiche verbesserte Erinnerungsvermögen wie die biologischen Mütter! Allein schon die Tatsache, mit Rattenjungen zusammen zu sein, machte Weibchen zu besseren Nahrungsbeschaffern.

Studenten von Kinsley fanden außerdem heraus, dass Ratten in Mutterschaft auch bessere Jägerinnen werden. Dazu setzten sie hungrige Rattenweibchen in ein anderthalb mal anderthalb Meter großes Gehege, in dem eine Grille unter einer Schicht Holzspäne versteckt war. Grillen sind für Ratten Leckerbissen. Weibchen, die noch keine Kinder hatten, brauchten im Durchschnitt 270 Sekunden, ehe sie die Grille fanden und verspeisten. Stillende Rattenmütter brauchten nur 50 Sekunden für die Suche. Den Nachwuchsforschern fiel auch auf, dass Rattenmütter weniger oft Angststarre zeigten, während sie das ihnen unbekannte Terrain erkundeten. Schließlich stellten sie fest, dass bei der Untersuchung der Hirntätigkeit der Muttertiere in den Bereichen des Hippocampus und der Amygdala, den Hirnarealen, die für die Stressregulierung und die Emotionen zuständig sind, eine geringere Aktivität zu verzeichnen war.

Lambert und ihr Team lieferten auch den ersten Beleg, dass Rattenmütter durch Kinderaufzucht die Fähigkeit zum Multitasking entwickeln (was auch auf viele Menschenmütter zutrifft). Die Forscher veranstalteten ein Rattenwettrennen, das Ziel waren aromatisierte Frühstücksflocken. Die Ratten mussten gleichzeitig visuelle und akustische Reize und Gerüche wahrnehmen sowie andere Tiere im Auge behalten. Diejenigen Rattenmütter, die schon mehrmals geboren hatten, waren besser als diejenigen, die nur eine Geburt hinter sich hatten, und alle zusammen waren um vieles besser als die Weibchen, die noch keinen Nachwuchs hatten. Je mehr Zeit die Rattenmütter mit der Aufzucht der Jungen verbracht hatten, als desto geschickter erwiesen sie sich.

Ich habe Kelly Lambert aber nicht nur aufgesucht, um mit ihr über mütterliches Verhalten zu sprechen. Nach der Veröffentlichung der Ergebnisse ihrer Forschungsarbeit über Mütter rief ich sie an und erkundigte mich, ob sie analoge Experimente auch bei männlichen Ratten durchführen wolle. »Ja, aber wir stehen erst am Anfang«, lautete ihre Antwort. Ich wartete daher, bis erste Ergebnisse vorlagen, dann fuhr ich zu ihrem Labor. Zur Erforschung des Verhaltens von Vätern sind Ratten keine geeigneten Untersuchungstiere. Rattenväter halten sich nicht mit Kinderaufzucht auf. Sie sind, wie Lambert es formuliert, »Väter auf der Durchreise«. Deshalb begann sie mit Kalifornischen Mäusen zu experimentieren. Eine Mausart, bei der sich die Väter bekanntermaßen um den Nachwuchs kümmern. Für einen direkten Vergleich erforschte Lambert auch die ihnen verwandte Hirschmaus, für sie ist die Vaterrolle nur Nebensache. Mit den neuen Versuchstieren veranstaltete sie nun ähnliche Experimente wie mit den Rattenmüttern.

Männliche Kalifornische Mäuse, *Peromyscus californicus* genannt, pflegen das Fell ihrer Jungen, apportieren sie und kuscheln mit ihnen, also tun genau das, was von einem guten Mäusevater erwartet werden kann. Und diese Pflege prägt das Verhalten der Mäusejungen. James P. Curley von der Columbia University sagt, dass die Pflege durch den Vater ganz wesentlich hilft, dass Jungmäuse neue Gegenstände erkennen.[75] Mäusejunge, die eine solche Pflege nicht erhalten, sind nicht so erfolgreich im Erkennen, und sie weisen ungünstige Veränderungen bei Stresshormonen auf. Das Verhalten des eigenen Vaters scheint auch Vorbild zu sein für das Verhalten, das späterhin Mäuse zeigen, wenn sie ihrerseits Väter sind. Das vorbildliche väterliche Verhalten der Kalifornischen Maus hat also viele Vorteile für die Mäusejungen.

Ganz anders liegen die Verhältnisse bei der Hirschmaus, *Peromyscus maniculatus,* obgleich es sich um eine nahe Verwandte der Kalifornischen Maus handelt. Die Hirschmaus hat ein braunes Fell, einen weißen Bauch und erreicht kaum die Größe eines Zeigefingers. Ein Mustervater ist sie nicht, ganz im Gegenteil. Das war die Maus, die ich beobachtet hatte, wie sie aus dem Käfig springen wollte. Um seine Jungen kümmerte sich dieser Mäusevater nicht. Er hob nur einmal kurz den Kopf, um an ihnen zu schnuppern, dann machte er sich wieder daran, die Käfigwand hochzuklettern. Der schäbige Fluchtversuch der Hirschmäusevaters und sein mangelnder Sinn für sein eigen Fleisch und Blut sind typisch für das Vaterverhalten bei Säugetieren. Nur wenige interessieren sich für ihren Nachwuchs. Das lieblose Verhalten der Hirschmaus zeigt uns, wie ungewöhnlich das Verhalten menschlicher Väter eigentlich ist.

In einem Käfig daneben führte ein Kalifornischer Mäusevater vor, warum Kelly Lambert gerade diese Tierart für die Experimente gewählt hatte. Er zeigte ein für Mäuse und Säugetiere ganz allgemein sehr untypisches Verhalten, und die Wissenschaftlerin wollte herausfinden, woran das lag; was in seinem Hirn und Hormonhaushalt anders war als bei verwandten Arten. Unter unseren wachsamen Augen erkundete das Männchen seine neue Umgebung, zuckte dabei mit den Tasthaaren, ließ aber seine Jungen nie länger als ein paar Sekunden allein. Er schaute immer wieder nach ihnen, leckte sie, lehnte sich schützend über sie, kauerte dann neben ihnen und hielt mit erhobenem Kopf Ausschau nach möglichen Gefahren. Und immer wieder krümmte er den Rücken und lehnte sich über sie wie ein Vogel, der auf seinem Gelege brütet.

Wenn ich nicht gewusst hätte, dass es sich um den Mäusevater handelte, hätte ich angenommen, ein Muttertier beschütze ihren Nachwuchs, nachdem der Vater schon längst über alle Berge war, wie das bei den meisten Säugetiervätern der Fall ist. Auch Catherine Franssen bestätigte meinen Eindruck. Ihrer Aussage nach sei das Verhalten des Mäusevaters kaum von demjenigen der Mutter zu unterscheiden. Da die Mutter aber in einem anderen Käfig untergebracht war, suchen die Mäusejungen sogar am Bauch des Vaters nach Zitzen – vergebliche Mühe. Kalifornische Mäusemännchen haben zwar noch eine Anlage zu Milchdrüsen, aber ihnen fehlen sogar die nichtfunktionalen Brustwarzen, die Menschenväter besitzen. Die Möglichkeit, Milch zu produzieren (oder Nachwuchs auszutragen), gehört auch bei diesen hingebungsvollen Vätern nicht zur Ausstattung, aber in allen anderen Punkten machen sie alles, was auch eine Mutter für ihre Nachkommen tut.

Die eklatanten Unterschiede im Verhalten der Väter dieser beiden so nah verwandten Arten wurden Ende der 1980er-, Anfang der 1990er-Jahre von dem Psychologen David Gubernick entdeckt, der erst an der Indiana University und dann an der University of Wisconsin lehrte. Gubernick hatte einen ungewöhnlichen akademischen Hintergrund. Er hatte einen Abschluss in Psychologie, forschte aber nach der Promotion im Fach Zoologie weiter. Dies veranlasste ihn, zwei Fragen im Familienleben der Mäuse nachzugehen: den Faktoren, die das Verhalten direkt beeinflussen (das interessiert die Psychologen), und den evolutionsgeschichtlichen Wurzeln dieses Verhaltens (das ist die Sichtweise der Zoologen).

Für seine Arbeiten über das Verhalten der Kalifornischen Maus hatte Gubernick eine Forschungseinrichtung in der Nähe von Monterey, Kalifornien, zur Verfügung. Er stellte im Gelände Dutzende Fallen auf, fing damit die Mäuse, versah sie mit Markierungen und ließ sie wieder frei. »Wir bauten ein Raster aus Fallen auf, Lebendfallen, rechteckig und aus Blech mit einer Falttür. Wenn das Tier hineingeht, um an das Futter am hinteren Ende zu gelangen, geht die Tür zu. Die Fallen sind in Reihen aufgestellt, in jeweils zehn Meter Abstand voneinander.« Gubernick und seine Kollegen durchkämmten dann das Gelände, manchmal auch im Schlamm, öffneten die Falle, führten Messungen durch und ließen die Mäuse wieder frei.

Im Winter polsterte Gubernick die Fallen mit Wattebäuschen, damit die Tiere nicht erfroren. Die Wissenschaftler hatten es nicht so gemütlich. »Bei Regen und Kälte kann es recht garstig werden«, berichtet er. »Ausgestattet mit einer Stirnlampe und einer zusätzlichen Taschenlampe mit ultraviolettem Licht machten sie sich daran, die Tiere mit kleinen nummerierten Ohrclips zu markieren, damit jedes identifizierbar ist.« Beim Öffnen der Fallen erlebt man Überraschungen. »Manchmal sind andere Mäusearten drin, manchmal Insekten, manchmal andere Tiere, die ihre Nase in die Falle stecken und den Mechanismus auslösen.« Diese Arbeiten werden ausschließlich nachts in der Dunkelheit durchgeführt, denn dann sind die Mäuse aktiv.

Gubernick bestäubte die Mäuseweibchen mit verschiedenfarbigem Puder, das nur bei UV-Licht sichtbar wird. Die Farbe färbte bei der Paarung auf die Männchen ab, sodass die Forscher erkennen konnten, mit wem die Weibchen zusammen im Nest lebten. Bei späteren genetischen Tests konnte erstmals nachgewiesen werden, dass diese Mäuse streng monogam lebten. Das Männchen, das sich mit dem Weibchen gepaart hatte, war der Vater aller ihrer Nachkommen. »Das Leben dieser Mäuse könnte das einzige strikt monogame in ganz Kalifornien sein«, scherzte Gubernick.

Diese Feldstudien bauten auf seinen früheren Laborbefunden auf. Er hatte im Labor Mäuse gezüchtet und dann die Mäuseväter von den Weibchen und den Jungen getrennt, um zu sehen, ob die Abwesenheit der Väter negative Auswirkungen auf die Jungen hat oder nicht. Die Ergebnisse waren komplexer und interessanter, als er erwartet hatte.

Gubernick konzipierte drei verschiedene Lebensräume: ein warmes Milieu mit Futter und Wasser; ein warmes Milieu, in dem die Eltern Arbeit verrichten mussten (in einem Laufrad), um an das Futter zu kommen; und ein kaltes Milieu, in dem winterliche Umweltbedingungen simuliert wurden. Im warmen Milieu und mit ausreichend Futter hatte es keine Auswirkung auf die Nachkommen, wenn der Vater entfernt wurde. Dort, wo die Väter für das Futter arbeiten oder wo sie sich in der Kälte um die Jungen kümmern mussten, sah das Ergebnis anders aus. Hier erhöhte die Präsenz des Vaters die Überlebenschancen der Nachkommen. Diese künstlich geschaffenen Bedingungen, unter denen die Väter ausschlaggebend sind, kommen natürlichen Lebensverhältnissen sehr nahe.

Als Nächstes wiederholte der Forscher das Experiment in der freien Natur, mit ähnlichem Ergebnis. Bei der Hälfte einer ausgewählten Gruppe von Mäusenestern wurden die Väter entfernt, während sie bei der anderen Hälfte im Nest blieben. In den Nestern in denen sich der Vater um die Mausekinder kümmerte, war die Überlebensrate höher. In den Nestern ohne väterliche Pflege starben mehr Mäusejungen. Dass sich ein solches Pflegeverhalten entwickelte, hat seinen Grund in dem Überlebensvorteil für die Nachkommen. Gubernick behauptet, dass seine Studie zum ersten Mal belege, wie männliche Tiere einen notwendigen Beitrag zum Überleben des Nachwuchses leisten. Weitere Befunde belegten, dass die ausschlaggebende Bedeutung der Väter nicht im Schutz, sondern in direkten Pflegeaktivitäten für die Jungen liegt.

Väter kümmern sich in gleichem Maße um die Jungen wie die Mütter, so die Erkenntnis des Forschers. Die Männchen lecken die Jungen, tragen sie umher und legen sich über sie. Auf diese Weise halten sie die Jungen warm. Das ist überlebenswichtig, denn die Mäusejungen sind erst nach der zweiten Lebenswoche in der Lage, ihre Körpertemperatur selbst zu regulieren. Außerdem stellte Gubernick nach der Geburt der Jungen auch bei Vätern einen erhöhten Prolaktinspiegel fest – Prolaktin ist das Hormon, das für die Milchsekretion während der Stillzeit verantwortlich ist –, das Gleiche ist bei Vögeln, anderen Nagetieren und auch beim Menschen zu beobachten. Der Prolaktinspiegel der Kalifornischen Mäuseväter war genauso hoch wie der der Mütter. Daraus kann der Rückschluss gezogen werden, dass der Prolaktinspiegel in einem Zusammenhang mit elterlichem Pflegeverhalten steht.

Von den Unterschieden im elterlichen Verhalten der Kalifornischen Maus und der Hirschmaus konnte man sich in Lamberts Labor mit eigenen Augen leicht überzeugen. Schwieriger war es, die Veränderungen im Gehirn der Mäuse, die für das Verhalten verantwortlich waren, zu dokumentieren. Dazu war monatelanges Experimentieren notwendig. Lambert und ihre Studenten trennten die Mäuseväter – die guten wie die schlechten – von den anderen Mäusen einschließlich ihrer Nachkommen über einen Zeitraum von 24 Stunden. Dann brachten sie sie wieder entweder mit ihren eigenen Jungen zusammen oder mit den Jungen anderer Eltern oder mit Brüdern, mit denen sie gemeinsam aufgewachsen waren.

Die letzte Gruppe diente lediglich als Kontrollgruppe, sie sollten keinen Kontakt mit den Jungen haben.

Auf die Idee, Mäuseväter und Mäusejunge vor dem Experiment zu trennen, kam Lambert durch ihre eigenen Erfahrung mit ihren Kindern. »Je länger ich darüber nachdachte, desto klarer wurde mir, dass meine neuronalen Netze dann am stärksten aktiviert sind, wenn ich meine Kinder nach einer Trennung wiedersehe. Wir wollten also die Versuchstiere für 24 Stunden von ihren Familien oder Brüdern trennen. Setzen wir sie dann wieder in die Käfige mit ihren eigenen Jungen oder ihren Brüdern, können wir feststellen, ob die Hirnveränderungen vom Kontakt mit Familienangehörigen rühren oder nur vom Kontakt mit den eigenen Jungen.«

Nach der Durchführung dieser Experimente musste das Forschungsteam die Mäuseväter töten. Deren Hirne wurden seziert, in extrem dünne Scheiben geschnitten und anschließend einem PET-Scan unterzogen, wie Lambert erläuterte. Auf diese Weise kann man sehen, welche Neuronen aktiv sind. Außerdem sollte untersucht werden, ob in den Hirnen der Väter Neustrukturierungen stattfinden und neue Neuronen wachsen, nachdem die Mäuse Vater oder Pflegevater geworden sind.

Ähnliche Experimente waren schon mit Mäusemüttern durchgeführt worden, daher wussten die Forscher schon in etwa, was bei den Vätern zu erwarten war. »Wir hatten festgestellt, dass die Mäusemütter über eine gewisse Plastizität verfügten, in ihren Hirnen fanden Veränderungen statt«, erläuterte Lambert. »Sie waren erfolgreicher bei der Futtersuche und insgesamt wagemutiger. Im Hippocampus hatten sich zusätzliche neuronale Verbindungen gebildet. Dieses Hirnareal ist für das Lernen, das Gedächtnis und den räumlicher Sinn zuständig.« Das ist auch nötig, damit die Mütter bei der Futtersuche geschickter werden als ihre Artgenossinnen, die noch keinen Nachwuchs haben.

Die Forschungen zum Väterverhalten lieferten ähnliche Ergebnisse. Die Väter der Kalifornischen Maus verhielten sich wie die Mütter, sie wiesen auch die gleichen Veränderungen in ihrer Hirnstruktur auf. Die Kontrollgruppe der Mäuse, die weder Vater waren noch Kontakt zu Mäusejungen hatten, zeigten keine Hirnveränderungen. Bei den guten Vätern war in den Hirnarealen, die den Stress steuern, die neuronale Aktivität herabgesetzt, während Hirnhormone wie Vasopressin und Oxytocin vermehrt ausgeschüttet wurden. Interessanterweise wiesen Pflegeväter teilweise ähnliche Hirnveränderungen auf wie die biologischen Väter. Der Umstand, mit Mäusejungen in Kontakt zu sein, genügt also schon, um männliche Mäusehirne zu ähnlichen Veränderungen zu veranlassen, wie sie an den guten biologischen Vätern zu beobachten sind. Das entsprach den Befunden, die Lambert schon bei den Rattenmüttern festgestellt hatte: Die Präsenz von Nachkommen löst Veränderungen im Verhalten aus.

Die gleichen Experimente an Hirschmäusen durchgeführt ergaben ein ganz anderes Bild. Biologische Väter und Pflegeväter unterschieden sich nicht, ihnen fehlten die Veränderungen im Gehirn, die der PET-Scan bei der Kalifornischen Maus zutage brachte. Diese Väter haben zwar die neuronale und chemische Ausstattung, um sich wie gute Väter zu verhalten, aber sie nutzen sie nicht.

Nach dem Anschauungsunterricht mit der Hirschmaus und der Kalifornischen Maus setzte Franssen die Tiere wieder in ihre Käfige zurück. Ich fragte, warum es so große Unterschiede im Verhalten bei so nahe verwandten Arten gebe.

Die Hypothese lautet, dass die Unterschiede in der Lebensweise der beiden Arten liegen müssen. Ein Vater bleibt bei den Seinen, wenn seine Präsenz einen Vorteil für seine Nachkommen bietet. »Wenn es Beweise gibt, dass der Nachwuchs gesünder oder lebenskräftiger ist, wenn der Vater sich um ihn kümmert, dann ist das eine Anpassungsleistung des Vaters«, sagte Lambert. Uns allen ist daran gelegen, unsere Gene weiterzugeben, und männliche Lebewesen werden das Gebotene tun, um ihrem Nachwuchs die besten Überlebenschancen zu geben.

Die Kalifornische Maus lebt in einem wüstenähnlichen Landstrich des Bundesstaates. Tags über ist es dort sehr heiß, nachts hingegen sehr kalt. Die Mäusemutter geht nachts auf Futtersuche, der Mäusevater muss daher im Nest bleiben, um die Jungen warm zu halten. Das darf man nicht vergessen, wenn man das Gehirn der Mäuse untersucht. »Das Gleiche gilt auch für Menschen«, erklärt Lambert. »Bringt Papa etwas mit nach Hause? Das muss nicht unbedingt Geld sein. Auch soziale Kontakte, intellektuelle Strategien oder Lebensqualität in welcher Form auch immer.« Wenn das der Fall ist und wenn die Kinder davon profitieren, dann ist es sinnvoll für die Familie, sich so zu entwickeln, dass der Vater für alle Familienmitglieder präsent ist.

Wenn der Vater hingegen nichts zur Verbesserung der Lebensperspektiven seiner Kinder tun kann, wird er die Familie verlassen. Deshalb werden die frisch geschlüpften und sehr verletzlichen Meeresschildkröten von ihren Eltern im Stich gelassen. Sie müssen den gefährlichen Weg vom Nest über den Strand zum Wasser allein gehen. Hier können weder Vater noch Mutter etwas zum Schutz der Jungen tun. Mit ihrem schweren Panzer auf dem Rücken kriechen sie über den Sand und sind nicht in der Lage, ihren Jungen Pflege oder Wärme angedeihen zu lassen, wie das die Kalifornische Maus kann. Die beste Strategie für Meeresschildkröten besteht daher darin, möglichst rasch wieder neuen Nachwuchs zu zeugen, statt die Nachkommen, die bereits auf der Welt sind, ohne jede Erfolgsaussicht schützen zu wollen.

Kelly Lambert und Catherine Franssen sind nicht die einzigen Forscherinnen, die sich Mäuse als Untersuchungsobjekte ausgesucht haben, wenn es darum geht, Antworten auf Fragen zum Verhalten von Menschenvätern zu finden. Heidi S. Fisher und Hopi E. Hoekstra von der Harvard-Universität haben sich insbesondere für die Promiskuität der Hirschmäuse interessiert. Ein Mäuseweibchen kann sich nacheinander mit Mäusemännchen paaren, und das in einem Rhythmus von mehr als einem Männchen pro Minute. Wie lange das Weibchen einen solchen Sexmarathon fortsetzen kann, ist nicht klar. Deshalb legten Fisher und Hoekstra den Fokus ihrer Forschung auch nicht auf die Weibchen, sondern auf das Sperma. Sie fanden heraus, dass sich im Geschlechtskanal der Weibchen Sperma zahlreicher Geschlechtspartner befand. Das Spermium jedes Männchens erkannte sein »Bruder-Spermium« auf dem Weg zum Uterus. Spermien desselben Männchens verbanden sich und versuchten mit vereinten Kräften die Eihülle zu durchbrechen. Die Spermien, bei denen die Kooperation am besten klappte, hatten die beste Chance, andere Spermien beim Weg zum Ei aus dem Feld zu schlagen. Fisher und Hoekstra entdeckten, dass Hirschmausspermien sichelförmige Köpfe mit Haken besitzen, mit denen sie sich zu Bündeln mit vielen rudernden Schwanzfäden verbinden.

Die Forscher schlossen noch eine weitere, nahe verwandte Mäuseart, die Küstenmaus *(Peromyscus polionotus)*, in ihre Studie ein. Diese Maus lebt monogam, und die Spermien der Männchen haben nicht die Fähigkeit, sich untereinander zu erkennen und zusammenzuschließen. Aber der monogam lebende Mäusevater braucht diese Fähigkeit auch gar nicht, denn im Geschlechtskanal des Weibchens befinden sich keine anderen Spermien als die seinen, also kommt es auch nicht zum Wettlauf mit Spermien anderer Herkunft.

Das Bedeutungsvollste an dem Verhalten der Mäuseväter ist für Lambert der Sprung, der vom bloßen Streben nach Selbsterhaltung zur Sorge um das Überleben anderer führt. »Mich fasziniert dieser evolutionäre Sprung, der bei den Säugetieren zu beobachten ist. Wir Menschen stehen in der gleichen Reihe mit anderen Säugern, deren Nachwuchs eine lange Kindheit hat. Kinder aufziehen ist eine langfristige Investition für Menschen. Je mehr Hilfe man bekommt, desto mehr Sicherheit herrscht. Und sei es auch nur, dass ein Elternteil stirbt. Dann ist immer noch der andere da, der einspringen kann.« Und was ebenfalls wichtig ist: Ein Vater behandelt Kinder anders als eine Mutter. »Die beiden ergänzen sich. Das macht das Ganze komplexer und spannender.«

Wir Menschen können von vielen Tierarten etwas über die Vaterrolle lernen, sogar von Tieren, die nicht so nah mit uns verwandt sind wie Ratten und Mäuse. Tierarten, in denen Väter eine wesentliche Rolle bei der Kinderaufzucht spielen, haben ganz unterschiedliche Formen gefunden, diese Aufgabe zu erfüllen. Ihnen allen, ob Seepferdchen, Pinguine oder Giftfrösche, ist eines gemein: Sie tun etwas, was ihren Nachkommen das Überleben erleichtert. Ein Blick auf diese Formen relativiert unser Verständnis von Vaterschaft. Es gibt viele Arten und Weisen, die Vaterrolle auszufüllen, und unsere ist nicht die einzige.

Zu den bekanntesten Tiervätern zählt zweifellos der Kaiserpinguin, dessen heroische Vaterrolle in dem oscargekrönten Dokumentarfilm »Die Reise der Pinguine« eine beeindruckende Darstellung erhalten hat. In der Brutzeit der monogam lebenden Pinguine hält der Pinguinvater das etwa ein Pfund schwere Ei seiner Partnerin eng an seinem Leib, um es vor der eisigen Kälte des antarktischen Winters zu schützen. Unterdessen wandern die Pinguinmütter bis zu 200 Kilometer zum offenen Meer, wo sie eine Menge Fisch essen, den sie dann an ihre Küken weiterverfüttern. Die Väter stehen in großen Kolonien eng nebeneinander und verharren so fast drei Monate lang im eisigen Wind. Die Kaiserpinguine bauen kein Nest, die Väter legen das Ei auf den Füßen ab und bedecken es mit ihrer Bauchfalte. Die Außentemperatur fällt nicht selten auf minus 35 Grad, doch unter der Bauchfalte des Vaters ist es wohlig warm. Das Ei wird dort bei einer Temperatur von plus 35 Grad gebrütet.

Ein Thema des Films »Die Reise der Pinguine« ist die hingebungsvolle Liebe der Eltern zueinander. Die beiden schließen einen Vertrag: Der Vater verpflichtet sich, das Ei zu schützen und zu bewahren, während die Mutter den lebenswichtigen Futtervorrat für das Küken besorgt. Das kann nur gelingen, wenn beide Partner einander treu sind, anders funktioniert es nicht. Aber leben Kaiserpinguine wirklich monogam? Der Film, der mit dem freudigen Wiedersehen von Mutter und Vater endet, lässt die Frage, wie es dann wohl weitergeht, offen.

In Wirklichkeit ist das Wiedersehen nicht so freudig. Wenn ein Muttertier nach der Futtersuche im Meer in die Pinguinkolonie zurückkehrt, muss sie ihren Partner suchen. Sie brüllt so lange nach ihm, während sie zwischen Tausenden Pinguinvätern umherirrt, bis sie ihn schließlich gefunden hat. (Wenn sich die Mutter verspätet – was selten vorkommt, die meisten treffen, man glaubt es kaum, an dem Tag ein, an dem ihr Küken schlüpft –, würgt der Vater eine Flüssigkeit, sogenannte Pinguinmilch, aus seinem Schlund hervor und gibt sie in den Schnabel des Kükens.) Die Vögel führen einen kleinen Tanz auf, stehen eine Weile bewegungslos da und gehen dann umeinander herum. Die Mutter schaut dabei auf die Bauchfalte des Vaters, hinter der sich das Ei verbirgt.

Damit endet der erhebende Teil der Familiengeschichte. Was nun folgt, schildert der Publizist Jeffrey Moussaieff Masson so: »Der Pinguinvater lässt das Ei vorsichtig auf das Eis fallen, woraufhin die Pinguinmutter das Ei übernimmt und sich von dem Partner abwendet. Sie stoßen im Duett noch ein paar Laute aus, dann verlieren sie das Interesse aneinander. Das Männchen starrt auf seine nun leere Bauchfalte, pickt daran, hebt den Kopf, trompetet kurz und pickt nach dem Weibchen. Dieses zeigt kein Interesse an ihm. Daraufhin macht sich das Männchen auf den Weg zum Meer, um endlich wieder zu fressen. Wiedersehen und Übergabe haben insgesamt rund 80 Minuten gedauert.«[76] Im folgenden Jahr werden sie sich wieder paaren, freilich in den allermeisten Fällen mit einem anderen Partner.

Für einen Vater, der so lange in eisiger Kälte hungernd ausgeharrt hat, mag das ein frustrierender Ausgang sein, auch wenn er das Fortpflanzungsziel erreicht hat. Doch wie schon Kelly Lambert anmerkte, muss man das Gehirn bzw. das Verhalten im jeweiligen Lebenszusammenhang sehen. Pinguinväter harren im eisigen antarktischen Winter aus, weil sie keine andere Wahl haben. Ihr Brutverhalten ist entstanden, damit die Nachkommen in einem extrem unwirtlichen Milieu überleben. Das Überleben der Nachkommen ist die Belohnung für diese Tierväter.

Auch das Seepferdchen schlägt in seiner Vaterrolle einen Sonderweg ein.[77] Dieses Aushängeschild mustergültiger Vaterschaft im Tierreich ist ein extremes Beispiel dafür, wie weit die väterliche Sorge um den Nachwuchs gehen kann, denn bei den Seepferdchen trägt das Männchen den Nachwuchs aus. Das Weibchen stellt sich vor ihm auf, und beide biegen ihre Schwänze nach hinten. Dann steckt sie ihren Eiablageapparat (der wie ein Penis gestaltet ist) in die Bauchtasche des Männchens und legt dort Hunderte von Eiern ab, die schnurartig aneinander kleben. Zum Schluss verschließt das Männchen die Tasche.

Lange Zeit hieß es, das Seepferdchen sei das einzige Tier, bei dem das Männchen trächtig wird. In jüngster Vergangenheit haben jedoch Wissenschaftler entdeckt, dass das Gleiche auch für einen Artverwandten, die Große Seenadel, gilt. Hier haben wir auch ein besonders krasses Beispiel für elterliche Bevorzugung.[78] Das trächtige Männchen verteilt das Futter für den Nachwuchs, den es in seiner Tasche trägt, je nachdem, wie viel es sich von seiner Paarungspartnerin »verspricht«. Ein Vater, der sich mit einem besonders attraktiven Weibchen gepaart hat (wobei die Größe offenbar den Ausschlag gibt), wird seinem Nachwuchs mehr Futter zukommen lassen und mehr Junge werden überleben, als wenn er glaubt, seine Partnerin sei für eine qualitätvolle Nachkommenschaft weniger geeignet.

Bei manchen Arten von Pfeilgiftfröschen legen die Weibchen die Eier, und die Väter tragen sie dann auf dem Rücken bis zum nächsten Wasserloch, wo sie sie ins Wasser fallen lassen.[79] Solche Wasserlöcher können kleiner als ein Schnapsglas sein. Das Männchen kümmert sich auch um die Kaulquappen, die aus den Eiern schlüpfen. Manchmal hilft der Vater sogar, die Eihülle zu öffnen. Er sorgt sich auch um die Nahrungszufuhr und holt das Weibchen herbei, wenn die Kaulquappen gefüttert werden müssen. Das Weibchen kehrt an das Wasserloch zurück und legt ein spezielles Ei, das die Kaulquappen auffressen. Bei anderen Froscharten nehmen die Männchen die frisch gelegten Eier ins Maul, wo die Kaulquappen Nahrung finden und heranwachsen. Wenn sie sich zu kleinen Fröschen entwickelt haben, springen sie dem Vater aus dem Maul. Das Männchen der Geburtshelferkröte trägt die Eier als Laichschnur an den Beinen.[80] Ist der Zeitpunkt des Schlüpfens gekommen, legt es die Kaulquappen in einem Tümpel ab. Das Ochsenfrosch-Männchen stellt sich schützend vor seine Nachkommen und vertreibt Schlangen, die zehnmal so groß sind wie es selbst.

Eine Schilderung mustergültiger Tierväter wäre nicht vollständig ohne einen Hinweis auf Marmosetten und Tamarine, die zu den kleinsten und faszinierendsten Affenarten gehören.[81] Sie leben in den tropischen Ländern der westlichen Hemisphäre, sie leben monogam, und das Weibchen bringt fast immer Zwillinge zur Welt – und das zweimal jährlich. Bei der Geburt haben die Jungen ein Fünftel des Gewichts ihrer Mutter. Diese wird bald wieder mit einem weiteren Zwillingspaar trächtig sein, deshalb tragen die Väter die Jungen mit sich herum. Bei dieser anstrengenden Arbeit verlieren die Väter bis zu einem Zehntel ihres Körpergewichts.

Charles T. Snowdon von der University of Wisconsin hat gezeigt, dass die meisten Lisztaffen-Väter (Lisztaffen gehören zur Gattung der Tamarine) ihre Jungen vom Tag ihrer Geburt an tragen.[82] Interessanterweise erhalten die Väter von den älteren Geschwistern der Neugeborenen Hilfe. Wenn die Jungen vier Wochen alt sind, werden sie sogar häufiger von den Geschwistern als von ihrem Vater getragen. Die Mütter kümmern sich wenig um die Jungen, können aber einspringen, wenn es die Umstände erfordern. In Familien, in denen der Vater abwesend war, sprangen die Mütter ein und ließen sich von älteren Geschwistern, vor allem Brüdern, dabei helfen. Snowdon konnte in einer separaten Studien nachweisen, dass die Jungtiere in angsterregenden Situationen, z. B. wenn ein Labormitarbeiter im weißen Kittel und mit Tiermaske vor den Käfig trat, bei dem erwachsenen Tier Zuflucht suchten, das sie am meisten getragen und gefüttert hatte – sei es der Vater oder der ältere Bruder.[83] Marmosetten und Tamarine kennen übrigens auch das Phänomen der »Couvade«, die Väter nehmen während der Trächtigkeit der Partnerin an Gewicht zu. Sie legen sich einen Fettvorrat zu, um für die anstrengende Zeit nach der Geburt des erwarteten Nachwuchses gewappnet zu sein.

Die Tiere, von denen die Rede war, haben das Glück, bei der Geburt ihrer Nachkommen zugegen zu sein. Auch Menschenväter haben dazu Gelegenheit, doch es ist noch nicht lange her, eigentlich erst seit einer Generation, dass Männer im Kreißsaal geduldet werden. Viele Frauen finden es beruhigend, ihre Ehemänner in der Stunde der Wehen und auch bei der Entbindung an ihrer Seite zu haben. Männer, die bei der Geburt dabei waren, haben eher die Neigung, bei der Betreuung der Säuglinge und Kleinkinder mitzuhelfen. Offenbar profitieren alle Beteiligten davon. Schließlich ist nicht zu unterschätzen, dass Eltern eines der intensivsten Erlebnisse ihres Lebens teilen. Ich möchte diese Erfahrung jedenfalls nicht missen.

In früheren Zeiten, als Hausgeburten noch üblich waren, erlebten Männer die Geburt ihrer Kinder mehr oder weniger mit. Als die Entbindung zunehmend in die Krankenhäuser verlagert wurde, wurden sie von diesem Ereignis ausgeschlossen.[84] Dies geschah in Amerika bereits in den 1930er-Jahren. In den 1960er-Jahren kamen 99 Prozent der weißen Kinder und 85 Prozent der farbigen Kinder in einem Krankenhaus zur Welt. Die Krankenhausgeburt galt als sicherer und der Gesundheit der Kinder zuträglicher. Die Väter durften nur noch im Wartezimmer auf und ab gehen, während sich die Ehefrau einer Schar von medizinischen Experten anvertraute, die ihre Entbindung steuerten. Die Väter blieben ausgesperrt.

Fans der amerikanischen Fernsehserie »I Love Lucy« werden sich an die Schwangerschafts-Episoden erinnern. In den frühen 1950er-Jahren wurde dieses Thema in Fernsehserien so gut wie nie behandelt. In den sieben Episoden ging es nicht nur um die dramatischen und komischen Aspekte des Lebens der werdenden Mutter Lucille, auch die Reaktionen ihres Ehemanns Ricky wurden gezeigt. In einer Episode glaubt Ricky, er verspüre Geburtswehen – was vielleicht die erste Darstellung einer Couvade im Fernsehen ist –, und um ihm Erleichterung zu verschaffen, stellen seine Nachbarn ihn unter die Dusche. Sie verpassen ihm eine »Daddy shower«. Als dann die Stunde kommt, wo die Mutter zur Entbindung in aller Eile ins Krankenhaus muss, hält man Ricky im Wartezimmer vor dem Kreißsaal fest. Dort muss er Formulare unterschreiben, die Rechnung zahlen und abwarten.

Zu Beginn der 1960er-Jahre forderten die Männer, in den Kreißsaal gelassen zu werden. Die Krankenhäuser behaupteten, dort keinen Platz für Männer zu haben. »Anfangs«, schreibt die Historikerin Judith Walzer Leavitt unter Berufung auf die Aktivistin Elly Rakowitz, »wollte keiner die Verantwortung übernehmen, Männer in den Kreißsaal zu lassen. Die Ärzte meinten, es sei Sache der Krankenhäuser, diese wiederum schoben den Ärzten den Schwarzen Peter zu.« Wenn Männer die Erlaubnis bekamen, dann nur, »wenn die

Entbindungsstation nicht überlastet war, wenn sich nicht gleichzeitig eine andere Frau in Wehen im Kreißsaal befand, wenn Kurse für Geburtsvorbereitung absolviert worden waren ... wenn, wenn, wenn.«

Männer durften schließlich im Kreißsaal anwesend sein, aber von der Entbindung ihrer Kinder blieben sie ausgeschlossen. Ich war überrascht zu erfahren, welche Mühen manche Väter auf sich nehmen mussten, ehe sie bei der Geburt ihrer Kinder dabei sein durften. Ein Vater, ein Busfahrer aus Portland, Oregon, der nicht im Wartezimmer bleiben wollte, zog in den 1960er-Jahren vor Gericht und klagte sein Recht ein, bei der Geburt seines Kindes anwesend zu sein. Für seine Rede vor Gericht erhielt er begeisterten Beifall. Bis 1975 hatten die Männer immerhin erreicht, dass in drei Vierteln aller Krankenhäuser Männer im Kreißsaal geduldet wurden. Eine Ausnahme bildete der Süden Amerikas, hier war es nur ein Viertel.

Viele Ärzte waren jedoch skeptisch. Sie fürchteten, dass Laien ihre ärztlichen Entscheidungen in Frage stellen könnten, ohne deren Gründe zu verstehen. So sagte ein Arzt, ein Ehemann hätte ihm den Gebrauch von Geburtszangen nicht erlaubt und ihm gedroht, ihn zu töten, wenn seiner Frau oder dem Kind etwas passiere. Ein anderer Arzt ärgerte sich, weil die Krankenschwester den Vater in den Kreißsaal gelassen hatte, denn dieser würde ihm nun verbieten, das Medikament Pitocin zu verwenden. Der Arzt alarmierte die Polizei und ließ den Mann abführen. Trotz allem Unbehagen seitens der Ärzte waren Ende der 1970er-Jahre die meisten Regelungen gelockert worden. Verbände von Geburtshelfern, Hebammen und Pflegekräften sowie die Krankenhausverwaltungen selbst sprachen sich für die Präsenz der Väter bei der Geburt ihrer Kinder aus.

Nicht alle Väter begrüßten diese Entwicklung. Es gab auch solche, die über das Aussehen der Neugeborenen, von Blut und Körpersäften gezeichnet, schockiert waren. Ein Vater sagte sogar, sein Baby sehe wie eine »neugeborene Ratte« aus. Doch schon bald stellten Forscher fest, dass die Anwesenheit der Väter im Kreißsaal einen unerwarteten positiven Nebeneffekt hatte. Frauen berichteten, sie würden weniger Schmerz empfinden und weniger Schmerzmittel benötigen. Sie schrien auch weniger, während den Vätern durchaus zum Schreien war.

Eine Entbindungsschwester vermutet, das liege daran, dass von nun an die Väter dafür zuständig waren, die Vollzähligkeit der Gliedmaßen der Neugeborenen zu überprüfen – eine Sorge weniger für die werdende Mutter. Ich selbst bin stolz darauf, in den Sekunden nach der Geburt die Finger und Zehen meiner Kinder gezählt zu haben, ob auch ja keiner fehle. Den Ärzten überließ ich die Sorge um den Apgar-Score, der den Gesundheitszustand des Neugeborenen anhand von fünf Punkten ermittelt, ich hatte meine eigene Checkliste. Davon abgesehen ist heute unbestritten, dass die Präsenz der Väter wichtig ist. Ein Vater, der die Geburt seines Kindes miterlebt hat, ist diesem stärker verbunden und auch bereiter, sich bei der Kinderbetreuung zu engagieren. So profitieren Vater, Mutter und nicht zuletzt das Kind von dieser Entwicklung. Den Vätern den Zutritt in den Kreißsaal zu erlauben zahlt sich also auf vielfache Weise aus.

Das Einzige, was Vätern Ende der 1970er-Jahre noch verwehrt wurde, war die Anwesenheit im OP, wenn ein Kaiserschnitt notwendig war. Manche Väter hatten mit ihren Partnerinnen schon Stunden im Wehenzimmer verbracht, sahen sich aber plötzlich von der Entbindung ausgeschlossen, wenn der Arzt einen Kaiserschnitt vornehmen musste. Frauen setzten sich für das Recht der Männer ein, auch im OP-Saal anwesend zu sein. Noch 1980 untersagten die meisten Krankenhäuser den Vätern den Zutritt zum OP-Saal.

Mein erstes Kind wurde 1981 geboren. Als der verantwortliche Arzt ankündigte, man komme um einen Kaiserschnitt nicht herum, half mir eine Krankenschwester rasch in einen Kittel und legte mir einen Mundschutz an. Dann führte man mich zu einem Hocker hinter einem mannshohen Vorhang, damit ich von der Operation nichts sehen konnte. Als es dann so weit war, stieg ich aber auf den Hocker und sah über den Vorhang hinweg, wie unser erster Sohn das Licht der Welt erblickte. Wäre der Kleine nur zwei oder drei Jahre früher geboren worden, hätte ich wahrscheinlich diesen wunderbaren Augenblick nicht miterleben dürfen. Insgesamt bin ich fünfmal bei einem Kaiserschnitt Augenzeuge gewesen. Jedes Mal habe ich über den Vorhang gelugt, und wenn ich einmal von der fehlenden ärztlichen Approbation absehe, traue ich mir jetzt zu, selbst einen vorzunehmen.

Ich war bei so vielen Geburten dabei, weil ich drei mittlerweile erwachsene Kinder mit meiner ersten Ehefrau und zwei mit meiner zweiten habe. Diejenigen unter uns, die mehr als einmal geheiratet haben, können eine von Anthropologen gemachte wichtige Feststellung in Frage stellen, nämlich dass Menschen überwiegend monogam leben.[85] Doch unser Begriff von Monogamie ist dehnbar. Ein Anthropologe hat es einmal so formuliert: »Das menschliche Paarungssystem verbindet kurzfristige und langfristige Partnerbande, und beide Typen können offen (allen Gruppenmitgliedern bekannt) oder verdeckt (den meisten Gruppenmitgliedern unbekannt und von ihnen missbilligt) sein.«[86] Hinter dieser nüchternen Beschreibung verbirgt sich viel

Freude, aber auch viel Kopfweh. Doch wie wir es auch nennen, das ist unser Paarungssystem. Zu erforschen, wie Tiere die Anforderungen der Monogamie und der Vaterrolle erfüllen, kann unser Bild von uns selbst klären. Es zwingt uns auch zu der Erkenntnis, dass wir uns biologischen Bedingungen nicht ganz entziehen können.

Viele Vogelarten, zu denen auch die Kaiserpinguine zählen, sind sprichwörtlich bekannt für ihre Monogamie und ihre treusorgenden Väter. Nach Schätzungen sollen 92 Prozent aller Vogelarten monogam leben, und fast ebenso viele kümmern sich nach dem Partnermuster Ehefrau-Ehemann gemeinsam um die Brut. So stellen es jedenfalls der Psychologe David P. Barash und die Psychiaterin Judith Eve Lipton in ihrem Buch *Strange Bedfellows; The Surprising Connection Between Sex, Evolution and Monogamy* dar.

Doch Vögel sind möglicherweise nicht so monogam, wie sie scheinen. Manche praktizieren die gleiche Flexibilität, für die wir Menschen bekannt sind. Ein erster Hinweis auf Untreue bei unseren gefiederten Freunden kam in den 1970er-Jahren auf, als man Amselmännchen sterilisierte, um die Population zu begrenzen. Trotzdem legten Amselweibchen, die mit einem sterilisierten Männchen zusammenlebten, Eier, aus denen Junge schlüpften. Entweder war die Sterilisation nicht korrekt ausgeführt worden, oder aber im Vogelreich nahm man es mit der Monogamie nicht so genau. Das Problem verschärfte sich noch, als die DNA-Analyse zu einer gängigen Methode wurde und Vaterschaftstests auch vor dem Nest nicht haltmachten. Schwäne galten seit Urzeiten als Symbol von Harmonie und ehelicher Treue.[87] Dieses Bild hat schwere Kratzer bekommen, als sich nach genetischen Tests bei schwarzen australischen Schwänen herausstellte, dass jedes sechste Schwanenküken von einem anderen Schwan als dem Vater im Nest gezeugt worden war. Nach Barash und Lipton ist es tatsächlich so, dass zwischen 10 und 40 Prozent des Vogelnachwuchses das Ergebnis außerehelicher Paarungen sind.

Der liebevolle Umgang vieler Vogelväter geht vermutlich auf die Saurier, die Vorfahren der Vögel, zurück.[88] Verschiedene Saurierarten, darunter der Oviraptor, ein vogelähnliches Lebewesen, das vor rund 75 Millionen Jahren lebte, wurden auf fossilen Eiern gefunden. Waren die brütenden Saurier Mütter oder Väter? Wissenschaftler, die die Knochenfunde zunächst einer weiblichen Anatomie zuordnen wollten, kamen zu dem Ergebnis, dass es sich um männliche Tiere handeln musste, also um die Vorväter der Vögel. Vögel lernten die Vaterrolle, ehe sie fliegen lernten.

Einer der Gründe, weshalb sich Mütter so intensiv um ihren Nachwuchs kümmern, besteht darin, dass sie Gewissheit haben, dass das Küken im Nest oder das Kind im Hochstuhl das Ihre ist. Sie haben in der Geburt die biologische Verbindung mit dem Kind gesehen und erlebt. Für Väter besteht hingegen immer ein Zweifel. Sie müssen sich die Chancen ausrechnen. Sind sie sich halbwegs sicher, dass die Kinder von ihnen stammen, dann ist es aus evolutionärer Sicht sinnvoll, dass sie sich an der Betreuung und Erziehung beteiligen, um die Fortdauer der eigenen Gene zu sichern. Besteht aber Zweifel, dann kann es für ein männliches Lebewesen sinnvoller sein, sich mit einem anderen Weibchen zu paaren, um die Chance zu erhöhen, den eigenen Nachwuchs und nicht den eines anderen großzuziehen.

Schwäne mögen darüber, wer der wahre Vater ist, leicht zu täuschen sein, aber bei Menschen ist das erheblich schwieriger. Zweifelnde Männer greifen immer häufiger auf Vaterschaftstests zurück, um absolute Gewissheit zu haben.[89]

Einem Bericht zufolge bestätigt sich bei 30 Prozent, dass die Zweifel berechtigt waren. Das trifft wahrscheinlich nicht für die Gesamtbevölkerung zu, denn diese Männer hatten von Anfang an einen Verdacht. Dennoch ist der Anteil beeindruckend groß. Niemand kann sagen, wie viele Kinder in den USA von Männern großgezogen werden, die bloß meinen, der Vater des Kindes zu sein. Man darf vermuten, dass nur wenige Väter bereit wären, bei einer Untersuchung mitzumachen, um die genauen Zahlen zu ermitteln.

Eine Frau kann nur einmal im Jahr ein Kind bekommen, aber ein Mann kann theoretisch eine unbegrenzte Zahl an Kindern zeugen – eines pro Jahr mit jeder Frau, mit der er sich paart. Dieses Verhaltensmuster gilt für Lebewesen, einschließlich des Menschen, bei denen die männlichen Partner größer sind als die weiblichen. In solchen Arten haben Männchen die Tendenz, um mehrere Weibchen zu kämpfen, sie sind aggressiver, und sie investieren in die Aufzucht des Nachwuchses weniger Zeit und Mühe als die Weibchen. Bei Menschen ist der Unterschied zwischen Frauen und Männern nicht so groß wie bei, sagen wir, Seeelefanten, bei denen die Bullen sich einen ganzen Harem halten. Die meisten Männer tun das nicht. Bei einigen Vogelarten ist der umgekehrte Fall anzutreffen, Weibchen haben mehrere Männchen. Wir Menschen halten uns eher in der Mitte dieses Spektrums auf. Männer tendieren mehr als Frauen dazu, sich mehrere Paarungsmöglichkeiten zu verschaffen, untereinander zu konkurrieren und geringeres Engagement für den Nachwuchs zu zeigen. Und das zeigt sich auch in den Geschlechterrollen.

Obwohl wir Verhaltensstereotype bekämpfen, gehen wir gemeinhin doch von der Erwartung aus, dass Männer eher als Frauen die eheliche Treue brechen, auch wenn die Ehe weiterhin Bestand hat. Wie Barash und Lipton bemerken, kann ein Mann auf Abwegen seine Treulosigkeit nicht auf seine Gene schieben,[90] denn wir sind fähig, uns über unsere evolutionär bedingte Anlage zu erheben. Andererseits ist es nicht vernünftig, von Paaren Treue zu erwarten, nur weil wir dies moralisch fordern. Sie können sich nicht vollständig von den biologischen Grundlagen lösen – das zeigt uns die Erfahrung, ja die ganze Menschheitsgeschichte. Paare reichen nicht die Scheidung ein, weil ihre Ahnen aus grauer Vorzeit sie dazu getrieben haben. Für die Auflösung der Ehe werden andere Gründe geltend gemacht wie z. B. Untreue, seelische Grausamkeit oder böswilliges Verlassen. Und dennoch haben unsere Ahnen etwas damit zu tun.

Affen sind fester an ihr evolutionäres Erbe gebunden als Menschen. Trotzdem können sie, wenn es die Umstände erlauben, ihre genetisch bedingte Verhaltensdisposition ändern. Aus Experimenten ist ersichtlich, dass selbst bei Arten, bei denen Väter wenig oder gar nichts mit der Aufzucht der Nachkommen zu tun haben, die Männchen dazu gebracht werden können, die Herausforderung der Vaterrolle anzunehmen. Stephen J. Suomi von den nationalen Gesundheitsbehörde hat seine ganze berufliche Laufbahn mit dem Studium der Rhesusaffen verbracht. »Sie sind vielleicht die am wenigsten geeigneten Tiere um das Phänomen der Vaterschaft zu erforschen«, sagt Suomi selbst. »Die Weibchen achten streng darauf, dass die Männchen nicht in die Nähe der Jungen kommen. Sie vertreiben sie regelrecht.«[91] Wenn Rhesusaffen geschlechtsreif werden, verlassen sie die Herde, in der sie geboren und aufgewachsen sind, und suchen sich eine neue. Dort müssen sie mit den Männchen um paarungsbereite Weibchen rivalisieren. Das ist die soziale Struktur der Rhesusaffen. Wenn man das weiß, versteht man Suomi, wenn er sagt, Vaterschaft habe für Rhesusaffen keine Bedeutung.

Auch diese Affen können gute Väter werden, wenn die Gelegenheit es erfordert. Suomi verweist auf eine 40 Jahre alte Studie von William K. Redican vom Institut für Primatenforschung der Universität von Kalifornien. Redican entfernte Rhesusaffenjunge von ihrer Mutter und überließ sie dem Vater. Da Väter nicht stillen können, fütterte Redican die Jungen von Hand. Sieben Monate lang sammelte er Informationen über die Väter und Kinder, während die Mütter ferngehalten wurden. Sobald die Männchen nicht mehr von den Müttern vertrieben wurden, entwickelten sie sich zu guten Vätern. Sie taten alles, was die Weibchen in diesem Fall getan hätten, mit zwei Ausnahmen. Erstens konnten die Väter die Jungen nicht stillen, das versteht sich. Und zweitens spielten sie viel mehr mit den Jungen als die Weibchen. »Mütter tun in dieser Hinsicht wenig«, sagt Suomi.

Redican beschreibt seine Entdeckung in deutlichen Worten. »Besonders auffällig an der Interaktion zwischen Männchen und Affenjungen ist der hohe Anteil an spielerischer Betätigung«,[92] schreibt er. »Frequenz und Intensität des Spiels haben unsere Erwartungen weit übertroffen.« Männliche Affenjunge spielten häufiger mit ihrem Vater als weibliche. Auch wie sie spielten, war interessant zu beobachten. »Nach einer Phase des Umklammerns und des spielerischen Beißens machte sich das Affenjunge wieder aus der Umklammerung los.« Dann flüchtete es sich ans andere Ende des Käfigs, wobei es manchmal Grimassen schnitt und nach dem Vater schlug. »Gewöhnlich kehrte es dann zum Männchen zurück, und beide begannen wieder, sich zu umarmen und zum Schein zu beißen.« Die Studien an Rhesusaffen sowie viele andere Tierstudien machen deutlich, dass Tiere von Natur aus für die Vaterrolle geschaffen sind, selbst wenn den Männchen verwehrt wird, dieser natürlichen Disposition zu folgen, wie es bei den Rhesusaffen der Fall ist. Was Redican besonders beeindruckte, war die Flexibilität, mit der die Väter in dieser künstlich hergestellten Situation handelten. »Wieder einmal werden wir erinnert, wie töricht und arrogant es ist, pauschal von einer Beschränktheit des tierischen Verhaltensrepertoires auszugehen.«

Diese Erkenntnis sollten wir beherzigen, wenn wir die Rollen in der Kindererziehung betrachten. Wie Redicans Rhesusaffenväter können auch Menschenväter sehr flexibel agieren. Wenn die nötige Hilfe fehlt, springen Väter ein und übernehmen Betreuungsaufgaben. Das Ausschlaggebende aber ist, dass sich das männliche Geschlecht nachhaltig für den Nachwuchs einsetzen kann. Das beweisen auch die Beispiele aus dem Tierreich. Wie weit dieser Einsatz geht, zeigt sich, wenn er unterbrochen wird. Dies kann durch eine postpartale Depression geschehen, wenn Väter von der emotionalen Bindung an ihre Kinder getrennt werden. Die postpartale Depression bei Müttern ist bekannt, dass auch Väter daran erkranken, ist hingegen eine neue Erkenntnis.

Und es kommt häufiger vor als erwartet. In der Zeit nach der Geburt erleidet ein Zehntel der Väter eine mäßige bis schwere Depression.[93] Eine hohe Zahl, wenn man bedenkt, dass lediglich drei bis fünf Prozent der gesamten männlichen Bevölkerung an einer Depression erkrankt sind. Depressive Väter (und Mütter selbstverständlich auch) haben weniger Neigung, ihren Kindern vorzulesen, Geschichten zu erzählen oder Lieder vorzusingen. Einer Studie zufolge haben vor allem die Kinder im Alter von zwei Jahren, deren Väter depressiv sind, einen deutlich geringeren Wortschatz als ihre Altersgenossen. Gleiches konnte bei Kindern mit depressiven Müttern nicht festgestellt werden. Ferner gibt es eine Korrelation zwischen postpartaler Depression der Väter und Verhaltensstörungen oder Hyperaktivität ihrer Kinder im Alter von drei Jahren.[94] Diese Kinder entwickeln mit großer Wahrscheinlichkeit Verhaltensauffälligkeiten bzw. haben Probleme im Umgang mit Gleichaltrigen. Was den Vätern geschieht, wiederholt sich also oft auch bei ihren Kindern.

Kelly Lamberts Labormäuse, die Kaiserpinguine und die Seepferdchen haben auf je eigene Weise eine charakteristische Form der Vaterschaft ausgebildet. Wir können an diesen Beispielen aus dem Tierreich etwas über die Vaterrolle im Allgemeinen lernen. Die Studien über Tierverhalten, Monogamie und Depression belegen allesamt die enge Verbindung zwischen Vätern und Kindern. Selbstverständlich sollten wir unsere Kinder nicht den ganzen Tag auf dem Rücken herumtragen – dann hätten wir wohl alle bald Knieprobleme. Auch werden wir unsere laxe Version der Monogamie wahrscheinlich weiter praktizieren. Doch unsere Gesellschaft hat Fortschritte gemacht. Väter werden nicht mehr wie einst Ricky Ricardo ins Wartezimmer verbannt. Dafür sollten wir dankbar sein. Veränderungen in der Arbeitswelt haben zur Folge, dass Väter jetzt mehr Zeit und Gelegenheit für Kinderbetreuung und -erziehung haben, als dies früher der Fall war. Wir dürfen unsere Vorfahren nicht für unsere Fehler und Schwächen verantwortlich machen, aber wir sollten ihnen für die Anlagen danken, die sie an uns weitergegeben haben. Der Einsatz der Väter für ihre Kinder ist ein unverzichtbarer Bestandteil des menschlichen Daseins. Und da die Vorbereitung auf diese Aufgabe schon vor der Empfängnis beginnt, sich durch die ganze Schwangerschaft zieht und durch die Präsenz im Kreißsaal noch verstärkt wird, zielt alles darauf ab, dass sich Väter um ihre Kinder kümmern.

Kapitel 5

Säuglinge und Kleinkinder:
wie die Kleinen das Gehirn des Vaters formen

Ich habe schon oft darauf hingewiesen – und werde das weiterhin tun –, in der Regel werden Väter in der Forschung zur Kindesentwicklung gar nicht berücksichtigt. Wir sehen dies im Labor, in Diskussionen über Kindererziehung und auch an der Haltung der Personen, die die Wartezimmer von Kinderärzten ausschließlich mit Frauenzeitschriften bestücken. (Wer sich für Sportberichte interessiert, muss ins Wartezimmer von Urologen gehen.) Ich möchte aber keineswegs ins andere Extrem verfallen und bei diesem Thema die Mütter links liegen lassen. Auch bei unserem speziellen Blickwinkel sind sie relevant – wenn ein neues Familienmitglied ins Leben tritt und die Elternschaft beginnt.

Väter übernehmen diese Rolle nicht allein. Selbst wenn sie alleinerziehend sind, ist ihre Art und Weise, Kinder großzuziehen, vom Temperament und den Reaktionen des Kindes bedingt und davon, wie viele Kinder sie haben. In kompletten Familien mit Vater und Mutter hat die Beziehung, die die Eltern untereinander haben, viel zu tun mit der Beziehung, die sie zu ihren Kindern aufbauen. Viele Wissenschaftler vertreten sogar den Standpunkt, dass es ein Irrtum sei, die Vater- bzw. Mutterrolle umfasse nur jeweils zwei Personen, Elternteil und Kind. In Wirklichkeit verhalte es sich nämlich so, dass die Familie als eine Einheit funktioniere. Daher sei es problematisch, aus der Untersuchung der isolierten Beziehung Vater – Kind bzw. Mutter – Kind weit reichende Schlüsse zu ziehen.

Viele Jahre lang wurde in der Forschung das Thema Kindererziehung unter dem Aspekt der sogenannten «dyadischen» Beziehungen untersucht. Und als die ausschlaggebende dyadische Beziehung galt eben die Mutter-Kind-Beziehung. Der Vater kam nur unter ferner liefen. Einer der Ersten, der diese Sichtweise in Frage stellte, war Salvador Minuchin.[95] In seinem 1974 erschienenen Buch *Families and Family Therapy* (dt. Titel: *Familie und Familientherapie: Theorie und Praxis struktureller Familientherapie*) fordert er, die Familie als ein System zu betrachten, in dem jedes Element alle anderen bedingt. Um ein Bild heranzuziehen: Wenn wir uns im Einzelnen den Vergaser, die Auspuffrohre und den Motorblock anschauen, erfahren wir wenig darüber, wie ein Auto tatsächlich fährt. Dazu müssen wir alles im Zusammenhang sehen und darüber hinaus auch das Getriebe und die Kraftübertragung berücksichtigen. Gleiches gilt nach Minuchin auch für die Familie. Er interessierte sich kaum dafür, wer in der Familie die Windel wechselte, wer den Abwasch machte und wer für die Aufrechterhaltung der Disziplin verantwortlich war. Sein Hauptaugenmerk lag darauf, dass die Familie als System funktionierte und dass die Eltern ein Bündnis eingegangen waren.

Das heißt nicht, dass eine detaillierte Untersuchung der Aufgaben und Pflichten in einer Familie nicht aufschlussreich wäre. Aber von vorrangiger Bedeutung ist die Tatsache, dass Eltern einen Plan haben, nach dem sie sich die Aufgaben in der Familie in ihrem Sinn zuteilen. Ob sich Eltern die Aufgabe des Windelnwechselns 50:50 teilen oder nicht, spielt keine Rolle, sofern sich nicht einer der Partner unfair behandelt fühlt und Enttäuschung oder Ärger empfindet. Hier geht es nicht darum, wer wie viele Windeln wechselt; das Problem besteht vielmehr in der unklaren Absprache zwischen den Partnern. Eine andere Sicht auf die Familie als System stammt von dem mittlerweile verstorbenen Psychologen Urie Bronfenbrenner, der mit seinem Buch *The Ecology of Human Development* (dt. Titel: *Die Ökologie der menschlichen Entwicklung. Natürliche und geplante Experimente*) die Auffassung vertrat, man könne Familien wie kleine Ökosysteme betrachten. Die Mitglieder bildeten eine Gemeinschaft wie die Insekten, Pflanzen, Fische und Bäume im Lebensraum eines Teiches. Bronfenbrenner und Minuchin publizierten ihre Bücher in den 1970er-Jahren, also zur gleichen Zeit, als auch Michael Lamb seine Untersuchungen zur Vaterschaft begann und damit den Anstoß zu einem Forschungsboom gab, der in den folgenden Jahrzehnten anhielt.

Das Familiensystem läuft aber nicht immer reibungslos. Paare vermögen sich oft nicht vorzustellen, wie es ist, wenn sie erst einmal Eltern sind. Philip und Carolyn Cowan, das Forscherpaar, dessen Ehe durch die Kinder in eine Krise geraten war, haben in ihrer Studie über frischgebackene Eltern den künftigen Müttern und Vätern Fragen gestellt, wie sie über verschiedene Rollen in ihrem Leben denken – Arbeitnehmer, Freund, Mutter, Vater, Tochter usw. – und welche Bedeutung sie den Rollen jeweils zuschreiben.[96] Letzteres sollten sie auf einem Tortendiagramm einzeichnen. Mütter zeichneten viel größere Stücke für die Mutterschaft ein als Väter für die Vaterschaft. Schon gegen Ende der Schwangerschaft meinten Mütter, die Mutterschaft mache 10 Prozent ihres Lebens aus, das ist zweimal so viel, wie Väter von ihrer Vaterschaft behaupten.

Die Studie stammte aus den 1980er-Jahren, heutige Eltern würden die Diagramme vermutlich anders zeichnen. Das Interessante ist auch nicht die Zusammensetzung der Diagramme, sondern wie sie sich nach der Geburt des Kindes verändert haben. Sobald die Paare Eltern geworden waren, vergrößerten sie nämlich den Anteil, der ihrer Einschätzung nach die Elternschaft in ihrem Leben einnahm. Auch jetzt blieben die Segmente der Männer immer noch kleiner als die der Frauen. Erstaunlich war nur, dass Männer, die ein größeres Segment einzeichneten, auch ein höheres Selbstwertgefühl hatten, als ihre Kinder ein halbes Jahr alt waren. Mütter hingegen, denen die Mutterschaft viel bedeutete, hatten die Tendenz, sich in ihrem Selbstwert eher herabzusetzen. »Es sieht so aus«, folgern die Cowans, »als ob frischgebackene Väter, die ein hohes Selbstwertgefühl haben, viel Energie in ihre Elternrolle investieren können, ohne andere zentrale Aspekte ihrer Persönlichkeit aufzugeben. Was sie wiederum aus der Elternrolle gewinnen, trägt dazu bei, ihr Selbstwertgefühl zu stärken.«

Frauen erlebten nicht in gleicher Weise eine solche Aufwertung. Als die Babys der Paare ein halbes Jahr alt waren, gaben Frauen die Bedeutung der Rolle »Beruf« mit 18 Prozent an, Männer dagegen mit 28. Selbst Frauen, die Vollzeit arbeiteten, gaben der Mutterrolle 50 Prozent mehr Bedeutung als der Rolle »Beruf«. Bei den Vätern sahen die Diagramme ganz anders aus. Die Bedeutung des Berufs hatte sich für sie nicht geändert, die Vaterrolle blieb prozentual immer kleiner als ihre Arbeit. Ein guter Vater zu sein brachte für Männer ein Mehr an Selbstwertgefühl, aber eine gute Mutter zu sein hatte für Frauen bei weitem nicht die gleiche Bedeutung.

Wie zu erwarten, sank die Bedeutung der Rolle »Partner« bei beiden Geschlechtern. Bei Frauen sank sie von 34 Prozent während der Schwangerschaft auf 22 Prozent zum Zeitpunkt, da die Kinder ein halbes Jahr alt waren; bei Männern von 35 Prozent auf 30 Prozent für denselben Zeitraum. Interessant hierbei ist, dass die Eltern mit den höchsten Anteilen für die Partnerrolle auch das höchste Selbstwertgefühl und den geringsten Stress in der Kinderbetreuung hatten.

Die Cowans gehörten zu den Ersten, die den Vätern so viel Aufmerksamkeit schenkten. Sie forschten immer noch im Schatten von John Bowlbys Bindungstheorie, der wir ja schon begegnet sind. Bowlby war der Auffassung, dass der Vater nicht zu der Bindung fähig ist, die die Mutter mit dem Säugling und Kleinkind eingeht. Dabei hatte niemand, auch nicht Bowlby, Belege dafür, dass Väter ohne Belang für die frühkindliche Entwicklungsphase waren. Tatsächlich hatte sich keiner die Mühe gemacht, die notwendige Forschung zu betreiben.

Der Erste, der die Vernachlässigung der Vaterrolle im Zusammenhang mit der Bindungstheorie in Frage stellte, war Milton Kotelchuck, ein Psychologe von der Harvard-Universität. »Welche Beweise gibt es, dass Kinder ausschließlich mit der Mutter eine Bindung eingehen?«, fragte Kotelchuck in den 1970er-Jahren. Das war eine radikale Frage zu einer Zeit, da Psychiater und Psychologen alle noch der Auffassung waren, dass es auf die Väter nicht oder doch nur wenig ankam.

Kotelchuck führte vier Studien durch, die das Fremde-Situation-Experiment benutzten.[97] Dabei handelt es sich um einen von Mary Ainsworth entwickelten psychologischen Test zur Beurteilung der Bindung. An dem Test nehmen ein Kleinkind, seine Mutter und eine fremde Person teil. Im Verlauf wird beobachtet, wie das Kleinkind auf die Erwachsenen reagiert, die den Raum verlassen und wieder betreten. Eine typischerweise zu beobachtende Situation besteht darin, dass das Kind sich nicht von der fremden Person trösten lässt, wenn seine Mutter den Raum verlässt,

aber sofort zu weinen aufhört, sobald die Mutter zurückkehrt. Das wird als Beweis für die Bindung des Kindes an
die Mutter gedeutet. Kotelchuck fügte nun einfach einen Vater zu den Beteiligten hinzu, die den Raum betraten und
verließen. Die Babys hielten sich eng an die Eltern, suchten
Kontakt mit ihnen, lächelten ihnen zu, gaben Laute von sich
und richteten sich in gleicher Weise an die Mutter wie an
den Vater. Die fremde Person mieden sie. Wenn diese den
Raum verließ, machte das keinen Eindruck auf die Babys,
aber sobald ein Elternteil ging, protestierten sie. »Mutter
wie Vater bildeten eine sichere Basis für die Interaktion des
Kindes«, schrieb Kotelchuck.

Es gab aber auch Unterschiede. Rund die Hälfte der Kinder hatte eine Vorliebe für die Mutter, ein Viertel für den Vater und die Übrigen reagierten gleichermaßen auf die Mutter
wie auf den Vater. Die Ergebnisse waren bei Jungen und
Mädchen die gleichen.

Bei den Interviews mit den Eltern, die Kotelchuck nach
dem Experiment durchführte, fragte er, wie sich Vater und
Mutter die Kinderbetreuung im Alltag teilten. Mit Erstaunen
stellte er fest, dass sich nur 25 Prozent der Väter, die alle aus
den bürgerlichen Kreisen Bostons stammten, täglich mit den
Kindern beschäftigten. Fast die Hälfte hatte noch nie eine
Windel gewechselt. Allerdings bestand eine eindeutige Verbindung zwischen den Befunden aus den Experimenten
und den Informationen über die Versorgung der Kinder zu
Hause. Die Kleinkinder, die sich in der Fremde-Situation
nicht auf den Vater bezogen, kamen aus Familien, in denen
der Vater den geringsten Anteil an der Betreuung hatte.

Als Michael Lamb gleich nach Kotelchuck seine Forschungen begann, nutzte er einen anderen Ansatz. Er ver-
zichtete auf den Fremde-Situation-Test und untersuchte statt-

dessen, wie sich Kleinkinder zu Hause verhielten, wenn sie bekümmert waren und in den Armen gehalten werden wollten. Wie wohl die meisten Eltern wissen, mögen es Kleinkinder im Allgemeinen nicht, von Fremden – und auch nicht von Bekannten – gehalten zu werden, wenn Personen präsent sind, zu denen sie eine Bindung haben. Lamb wählte für eine Arbeit zehn Jungen und Mädchen aus, die er zu Hause und in Anwesenheit von Vater und Mutter beobachtete. Die Beobachtungsphase dauerte zwei Stunden und wurde zweimal durchgeführt, einmal als die Kinder sieben Monate alt waren, dann noch einmal einen Monat später.

Er stellte fest, dass Väter und Mütter ungefähr gleich lange mit den Kindern spielten, dass aber die Kinder positiver auf das Spiel der Väter reagierten. Väter gaben sich im Spiel auch körperbetonter und eigenwilliger. Mütter hielten die Kinder viel öfter in den Armen, wohingegen Väter, wenn sie sie auf den Arm nahmen, mit ihnen spielten. Die Kinder waren sich auch des Unterschieds bewusst, wenngleich der Unterschied zwischen den Reaktionen auf das Verhalten der Mutter bzw. des Vaters bei weitem nicht so ausgeprägt war, wie man mit Bezug auf die Bindungstheorie erwartet hätte.

Jüngere Studien haben das Verständnis der Beziehungen zwischen Vätern und Kleinkindern, die zuerst von Lamb beobachtet wurden, noch weiter vertieft. Wie die Mütter erkennen auch die Väter allein durch Tasten die unverwechselbaren Merkmale ihrer Kinder. Männer, die ihr Neugeborenes erst seit einer Stunde kannten, identifizierten ihr Kind allein durch Berühren der Hände. Mütter, die vor dem Test mehr Zeit mit ihren Säuglingen verbracht hatten, erkannten das Neugeborene auch am Gesicht. Aber Mütter und Väter waren gleichermaßen sicher, wenn sie die Hände ihres Kindes berühren konnten.

146

Lamb und seine Nachfolger erbrachten unter Laborbedingungen den Beweis für das, was viele von uns schon instinktiv wissen, dass nämlich Väter bei der Geburt die gleiche Begeisterung wie die Mütter zeigen.[98] Sie sind ängstlich, wenn sie sich von ihrem Kind trennen, und nicht weniger liebevoll und aufmerksam. Väter erkennen an bestimmten Anzeichen, dass ihr Kind Hunger hat,[99] und sie verfallen in Ammensprache, sprechen langsam und wiederholen sich.

In mancher Hinsicht unterscheiden sich Väter aber von Müttern. So reagieren sie anders auf das Schreien ihres Kindes.[100] Dieses Phänomen wurde von James E. Swain untersucht, einem Kinderpsychiater und Neurowissenschaftler an der Universität von Michigan. Swain begann seine Untersuchungen an Müttern. Er benutzte die funktionelle Magnetresonanztomografie (fMRI), um das Gehirn der Mütter zu scannen und zu beobachten, was geschieht, wenn sie Babys schreien hören. Mit fMRI-Scannern ist Aktivität in verschiedenen Hirnarealen nachweisbar. Swain wollte herausfinden, ob die Reaktion des Gehirns auf Babygeschrei anders geartet ist als die Reaktion auf einen unangenehmen Laut, der nicht von einem Kind stammt. Ferner ob die Reaktion der Mutter auf das Schreien ihres eigenen Kindes anders ist als die Reaktion auf das Schreien eines fremden Kindes. Swain wollte messen, inwieweit sich die Mutter in ihr Kind einzufühlen vermag. Das ist besonders wichtig für Säuglinge, die ja ihre Bedürfnisse fast nur durch nonverbale Kommunikation ausdrücken.

Zuerst scannte er das Gehirn von Müttern, die zum ersten Mal ein Kind bekommen hatten, während sie 30 Sekunden lang das Schreien ihres eigenen Babys hörten. Dies verglich er dann mit Hörproben von Klängen mit ähnlicher Struktur und Intensität. Die Mütter wurden zweimal gescannt, das erste Mal zwei bis vier Wochen nach der Geburt ihres Kindes, das zweite Mal nach zwölf bis sechzehn Wochen. Anschließend unterzog er Väter dem gleichen Test.

Swain stellte große Unterschiede fest in der Art und Weise, wie Eltern auf das Schreien ihrer eigenen Kinder bzw. auf das anderer Kinder reagierten. Viele Eltern behaupten, wenn sie einen Hort oder eine Kita betreten, könnten sie unter Dutzenden fremden Schreien zuverlässig das Schreien des eigenen Kindes heraushören. Die wissenschaftlichen Tests bestätigten diese Behauptung. Während bei Müttern in bestimmten Hirnarealen eine höhere Aktivierung als bei Vätern feststellbar war, zeigten beide Eltern positive Reaktionen auf das Schreien ihres Babys.

Ich traf mich mit Swain in seinem Büro in Ann Arbor auf dem Campus der Universität von Michigan. Swain selbst hat keine Kinder, könnte aber, da er unlängst geheiratet hat, durchaus noch Vater werden, wie er selbst hinzufügt. Als Forscher interessiert ihn schon lange die Frage, wie Menschen wachsen und sich entwickeln. Wie verläuft bei Mensch und Tier die Entwicklung vom Augenblick der Geburt an? Die Frage ist nicht leicht zu beantworten, denn oft kann man schwer differenzieren, ob das Verhalten eines Kindes genetisch bedingt, ob die Umwelt dafür verantwortlich ist oder beides.

Swain erinnerte sich an einen früheren Fall, bei dem sich Forscher hatten täuschen lassen. Es handelte sich um Studien an Ratten, bei denen sich gezeigt hatte, dass Rattenmütter, die ihre Jungen häufig leckten, solche Nachkommen zur Welt brachten, die gegenüber ihren eigenen Nachkommen dasselbe Verhalten zeigten. Rattenmütter, die eher wenig leckten, gaben dieses Verhalten an ihren Nachwuchs weiter. »Alle schlossen daraus, dass es genetisch bedingt war«, berichtete Swain. Es schien fast zu schön, um wahr zu sein. Diese Forschungsergebnisse erschienen zu einer Zeit, da die Wissenschaft die Lehren Freuds, wonach frühe Erfahrungen im Säuglings- und Kleinkindalter weitgehend die spätere Persönlichkeit formten, über Bord warf. Nun schien es so, als ob die Gene der ausschlaggebende Faktor in der Entwicklung von Lebewesen, den Menschen eingeschlossen, seien.

Die Erklärung löste sich in Luft auf, als Forscher ein anderes Experiment unternahmen. »Man vertauschte einfach die Rattenjungen«, teilte Swain mit. Der Nachwuchs der häufig leckenden Rattenmütter wurde den Rattenmüttern gegeben, die weniger fleißig leckten, und umgekehrt. Das Bild, das sich nun bot, zeigte mit Evidenz, dass der Unterschied im Verhalten nicht genetisch bedingt war. »Die Umwelt prägte ihr Verhalten, nicht die genetische Ausstattung«, konstatierte Swain. Der Rattennachwuchs nahm das Verhalten seiner Pflegeeltern an, und eben nicht das der biologischen Eltern. Und das war noch nicht alles. »Wie durch Zauberkraft verändern das Lecken und die Fellpflege die Aktivierung der Kortisolrezeptoren im Hippocampus. Die Gene, die den Ausdruck der Stressrezeptoren steuern, sind verändert. Die Rattenjungen, die viel geleckt worden sind, zeigen sich weniger stressanfällig.« Lecken und Fellpflege veränderten also die Hirnaktivität der Rattenjungen. Daraus ergab sich der wichtige Schluss, dass die Erbanlage nur zum Teil für das verantwortlich ist, was einen guten Vater ausmacht.

Nach dem Medizinstudium ging Swain nach Yale, wo er bei James F. Leckman, einer Autorität auf dem Gebiet der Zwangsstörungen, in die Forschung ging. Leckman vertrat damals die Ansicht, dass elterliches Verhalten als eine besondere Form der Zwangsstörung betrachtet werden könne. Personen mit einer Zwangsstörung waschen sich zigmal die Hände oder prüfen ein Dutzend Mal, ob die Tür nun wirklich abgeschlossen ist. Ich fragte Swain, ob etwas Ähnliches vorliege, wenn ich manchmal alle zehn Minuten nach meinem schlafenden Kleinkind schaue, um sicher zu sein, dass es auch atme. Er meinte, wenn sich Eltern in den Tagen und Wochen nach der Geburt ein bisschen überängstlich und zwanghaft kontrollierend verhielten, dann würde das die Überlebenschancen des Kindes erhöhen. Ich sei also keineswegs verrückt, und meine übertriebene Sorge habe durchaus etwas Gutes. Ich hoffe, eines Tages das Gleiche von dem energischen Griff sagen zu können, mit dem ich die Hände meiner Kinder umklammere, wenn wir die Straße überqueren.

Leckman hielt seine Ansicht für so relevant, dass er eine Studie über Zwangsverhalten bei Eltern konzipierte und durchführte. Mit seinen Kollegen warb er 41 Paare an und befragte sie mehrmals, ein erstes Mal vor der Geburt der Kinder, dann zwei Wochen nach der Geburt und ein drittes Mal nach drei Monaten. Die Forscher wollten wissen, welche Gedanken sie sich über die Gesundheit und Entwicklung des Babys machten, wie häufig sie nach ihm schauten, wie häufig sie seine Windeln wechselten, wie oft sie es beruhigten, was sie über die Zukunft des Kindes und über ihre Rolle als Eltern dachten, wie oft sie mit dem Baby spielten oder zu ihm sprachen, schließlich ihre eigenen Sorgen und diejenigen, die sie sich über ihren Partner und dessen Gesundheit machten.

Es wird wohl niemanden überraschen, dass sich Eltern in der Tat große Sorgen um ihre Kinder machen. Mütter gaben an, dass sie durchschnittlich 14 Stunden am Tag an ihr Baby dachten, Väter immerhin noch sieben Stunden. Diese Besorgtheit erreichte, wie die Forscher vermutet hatten, zwei Wochen nach der Geburt ihren Höhepunkt und ließ drei Monate nach der Geburt nach. Am stärksten wirkte sie sich bei den Müttern aus, aber auch Väter zeigten sich beeindruckt. Väter waren besonders besorgt in der Zeit vom achten Monat der Schwangerschaft bis zur Geburt. Die Geburt eines Kindes verändert den Gemütszustand beider Elternteile, es ist eine Zeit erhöhter Empfindlichkeit und Besorgtheit. Die Betroffenen fühlen sich in hohem Maße verantwortlich, sie stellen den Anspruch, alles müsse perfekt sein. Vor der Geburt des Kindes berichten Eltern von zwanghaften Gedanken, das Kind könnte körperlich oder geistig behindert sein oder gesundheitliche Probleme haben. Nach der Geburt verlagern sich Ängste und Sorgen auf die Vorstellung, man könnte das Baby fallen lassen, es könnte von Haustieren oder streunenden Wildtieren angefallen werden, es könne sich aus mangelnder Umsicht der Eltern verletzen oder aus deren mangelnden diagnostischen Fähigkeiten krank werden.

Auch ohne Leckmans Studie gelesen zu haben, weiß ich leider, dass solche »Zwangsgedanken« ein echtes Problem sein können. Ich werde oft davon befallen und empfinde sie als sehr störend und unangenehm. Ich tröste mich mit Swains Auskunft, dass ein solches zwanghaftes Verhalten das Überleben unserer Kinder sichert. In früheren Zeiten der Menschheitsentwicklung war der Tod von Säuglingen und Kindern viel häufiger. Es ist erst wenige Jahrhunderte her, dass eine verbesserte Ernährungslage, medizinische Versorgung und der allgemeine Wandel der Lebensverhältnisse zusammengenommen die Kindersterblichkeit auf unter ein Prozent gedrückt haben.[101] Die zwanghafte Sorge, die manche von uns weiterhin empfinden, mag nicht mehr zeitgemäß sein, aber sie war einmal lebenswichtig und kann es auch heute noch sein. Die Ängstlichkeit junger Eltern und pathologische Zwangsstörungen mögen sich ähneln.[102] Der Unterschied liegt darin, dass Symptome, die bei einer psychisch kranken Person das Leben zur Plage machen, bei Eltern, die sich um ihr neugeborenes Kind sorgen, durchaus nützlich sein können. Ich habe vor meiner Frau oft gescherzt, unsere übertriebene Sorge um die Kinder sei eine besondere, vorübergehende Form des Wahns. Oder vielleicht ist sie gar nicht vorübergehend. Drei meiner Kinder sind mittlerweile erwachsen, aber obgleich ich jetzt nicht mehr aus Sorge um sie um drei Uhr morgens aufwache, kann ich doch nicht behaupten, dass meine Ängstlichkeit gänzlich verflogen ist.

Leckmans Arbeiten über elterliche Zwangsgedanken inspirierten Swains Forschungen an Müttern und Vätern. Seine Experimente ergaben interessante und vieldiskutierte Befunde. So fand er heraus, dass Mütter, die ihr Kind stillen, intensiver auf das Schreien ihrer Babys reagierten als Mütter, die ihrem Baby das Fläschchen gaben.[103] Ferner ergab eine Studie, dass die Geburt durch Kaiserschnitt auch die Reaktion der Mutter auf ihr Baby verändert. Mütter, die auf natürliche Weise entbunden wurden, waren deutlich feinfühliger in der Reaktion auf das Schreien des eigenen Babys als Mütter, die einen Kaiserschnitt gehabt hatten.

Auf Seiten der Väter konnte Swain für die Zeit der letzten beiden Wochen vor der Geburt bis zu vier Monaten danach ebenfalls mit interessanten Befunden aufwarten. Es wurden 16 Väter nach der Beziehung zu ihren Neugeborenen befragt. Er wollte wissen, wie sie über ihr Kind dachten und welche Befürchtungen sie hegten. Außerdem beobachtete er die Väter im Umgang mit dem Säugling.

Bei den Hirnscans der Väter stellte sich heraus, dass es zu signifikanten Veränderungen im gleichen Zeitraum gekommen war, wie dies schon bei den Müttern beobachtet worden war. So zeigte sich eine erhöhte Aktivität im Frontallappen der Großhirnrinde,[104] wenn Väter Fotos ihrer Kinder anschauten oder sie weinen hörten. Das Ergebnis ist eindeutig: das Gehirn der Väter wird von den Erfahrungen verändert, die sie im Kontakt mit ihren Kindern machen. Dabei handelt es sich nicht um zufällige Veränderungen. Die Hirnareale mit erhöhter Aktivität scheinen in Zusammenhang zu stehen mit den Stimmungen und Motivationen der Väter und mit ihrem Umgang mit den Babys.

Swain versucht die für die Veränderungen verantwortlichen Schaltkreise im Gehirn zu identifizieren. »Uns interessiert das grundlegende Muster ›Babyschreien-Elternreaktion‹, aber auch, was sich insgesamt in diesem Zeitraum im Gehirn verändert.« Man wolle nun klären, was Müttern und Vätern gemeinsam ist und worin sie sich unterscheiden. »Zwei Areale stehen bei beiden im Fokus des Interesses. Das eine ist die Inselrinde. Sie ist eine Zwischenstation für die emotionale Information, und es sieht so aus, als ob eine direkte Beziehung zwischen dem Schreien des eigenen Babys bzw. eines fremden Babys und dem Grad der Besorgtheit bestehen könnte. Dies gilt für Mütter wie Väter in gleicher Weise.«

Mütter zeigen gleich nach der Geburt eine erhöhte Aktivität in den tiefen Hirnstrukturen, die für Schmerz und Gefühle zuständig sind. Zwar zeigen Väter eine ähnliche Aktivität im Kortex, aber nicht in den tiefen Hirnstrukturen, wenn sie im Zeitraum von zwei bis vier Wochen nach der Geburt des Babys getestet wurden. »Das wäre eine Erklärung für die Tatsache, dass sich Väter auf die Seite drehen können, wenn das Baby nachts schreit«, vermutet Swain. Und es könnte erklären, warum Mütter ein höheres Risiko haben, an postpartaler Depression zu erkranken. Zwischen dem dritten und vierten Monat nach der Geburt weisen Väter im Hirnscan eine erhöhte Aktivität im Hörzentrum auf, also in der Tiefenschicht des Hirns, »allerdings ist das Aktivierungsmuster anders als bei den Müttern«. Auch Väter reagieren auf Signale ihrer Kinder; ihr Gehirn fordert sie dazu auf.

Ein anderer Ansatz, die Beziehungen zwischen Eltern und kleinen Kindern zu erforschen, nutzt das Phänomen der sogenannten Synchronie. Damit ist die Fähigkeit der Mutter gemeint, die positiven Gefühle des Säuglings und Kleinkindes zu erkennen und zu verstärken, wenn sie sich im Augenkontakt mit ihm befindet. Ist das Baby froh, ist es auch die Mutter, und umgekehrt. Die Psychologin Ruth Feldman, die früher mit Swain in Yale geforscht hat und nun an der Bar-Ilan-Universität in Israel arbeitet, spricht in diesem Zusammenhang von der bekannten Tatsache, dass Mütter im Gleichklang mit ihren Babys leben, ob das Baby nun gestillt wird, ob es weint oder ob es strampelt. »Solche Rhythmen sind Müttern ganz vertraut. Man ging davon aus, dass Mütter biologisch so ausgestattet sind, auch minimale affektive Veränderungen des Kleinkindes wahrzunehmen«, sagt Feldman. Ob auch Väter dazu in der Lage sind, hatte die Wissenschaft bisher nicht erforscht. Feldman wollte es wissen.

Für ihre Studie rekrutierte sie 100 israelische Paare mit fünf Monate alten Kindern.[105] Jede Familie wurde dreimal in gewohnter Umgebung gefilmt: einmal nur Mutter und Kind, einmal nur Vater und Kind, einmal die ganze Familie. Wie zu erwarten war, gingen Mütter und Väter unterschiedlich auf die Gefühle des Kindes ein.

Die Studie zeigte, dass Mütter und Väter gleichermaßen befähigt sind, sich emotional auf ihre Kinder einzulassen, dass aber jedes Elternteil dies auf seine Weise tut. Außerdem wurde deutlich, dass das Ausmaß, in dem Eltern und Kind gefühlsmäßig synchron agieren, zwischen Müttern und Töchtern bzw. zwischen Vätern und Söhnen am größten ist.

Die Gefühlsregungen in Mutter-Kind-Interaktionen hatten niedrige bis mittlere Intensität. Dies hing vom Augenkontakt und der Mimik ab. Die Gefühlsregungen in Vater-Kind-Interaktionen waren sehr viel intensiver und erreichten ihre Höhepunkte, wenn der spielerische Umgang zunahm. Feldman behauptet, dass die emotionale Bindung zwischen den Eltern und dem Kind die Beziehungen, die das Kind später im Leben mit anderen Personen eingeht, beeinflussen kann. »Väter und Mütter sind fähig zur emotionalen Synchronie mit ihren Kindern. Dies ist nicht allein Müttern vorbehalten«, schreibt Feldman. Vater-Sohn-Interaktionen haben sogar die höchste Intensität und entfalten sich vor allem im Spiel.

Das bedeutet zweierlei. Väter haben wichtige Beziehungen zu ihren kleinen Kindern, und sie behandeln sie anders als die Mütter. Experimentelle Beweise für diese Behauptungen werden laufend erbracht. Sie unterstreichen, wie wichtig es ist, dass Väter Zeit, ob routinemäßig oder im spielerischen Austausch, mit ihren Kindern verbringen. Wir wissen heute, dass Männer, die nach der Geburt ihres Kindes Elternzeit nehmen, sich später enger mit dem Kind verbunden fühlen,[106] aber auch im Arbeitsleben mehr positive Bestätigung finden. Väter, Kinder und Arbeitgeber, alle profitieren von dieser Entscheidung.

Was geschieht aber in Familien, in denen die Elternzeit des Vaters keine Rolle spielt, da der Vater keine Arbeit hat? Natasha J. Cabrera von der Universität von Maryland ist der Frage nachgegangen, ob die Beziehungen zwischen Vätern und Kleinkindern in armen, sozial benachteiligten Familien anders sind. Dazu wertete sie Material einer Studie aus, die sich der Zusammenarbeit von Princeton und Columbia University verdankte und die Daten von 5000 Kindern umfasste, die in den Jahren 1998 bis 2000 in US-amerikanischen Großstädten in sogenannten prekären Lebensverhältnissen zur Welt kamen.[107] Rund drei Viertel dieser Kinder wurden unehelich geboren. Cabrera und ihre Kollegen fanden heraus, dass Partner, die vor der Geburt der Kinder eine feste emotionale Bindung hatten, sich mit einiger Wahrscheinlichkeit ein Jahr bzw. drei Jahre später noch um das Kind kümmerten. Das war eine nützliche Erkenntnis. Wenn die Väter dazu gebracht werden konnten, sich schon während der Schwangerschaft der Partnerin für das Kind zu engagieren, dann bestanden große Chancen, dass sie es auch nach der Geburt taten. Väter sollten eine Beziehung zu ihren Kindern entwickeln, noch ehe diese geboren werden.

Die hier vorgestellten Entdeckungen über die Rolle des Vaters haben andere Forscher ermutigt, ihrerseits Studien zur Vaterschaft zu unternehmen. Ständig treten zu diesem Thema neue Einsichten zutage. Eine wichtige Erkenntnis lieferte eine israelische Forschergruppe, die untersuchte, wie sich Kinderbetreuung auf Schlafgewohnheiten und Schlafverhalten auswirkte, wie schon Barry Hewlett bei seinen Feldstudien das Verhalten der Aka-Väter am Abend und zur Schlafenszeit beobachtet hatte. Für viele Väter beginnt die Bettzeit ihrer Kinder, wenn sie von der Arbeit nach Hause kommen; für sie eine erstklassige Gelegenheit, Zeit mit den Kindern zu verbringen. Die Forscher wollten wissen, ob das Engagement der Väter in irgendeinem Zusammenhang mit dem Schlafverhalten der Kinder stehe. Bisher standen immer nur die Mütter im Mittelpunkt der Forschung.

Die Forscher erstellten Fragebögen und gaben sie 56 Paaren, bei denen die Frau ihr erstes Kind erwartete.[108] Die Bögen wurden ihnen ein Monat vor der Geburt und sechs Monate nach der Geburt des Kindes vorgelegt. Der Schlaf der Babys wurde einerseits mit Monitoren überwacht, andererseits hielten die Forscher die Eltern an, ein Logbuch mit genauen Eintragungen über das Schlafverhalten der Babys zu führen. (Ob die Eltern ein bestimmtes Schlaftraining benutzten, wurde nicht erfasst.)

Mütter, so lautete der Befund, engagierten sich mehr als Väter in der Betreuung sowohl tagsüber als auch in der Nacht. Je mehr sich die Väter insgesamt an der Betreuung beteiligten, desto weniger oft wachten Babys mitten in der Nacht auf. »Unseres Wissens ist das die erste Studie, die untersucht, welche Auswirkung die Betreuung durch den Vater auf den Schlaf des Säuglings hat«, schreiben die Forscher.

Eine andere Frage lautete, ob Väter einen bestimmenden Einfluss auf Verhaltensstörungen ihrer Kinder haben. Paul G. Ramchandani von der Universität Oxford war einer der Ersten, der diese Frage wissenschaftlich untersuchte. Er ging von der Hypothese aus, dass Kinder, deren Vater sich mehr um sie kümmert und Einfühlungsvermögen zeigt, nicht zu externalisierendem Verhalten neigen; damit sind Wutanfälle, Beißen und Treten gemeint.[109]

Ein solches Verhalten tritt bei vielen Kleinkindern zwischen dem ersten und dem Ende des zweiten Lebensjahres auf. Dann geht es normalerweise zurück. Aber bei 6 Prozent der Kinder hält es an und kann die ganze Kindheit über fortdauern. Kinder, die im Vorschulalter in hohem Maße externalisieren, zeigen auch als Erwachsene abweichendes Verhalten. Das Fortbestehen bestimmter kindlicher Verhaltensmuster hat also lebenslange Folgen.

Die Forscher führten ihre Untersuchung überwiegend im Kreis von Mittelstandsfamilien durch. Sie besuchten sie ein erstes Mal zu Hause, als die Kinder drei Monate alt waren, und dann noch ein zweites Mal nach dem ersten Lebensjahr. Sie kamen zu dem Ergebnis, dass in Familien, in denen die Vater-Kind-Beziehung eher lose war, es häufiger zu aggressivem Verhalten der Kinder kam. Der Einfluss war deutlicher bei Jungen als bei Mädchen. Dies galt unabhängig davon, wie sich die Mütter gegenüber den Kindern verhielten.

Wir wissen jetzt, dass Väter eine Bindung zu ihren Kindern aufbauen können, sogar noch ehe sie geboren sind, und sie können sie in vielfacher Hinsicht beeinflussen, angefangen bei ihren Schlafgewohnheiten bis zu Verhaltensweisen in ihrem späteren Leben. Und wir wissen, dass Kinder das Gehirn ihrer Väter formen. Und darüber hinaus? Wirken Babys auch noch in anderer Weise auf den Organismus ihrer Väter ein?

Ein Forschungsansatz, um diese Frage zu beantworten, liegt in der Untersuchung des Testosteronspiegels von Männern. Bei vielen Lebewesen, der Mensch eingeschlossen, sinkt der Testosteronspiegel, wenn sich Nachwuchs einstellt. Aber was bedeutet das? Es könnte heißen, dass Vaterschaft zu einem Abfall der Testosteronproduktion führt. Die Erklärung könnte aber auch lauten, dass Männer mit niedrigem Testosteronspiegel sich für die Vaterschaft entscheiden. Was ist Ursache, das Baby oder der sinkende Testosteronspiegel?

Um die richtige Antwort zu finden, haben Lee T. Gettler und Christopher W. Kuzawa von der Northwestern University 624 Männer aus Cebu,[110] der ältesten Stadt auf den Philippinen, untersucht. Cebu wurde deshalb ausgewählt, weil sich dort die Männer traditionellerweise um die tägliche Grundversorgung ihrer kleinen Kinder kümmern. Zur Bestimmung des Testosteronspiegels nahmen die Forscher Speichelproben bei den Männern, als diese 21 Jahre alt waren, und nochmals, als sie 26 waren.

Gettler und Kuzawa gingen von der Hypothese aus, dass Männer mit hohem Testosteronspiegel mehr Erfolg haben würden, eine Partnerin zu finden und Vater zu werden. Dass gerade bei diesen Männern ein deutlicher Rückgang der Testosteronproduktion eintritt, sobald sie Vater werden, und dass diejenigen Väter, die mehr Zeit mit der Betreuung ihrer Kinder verbringen, niedrigere Testosteronwerte aufweisen. Mit anderen Worten, eine Partnerschaft einzugehen, Vater zu werden, und sich um die Kinder zu kümmern würde den Testosteronspiegel des Mannes senken. Und dieser Effekt würde am deutlichsten bei den Männern ausfallen, die anfangs die höchsten Testosteronwerte aufwiesen. Tatsächlich bestätigten die Befunde genau diese Hypothese. (Sogar gemeinsam mit den Kindern zu schlafen kann die Testosteronproduktion der Väter beeinflussen. Ungewöhnlich viele, nämlich 92 Prozent der Testpersonen gaben an, im selben Bett mit den eigenen Kindern zu schlafen. Sie hatten einen deutlich niedrigeren Testosteronspiegel als die Väter, die in einem anderen Zimmer schliefen.)

Ein sinkender Testosteronspiegel, der sich als Begleiterscheinung von partnerschaftlicher Lebensweise und Vaterschaft einstellt, kann auch der Gesundheit der Männer förderlich sein. Väter, die ihre Kinder betreuen, haben ein geringeres Krankheits- und Sterberisiko. Eine Erklärung dafür wäre der niedrigere Testosteronspiegel. Hohe Testosteronwerte erhöhen das Risiko, an Prostatakrebs zu erkranken, außerdem steigen die Werte des schädlichen Cholesterins. Schließlich ist Testosteron mit einer Neigung zu riskantem Verhalten in Zusammenhang gebracht worden, z. B. Drogen- und Alkoholmissbrauch sowie Promiskuität – alles Dinge, die die Gesundheit schädigen können. Trotz dieser wohlbekannten Konsequenzen hoher Testosteronwerte preisen pharmazeutische Hersteller Cremes und Gels an, die den Testosteronspiegel anheben. Väter mit einer engen Bindung an ihre Kinder sind zur Zielgruppe der Pharmaindustrie geworden. Für die Kinder kann es sogar gesundheitsschädlich sein, wenn sie mit diesen Produkten in Kontakt kommen.[111] Bei ihnen kann es eine Vergrößerung der Geschlechtsorgane, vorzeitigen Schamhaarwuchs und aggressives Verhalten auslösen. Väter sollten so klug sein, sich am Umgang mit ihren Kindern zu erfreuen und ihren Testosteronspiegel nicht weiter zu beachten.

Doch so einfach liegen die Dinge nicht. In einer kleinen Studie über die biologischen Grundlagen der Vater-Kind-Bindung beobachteten Karen M. Grewen von der University of North Carolina und ihre damalige Studentin Patty X. Kuo zehn Väter, wie sie Zeit mit ihren Kindern im Säuglings- und Kleinkindalter verbrachten.[112] Sie schnitten die Sitzungen auf Video mit und nahmen Speichelproben zur Testosteronuntersuchung. Anschließend führten sie Hirnscans durch, während die Männer Videoaufnahmen ihrer eigenen Kinder oder fremder Kinder anschauten. Die Scans belegten, dass bei Männern, die Videos der eigenen oder fremder Kinder anschauten, eine höhere Aktivität im präfrontalen und subcorticalen Hirnbereich erkennbar ist als bei Männern, die lediglich eine Puppe betrachteten. Videobilder der eigenen Kinder lösten wiederum größere Aktivität aus als solche fremder Kinder. Außerdem korrelierte der Testosteronspiegel mit der Hirnaktivität im linken Nucleus caudatus (ein Bereich des Endhirns), einem Belohnungszentrum. Väter, die in diesem Hirnareal stark auf den Anblick ihrer eigenen Kinder reagierten, verzeichneten auch einen Anstieg der Testosteronwerte.

Es scheint paradox. Niedriger Testosteronspiegel steht in Zusammenhang mit vorbildlicher Vaterschaft, aber die Testosteronwerte können steigen als Reaktion auf Signale wie Babyschreien, da die Schutzinstinkte des Vaters ausgelöst werden. Bindung ist also Teil eines komplexen Systems. Es besteht keine eindeutige Beziehung zwischen dem Testosteronspiegel und der Art und Weise, wie Männer ihre Vaterrolle erfüllen. Aber offenbar hängen Hirnaktivität, Hormonspiegel und Verhalten eng miteinander zusammen. Und Vatersein ist ein tief im Menschen verwurzeltes Verhalten.

Um die Zeit, als eines meiner jüngeren Kinder schon aufrecht sitzen konnte, aber immer noch ein Baby war, wachte der Kleine mitten in der Nacht schreiend auf. Meine Frau fütterte ihn, und dann versuchten wir beide, ihn zu trösten. Er beruhigte sich schließlich, aber dann hatten wir ein anderes Problem. Es war drei oder vier Uhr früh, aber nach seiner inneren Uhr schien es gerade Mittag zu sein. Er hatte jetzt Lust zu spielen.

Diese Situation werden viele Eltern kennen, und scheinbar tritt sie immer in der Nacht vor einer wichtigen Sitzung oder einer letzten Frist ein. Ich hatte das Gefühl, meinen Teil der Nachtschicht noch nicht geleistet zu haben, also bot ich an, mit ihm wach zu bleiben. Ich erinnere mich, das Gleiche auch bei meinen älteren Kindern gemacht zu haben. Man liest Geschichten vor, kitzelt oder balgt ein bisschen herum und wartet sehnsüchtig darauf, dass dem Kind die Lider schwer werden und es endlich einschläft, damit man selbst noch eine Mütze Schlaf kriegt.

Das sind Erinnerungen an die Zeit, als wir ein kleines Kind im Haus hatten. Schlaflose Nächte, die kein Ende nehmen, bis es plötzlich und ohne Warnung damit vorbei ist. Die Kinder werden größer und finden eigene Wege, sich in der Nacht zu trösten. Die Forschung, die den Beziehungen zwischen Vätern und kleinen Kindern nachgeht, kommt vielem auf die Spur, was wir mit unseren eigenen Kindern erlebt haben. Es ist gut zu erfahren, dass das Gefühl der Bindung, das von vielen Psychologen lange Zeit ignoriert wurde, keine Einbildung ist, sondern eine Tatsache, für die es nun wissenschaftliche Beweise gibt.

Ich weiß nicht mehr, was am Tag nach dieser schlaflosen Nacht bei meiner Arbeit passiert ist, ob ich einen Termin verpasst habe oder einfach nur müde war. Aber ich erinnere mich gut an die Stunden mit meinem kleinen Sohn.

Kapitel 6

Kinder: Sprache, schulisches Lernen und *Batman*

In der Nachkriegszeit bis hinein in die 1960er-Jahre herrschte unter den wenigen Experten, die sich mit der Vaterschaft befassten, überwiegend die Ansicht, dass Väter vor allem als Muster geschlechtstypischen Verhaltens für ihre Söhne dienten.[113] Väter zeigten ihren Söhnen, was es heiße, ein Mann zu sein, so die damals gängige Auffassung. Einige Forscher wollten den Vorbildeffekt messen, um eine wissenschaftliche Grundlage für den behaupteten Zusammenhang zwischen der Männlichkeit der Väter und der Männlichkeit der Söhne zu haben. (Männlichkeit meint das, was traditionell unter männlichen Charakterzügen verstanden wird: Härte, Kraft, Ansehen, Standfestigkeit in Krisen, Risikobereitschaft und sich nicht darum scheren, was andere denken.[114]) Man glaubte, diese Verbindung leicht zu finden, doch das war nicht der Fall. Eine Korrelation zwischen der Männlichkeit des Vaters und der seiner Söhne konnte nicht belegt werden. Einer gängigen Auffassung war damit die Grundlage entzogen. Wenn Väter ihren Söhnen nicht halfen, zum Mann zu werden, wozu waren sie dann überhaupt gut?

Das Problem war, niemand fragte, warum sich Jungen wünschen sollten, wie ihr Vater zu werden. Vermutlich wollten sie nur dann mit ihren Vätern wetteifern, wenn sie sie liebten und achteten und ein herzliches, vertrauensvolles Verhältnis zu ihnen hatten. Die Forscher, die in den 1960er-Jahren dieser Frage nachgingen, entdeckten, dass die Vater-

Sohn-Beziehung von ausschlaggebender Bedeutung war. Hatte ein Vater eine herzliche Beziehung zu seinem Sohn, dann wollte der Sohn später eher wie sein Vater sein als ein Sohn, der in keinem engen Verhältnis zu seinem Vater lebte. Die Männlichkeit des Vaters spielte dabei keine Rolle, ausschlaggebend waren seine Herzlichkeit und die Vertrautheit mit dem Sohn.

Das war der erste Hinweis auf den großen Einfluss der Väter auf die Entwicklung des kindlichen Sozialverhaltens. Der Umgang der Väter mit ihren Söhnen und Töchtern, wenn er spielerisch und warmherzig ist, trägt viel dazu bei, dass ihre Kinder später in der Schule und unter Gleichaltrigen beliebt sind. Möglicherweise liegt das daran, dass sie lernen, Gefühlsregungen erst an ihrem Vater und später an ihren Gleichaltrigen richtig zu deuten. Dagegen schälte sich ein Zusammenhang heraus zwischen unbeugsamer Strenge des Vaters und Verhaltensstörungen seiner Kinder.

Diese frühen Erkenntnisse gaben den Anstoß zu Untersuchungen der Väter und ihres Einflusses auf Kleinkinder und Kinder im schulpflichtigen Alter. Auch die kindliche Sprachentwicklung bot sich als Untersuchungsgebiet an. Zu beobachten, wie Kinder sprechen lernen, gehört sicherlich zum Schönsten, was Eltern mit ihren Kindern erleben. Für die Kinder ist es die zentrale Errungenschaft der ersten Lebensjahre. Sie lernen ihre Wünsche zu artikulieren – oft auf sehr emphatische Weise. Was im Babyalter mit Gesten und Gestammel beginnt, hat sich bis zum dritten Jahr zu einer echten Sprachkompetenz entwickelt. Väter spielen dabei eine wichtige Rolle, wie Lynne Vernon-Feagans von der University of North Carolina und ihre Kollegin Nadya Pancsofar vom College of New Jersey herausgefunden haben.

Für ihre hochinteressante Forschungsarbeit über den kindlichen Spracherwerb haben die beiden Forscherinnen Familien aus der Mittelschicht und solche aus dem eher ärmlichen, ländlichen Milieu befragt.[115] Zu ihrem Erstaunen kam dabei heraus, dass für die sprachliche Entwicklung der Kinder die Väter nicht nur wichtig sind, sondern sogar wichtiger als die Mütter. Bei Familien aus der Mittelschicht gehörten das allgemeine Bildungsniveau der Eltern und die Qualität der Kindererziehung zu den Faktoren, die für die sprachliche Entwicklung der Kinder verantwortlich sind. Aber die Väter leisteten den »ausschlaggebenden Beitrag für die sprachliche Ausdrucksfähigkeit« über die oben genannten Rahmenbedingungen hinaus. Wenn Väter im Spiel mit den Kindern mehr Wörter benutzten, hatte sich das ein Jahr darauf in besserer Sprachbeherrschung niedergeschlagen. Väter tragen also wesentlich zum Erfolg ihrer Kind im späteren schulischen Lernen bei.

Vernon-Feagans und Pancsofar vermuteten, dass sich in armen Familien die Situation anders darstelle. Sie suchten daher Familien aus Zentralpennsylvania und aus dem Osten von North Carolina aus, wo damals etwa die Hälfte der Kinder unterhalb der Armutsschwelle lebte. Die gesamte Studie umfasste 1292 Kinder unter drei Jahren aus Familien mit beiden Elternteilen. Die Forscherinnen besuchten die Familien, als die Kinder sechs Monate, 15 Monate und drei Jahre alt waren. Sie stellten fest, dass der Bildungsgrad der Väter und ihre Sprachverwendung, wenn sie den Kindern im Alter von sechs Monaten vorlasen oder aus Bilderbüchern erzählten, in signifikantem Zusammenhang mit der Ausdrucksfähigkeit der Kinder mit 15 Monaten und deren fortgeschrittener Sprachkompetenz mit drei Jahren standen. Dieses Ergebnis war unabhängig vom Bildungsgrad der Mutter und ihrer Art und Weise, mit den Kindern zu sprechen.

Als ich mit Vernon-Feagans über ihre Befunde sprach, betonte sie, wie sehr sie die Unterschiede zwischen Müttern und Vätern überrascht hatten. Eigentlich hatte sie erwartet, dass beide Elternteile gleichermaßen die sprachliche Entwicklung ihrer Kinder förderten. Warum sollten Väter in dieser Hinsicht wichtiger sein als Mütter? Die Erklärung hierfür könnte sein, dass Mütter viel genauer auf ihre Kinder eingestellt sind, da sie im Allgemeinen mehr Zeit mit ihnen verbringen. Folglich benutzen Mütter eher Wörter, die die Kinder bereits kennen. Väter sind nicht so vertraut mit der Sprache ihrer Kinder, also bedienen sie sich eines breiteren Wortschatzes. Die Kinder lernen mit ihnen neue Wörter und Begriffe.

Vernon-Feagans vermutet noch einen weiteren Faktor, der hier eine Rolle spielt. Da Väter in der Regel weniger Zeit mit den Kindern verbringen, hat ihre Präsenz den Reiz des Neuen, Ungewohnten. Das macht sie zu interessanteren Spielgefährten. Beim Betrachten der Videomitschnitte, die sie von den Sprachtests gemacht hat, wird deutlich, wie engagiert Väter sind und wie sehr sie das Spielen mit den Kindern genießen, ganz gleich, aus welcher sozialen Schicht sie stammen. »Für unsere Kinder ist es etwas Besonderes, wenn der Vater mit ihnen ein Buch liest ... Daher werden sie aufmerksamer zuhören und sich die Ausdrucksweise intensiver aneignen.« Der Einfluss der Väter auf die Sprachentwicklung der Kinder hält bis zum Schuleintritt an.

Ihr Einfluss auf die geistige Entwicklung ihrer Kinder umfasst aber mehr als nur den Spracherwerb. Auch die intellektuelle Reifung, die Schulfähigkeit und das Verhalten allgemein hängen vom erzieherischen Beitrag des Vaters ab, wie Catherine Tamis-LeMonda von der New York University und ihre Kollegen herausgefunden haben. Sie interessierten sich für die Rolle des Vaters in Familien, die an dem staatlichen Förderprogramm »Head Start« teilnahmen. Dieses Programm sollte die geistige, emotionale und soziale Entwicklung von Kindern aus einkommensschwachen Familien in den Jahren vor dem Schuleintritt verbessern. Nach den Erkenntnissen der Forscher haben Väter aus einem solchen Milieu Schwierigkeiten, eine positive und emotional unterstützende Beziehung zu ihren Kindern aufrechtzuerhalten, und zwar weil sie nur über begrenzte Ressourcen verfügen und weil sie oft in prekären Arbeitsverhältnissen leben. Tamis-LeMonda und ihre Kollegen führten ihre Studie an 290 Vätern durch, die mit ihren Partnerinnen und Kindern in einem Haushalt lebten. Ziel war es herauszufinden, worin sich das Spielen der Väter mit den Kindern von dem der Mütter unterscheidet und welcher Zusammenhang zwischen dem väterlichen Verhalten und der sprachlichen und geistigen Entwicklung der Kinder besteht. Die Forscher beobachteten die Interaktion zwischen Vätern und Kindern – und gesondert die Interaktionen von Müttern und Kindern – in einer Phase des freien Spiels, als die Kinder zwei Jahre alt waren, und dann nochmals im Alter von drei Jahren. Dabei zeigte sich, dass die meisten Väter und Mütter gute Eltern waren. Das stand im Widerspruch zu Behauptungen anderer Forscher, wonach einkommensschwache Eltern vorwiegend einen autoritär geprägten Austausch mit ihren kleinen Kindern pflegen und Väter sich als streng aufspielen. Das Einfühlungsvermögen der Eltern in der Studie, ihre positive Haltung gegenüber den Kindern und die geistige Anregung, die sie ihnen boten, sprechen dafür, dass diese Kinder bei schulischen Tests zur intellektuellen Entwicklung und zum Wortschatz gut abschneiden werden.

Fördernde Erziehung seitens der Väter steht, so hat sich gezeigt, in einem signifikanten Zusammenhang zur geistigen

Entwicklung der Kinder und zu ihrer Sprachbeherrschung.[116] Das vorbildliche Verhalten der Väter verbessert auch das Verhalten der Mütter gegenüber ihren Kindern – das ist ein indirekter Effekt der väterlichen Bemühungen. Was das soziale Milieu betrifft, so variieren die Befunde von Studie zu Studie. Daniel Nettle von der Newcastle University stellte fest, dass wohlhabende Väter den IQ ihres Nachwuchses stärker in die Höhe treiben als Väter aus der unteren Einkommensschicht bei gleichem Engagement.[117] Nettle sagt nicht, woher die Einkommensunterschiede rühren. Der Befund mag entmutigend wirken, man könnte daraus aber auch den Schluss ziehen, dass eine Verbesserung des finanziellen und bildungsmäßigen Status der Männer aus dieser Bevölkerungsschicht nicht nur ihnen selbst, sondern auch ihren Kindern zugute kommen würde.

Das soll nicht heißen, dass Väter aus armen Familien keinen Einfluss auf ihre Kinder haben. Im Jahr 2011 starteten Erin Pougnet, Alex E. Schwartzman und Kollegen von der Concordia University in Montreal ein Forschungsprojekt, das den Einfluss der Väter auf die geistige Entwicklung der Kinder und deren Verhaltensprobleme zum Gegenstand hatte.[118] Zielgruppe waren Väter aus dem unteren und mittleren Einkommensbereich, die getrennt von ihren Familien leben, was bei 22 Prozent der Familien in Québec der Fall ist. Diese Familien müssen mit wenig Geld auskommen, und die Kinder haben geringe Chancen, einen Highschool-Abschluss zu erwerben. Die Forscher analysierten die Daten der Kinder im Alter von drei bis fünf Jahren und ein zweites Mal im Alter von neun bis 13 Jahren. Sie stellten fest, dass bei Anwesenheit des Vaters in der Familie die Kinder weniger anfällig waren für sogenannte Störungen durch Internalisierung, also Depression, Angst und Selbstzweifel – und zwar nur die

Töchter, nicht die Söhne. Warum das so war, blieb unklar. Ferner schnitten die Kinder von Vätern, die Disziplin durch vernünftiges Argumentieren einführten, bei Intelligenztests, die die nicht-sprachliche Intelligenz messen, besser ab.

Wie Väter diesen Einfluss im Einzelnen bewirken, muss noch ermittelt werden. Eine Weise ist sicherlich das Spielen mit den Kindern. Mütter, die generell mehr Zeit mit den Kindern verbringen, werden von den Kindern als Quelle des Wohlgefühls und der Sicherheit gesehen. Väter sehen sie dagegen eher als Spielgefährten an.[119] Daher überrascht es nicht, wenn Kleinkinder lieber von ihren Vätern abgeholt werden wollen, weil sie vermuten, dass dann Spielen angesagt ist.

»Väter benutzen Dinge oft auf unorthodoxe Weise«,[120] schreibt Daniel Paquette von der Universität Montreal. Beim Herumtoben necken Väter die Kinder auch gern und destabilisieren sie emotional und kognitiv. Das aber mögen Kinder, obwohl das Wort »destabilisieren« negative Folgen fürchten lässt. Aber gerade die Destabilisierung kann eine kritische Funktion haben und den Kindern helfen, sich der größten Herausforderung zu stellen: Wie werde ich mit unerwarteten Ereignissen fertig? »Kinder brauchen sowohl die Ermutigung, etwas zu wagen, als auch Stabilität und das Gefühl der Sicherheit«, sagt Paquette.

Er charakterisiert die Beziehung der Väter zu ihren Kindern als »Aktivierung«. Väter fördern bei den Kindern die Öffnung zur Welt. Mit ihrem unvorhersehbaren Verhalten helfen Väter ihren Kindern, in ungewohnten Situationen oder bei der Begegnung mit unbekannten Personen Mut und Offenheit zu zeigen. In einer Studie, die das Verhalten von einjährigen Kindern beim Schwimmunterricht zum Gegenstand hatte, notierten die Forscher, dass Väter eher eine

Position hinter den Kindern einnahmen, sodass diese das Wasser vor sich hatten, während Mütter den Kindern gegenüberstanden, um Blickkontakt zu ermöglichen. In einer anderen Studie griff Paquette auf das Fremde-Situation-Experiment zurück, das Mary Ainsworth zur Bindungsforschung entwickelt hatte. Dazu ließ er eine unbekannte erwachsene Person in einen Raum treten, wo sich ein Kind befand. Oder er deponierte Spielsachen am oberen Ende einer Treppe, sodass ein Kleinkind erst die Stufen erklimmen musste, um an das Spielzeug zu gelangen. Paquette beobachtete bei diesen Experimenten, dass Väter eher als Mütter dazu tendieren, Kinder zu ermutigen, etwas zu wagen. Vor allem bei ihren Söhnen sind sie nicht so beschützend wie Mütter. Paquette zog daraus den Schluss, dass Väter für ihre Kinder wichtig sind, wenn es darauf ankommt, den Schritt von der Familie hinaus in die Welt zu tun. Ein für Kinder unbekanntes und sehr wichtiges Milieu ist die Schule. Kinder, die den Übergang vom vertrauten familiären Milieu in die Schule leicht bewältigen und leicht Kontakt zu Gleichaltrigen und zu Lehrern finden, werden in Vorschule und Grundschule besser abschneiden.

Eben den Übergang in die Schule wollten Forscher vom US-amerikanischen staatlichen Institut für Kindesgesundheit und -entwicklung genauer untersuchen. Sie wollten wissen, wie sich Erziehungsstil und Erziehungsvorstellungen auswirkten.[121] In vorangegangenen Untersuchungen wurde danach geschaut, ob der Vater in der Familie präsent war oder nicht. Ein präsenter Vater korrelierte mit besseren Leistungen bei den Kindern. Das war keine große Überraschung. Aber warum waren die Väter so wichtig? Die Forscher fanden heraus, dass dadurch, dass Väter Verständnis und Feinfühligkeit beim Übergang ihres Kindes in die Schule zeigten und es zur Selbstständigkeit ermunterten, die Voraussetzung für eine gute Beziehung des Kindes zu seinen Lehrern geschaffen wurde. Wenn Väter ihre Kinder ermutigten und unterstützten, verhielten sich die Kinder angemessen und pflegten soziale Kontakte.

Eine besonders überzeugende wissenschaftliche Darstellung der Rolle des Vaters für die Entwicklung der Kinder ist eine zusammenfassende Überblicksstudie, die schwedische Forscher der Universität Uppsala erstellt haben.[122] Die Forscher wollten wissen, ob es genügend wissenschaftliche Argumente gibt für eine Verlängerung des Erziehungsurlaubs für Väter sowie andere Maßnahmen, die geeignet sind, das Engagement der Väter in der Kinderbetreuung zu erhöhen. Dazu analysierten sie die ihrer Meinung nach 24 besten Studien zu diesem Thema. Es handelte sich um diachrone Studien, d. h. die Untersuchung ging über einen Zeitraum von mindestens einem Jahr. Solche Untersuchungen sind im Allgemeinen aussagekräftiger als punktuelle, bei denen Familien lediglich über aktuelle bzw. vergangene Verhaltensmuster befragt werden. Wenn das Material aus einer Reihe von Studien verglichen und einer Meta-Analyse unterzogen wird, kommen dabei klarere Ergebnisse heraus als bei einer Einzelstudie.

Die Forscher fanden denn auch eine ganze Palette von positiven Wirkungen sozialer und psychologischer Art, die aus dem direkten Engagement der Väter für ihre Kinder rührten. Kinder, deren Väter mit ihnen spielten, ihnen vorlasen, sie auf Ausflüge mitnahmen und ganz allgemein für sie sorgten, zeigten weniger Verhaltensauffälligkeiten in den ersten Schuljahren und eine geringere Tendenz, in den Jugendjahren straffällig zu werden.

Im Fall von Kindern, die zu früh geboren wurden, wiesen diejenigen, deren Väter sich um die Kinderbetreuung kümmerten, im Alter von drei Jahren einen höheren IQ auf als jene, deren Väter sich nicht an der Kinderbetreuung beteiligt hatten. Kinder von engagierten Vätern begannen im Teenageralter weniger häufig das Rauchen. Aber der Einsatz der Väter zeigte sich noch viel eindrucksvoller: Väter, die ihren siebenjährigen Töchtern vorlasen und ihnen, wenn sie 16 waren, bei Schulproblemen beistanden, trugen maßgeblich dazu bei, dass ihre Töchter nicht ein Jahrzehnt später an Depression oder anderen psychischen Störungen erkrankten. Welche Schlussfolgerungen zogen die Forscher? Es liegen genug Erkenntnisse für die positive Wirkung väterlicher Präsenz im Kindesalter vor, dass der Staat weitere Maßnahmen ergreifen sollte, um den Vätern mehr gemeinsame Zeit mit ihren Kindern zu ermöglichen.

Die Bedeutung der Väter in der Entwicklungsphase, wenn Kinder in die Schule kommen und neue Beziehungen und Freundschaften knüpfen, wurde auch von Ross D. Parke von der University of California in Riverside untersucht. Sein Schwerpunkt lag auf der sozialen Entwicklung der Kinder.[123] Seiner Ansicht nach spielen Väter eine zentrale Rolle in der Sozialisation der Kinder. Als Ergebnis ihrer Studie aus dem Jahr 2004 halten Parke und seine Kollegen fest, dass die Sozialisation an ein Netz von Beziehungen innerhalb und außerhalb der Familie gebunden ist. In unterschiedlicher Wiese beeinflussen Mütter und Väter die Beziehungen ihrer Kinder zu Gleichaltrigen. Die Kinder wiederum werden von den Gleichaltrigen, zu denen sie in unterschiedlichen Beziehungen stehen, geprägt. Als Eltern möchten wir, dass unsere Kinder die Fähigkeit zur sozialen Anpassung haben. Wenn wir wissen, wie sie Beziehungen zu Gleichaltrigen knüpfen, können wir ihnen auch helfen, im sozialen Leben flexibel zu sein.

Die Forschung in diesem Problemfeld reicht bis in die Zeit des Zweiten Weltkriegs zurück. Damals fiel Forschern auf, dass amerikanische Kinder, deren Väter zwischen dem vierten und achten Lebensjahr im Krieg als Soldaten dienten, später im Jugendalter Probleme bei Beziehungen mit Gleichaltrigen hatten.[124] Das Gleiche galt auch für die Söhne norwegischer Seemänner, die oft monatelang fern ihrer Familie lebten. Die zur See fahrenden Väter waren nicht da, um ihre Söhne dabei zu unterstützen, soziale Kontakte zu knüpfen. Die Söhne waren weniger beliebt unter Gleichaltrigen und, was nicht verwundert, weniger zufrieden mit ihren Beziehungen. In einer separaten Untersuchung beobachtete eine Forschergruppe Väter, die zu Hause mit ihren drei- und vierjährigen Kindern spielten.[125] Später wurden die Lehrer in der Vorschule gefragt, wie es um die Beliebtheit der Kinder bei ihren Klassenkameraden bestellt sei. Die Kinder, deren Väter präsent waren und im Spiel auch physischen Einsatz zeigten, erfreuten sich der größten Beliebtheit.

Vieles, was Väter zur Sozialkompetenz ihrer Kinder beitragen, hat seinen Ursprung im gemeinsamen Spiel. Das ist ein wiederkehrendes Thema. Das Spiel nimmt andere Formen an, wenn die Kinder größer werden. Während bei Kleinkindern Kitzeln und Herumtollen angesagt sind, stellen größere Kinder mehr Ansprüche. Sie wollen Fangen spielen, Fahrradfahren lernen, in der Achterbahn fahren oder andere Nervenkitzel kennenlernen. (Als meine Kinder Teenager waren, wollten sie *Batman: The Ride*, einen besonderen Achterbahntyp in Six Flags, ausprobieren. Ich war damals zu entsetzt, um mitzumachen, was mir heute noch leid tut.) Das Spiel ändert sich, bleibt aber die ganze Kindheit über zentral für die Interaktion zwischen Kindern und Vätern.

Ross Parke hält die Art und Weise, wie Väter spielen, für den Schlüssel einer gesunden Entwicklung der Kinder. Wenn Väter das Spiel zu sehr bestimmen und nicht auf die Signale der Kinder eingehen, haben die Söhne mehr Schwierigkeiten beim Umgang mit Gleichaltrigen. Töchter, die sich als Teenager großer Beliebtheit erfreuen, haben als Kind gern mit ihrem Vater gespielt. Sie hatten Väter, die sich eher im Laisserfaire übten. Kindern solcher Väter fiel der Übergang zur Grundschule leichter. Kinder, deren Väter abwechselnd Spiele vorschlagen und Vorschläge der Kinder aufnehmen, sind später weniger aggressiv, sozial kompetenter und auch beliebter. Zwischen Vater und Kind herrschte ein Geben und Nehmen.

Die Bedeutung des Spiels könnte mit den beiderseitigen Anforderungen zusammenhängen, bei einer ausgelassenen Aktivität die Gefühlsregungen des anderen zu erfassen. Genau das müssen Kinder auch im Umgang mit Gleichaltrigen beherrschen. Väter, die von sich sagen, dass sie sich an die guten und schlechten Seiten ihrer eigenen Kindheit erinnern, haben eher ein Gespür für die Gefühle und Bedürfnisse ihrer Kinder.[126]

Ehe wir uns von den Freuden der Vaterschaft ganz hinreißen lassen, sollten wir zur Kenntnis nehmen, dass es auch eine dunkle Seite gibt. Die Vater-Kind-Beziehung kann auf bisweilen unerwartete Weise schädliche Folgen für das Kind haben. Ein Beispiel ist das Körpergewicht der Kinder. Im Jahr 2012 untersuchten Forscher von der Universität von Adelaide in Australien statistisches Material über 434 Familien mit neunjährigen Kindern. Fast ein Viertel war übergewichtig bzw. fettleibig. Die Forscher fanden keinen Zusammenhang zwischen den Arbeitszeiten der Mütter und dem Körpergewicht der Kinder, womit sie früheren Behauptungen widersprachen.

Hingegen gab es sehr wohl einen Zusammenhang zwischen den Arbeitszeiten der Väter und der Wahrscheinlichkeit für Übergewicht bzw. Fettleibigkeit der Kinder.[127] Das traf auch zu, unabhängig davon, ob die Mutter lange oder schwierige Arbeitszeiten hatte. Eine Erklärungshypothese ist, dass die überdehnten Arbeitszeiten des Vaters zusätzlichen Zeitdruck auf die Familie ausübten, was zur Folge hat, dass die Kinder eher Fastfood-Mahlzeiten mit hohem Fett-, Zucker- und Salzgehalt bekommen. Der Effekt war so eindrucksvoll, dass die Forscher folgerten, jede Maßnahme zur Bekämpfung des Übergewichts bei Kindern müsse die Arbeitszeiten der Väter berücksichtigen.

Ein anderes Beispiel, dass das Verhalten des Vaters schädliche Auswirkungen auf das Kind haben kann, ist das Rauchen. Wir wissen, dass passives Rauchen für Erwachsene und Kinder schädlich sein kann. Raucht die Mutter während der Schwangerschaft, bedeutet das Gesundheitsrisiken für den Fötus bis hin zu Gefahren für die seelische Gesundheit. Verschlossenheit schwächt die Fähigkeit des Kindes, soziale Kontakte zu knüpfen. Bis jetzt sind die Hinweise auf einen möglichen Zusammenhang zwischen dem Rauchen des Vaters und der Schädigung des Fötus nicht eindeutig. Die Studien, die einen Zusammenhang zwischen der Nikotinsucht der Väter und der Fettleibigkeit ihrer Kinder ermittelt haben, sind nicht überzeugend,[128] da die untersuchten Familien aus der Unterschicht stammten und andere Faktoren ausschlaggebend für die Fettleibigkeit der Kinder gewesen sein könnten.

Um die Folgen der Nikotinsucht der Väter auf ihre Kinder genauer zu bestimmen, werteten Forscher Daten über mehr als 6000 Kinder in Hongkong aus. Die Probanden kamen aus allen Einkommensschichten, und die meisten Väter waren Raucher. Die Kinder wurden zum ersten Mal mit sieben Jahren und dann noch einmal mit elf Jahren untersucht. Die Kinder, deren Väter während der Schwangerschaft der Mütter rauchten, waren später mit höherer Wahrscheinlichkeit übergewichtig oder fettleibig. Das war die erste Studie, die einen Beleg für die Hypothese lieferte, dass Fettleibigkeit bei Kindern mit der Tatsache zu tun haben könnte, dass die Mütter während der Schwangerschaft Zigarettenrauch ausgesetzt waren.

Wenn wir ein Fazit der Erkenntnisse ziehen, die die Forschung über Väter und Kinder zusammengetragen hat, finden wir viele Beweise, dass engagierte Väter ihrem Nachwuchs im Kleinkind- und Schulkindalter auf mannigfache Weise einen besseren Start ins Leben verschaffen. Im Lauf meiner Interviews stieß ich jedoch auf eine Problematik, die viel von dem, was wir zugunsten der Vaterrolle gesagt haben, wieder relativiert. Väter, so heißt es, tragen wenig zum Überleben der Kinder bei. Oberstes Ziel guter Vaterschaft (und selbstverständlich auch guter Mutterschaft) muss es sein, das Überleben der Kinder zu sichern. Wenn aber die Präsenz des Vaters die Überlebenschancen der Kinder nicht erhöht, worin besteht dann seine Bedeutung?

Die Studie, die diese heikle Frage aufgeworfen hat, wurde 2008 von zwei britischen Forscherinnen, Rebecca Sear von der London School of Economics und Ruth Mace vom anthropologischen Institut des University College London, unter dem Titel »Who Keeps Children Alive?« (Wer hält Kinder am Leben?) publiziert.[129] Sie hatten 45 Studien unter dem Aspekt analysiert, was Familienmitglieder zur Überlebensrate der Kinder beisteuern. Ziel war es herauszufinden, ob die Präsenz eines Vaters zum Überleben der Kinder beiträgt oder ob andere Familienmitglieder wichtiger sind. Anders als in wissenschaftlichen Artikeln üblich, beginnt der Aufsatz gleich mit einer provokanten Behauptung: »Kinder stellen ein Problem dar.« In Menschenfamilien beträgt der durchschnittliche Geburtenabstand rund drei Jahre – das ist ein kurzes Intervall im Vergleich zu stammesgeschichtlich nahen Verwandten wie den Orang-Utans, bei denen der Abstand rund acht Jahre beträgt, oder den Schimpansen, die alle vier bis fünf Jahre Nachwuchs bekommen. Das aber heißt, dass Menschenfamilien mit der Bürde belastet sind, zwei oder mehr Kinder gleichzeitig aufzuziehen. Menschenmütter brauchen daher Hilfe. Unklar ist, woher die Hilfe kommen soll.

Die geläufige Antwort lautete bisher, dass die Väter diese Hilfe stellen, da Eltern ihre Kinder gemeinsam erziehen. Doch Sear und Mace haben einen anderen Personenkreis entdeckt: die Großmütter. Diese sind zu alt, um noch selbst Kinder zu bekommen, und stehen bereit, sich um die Enkel zu kümmern. Möglicherweise haben sich Menopause und hohe menschliche Geburtenrate parallel entwickelt. Die Möglichkeit, mehrere Kinder zu haben, ergab sich gemeinsam mit der Gelegenheit, Hilfe von den Großmüttern zu bekommen. Von diesem evolutionsgeschichtlichen Weg profitieren wir noch heute. Die Forschung hat festgestellt, dass Kinder mit älteren weiblichen Familienmitgliedern besser ernährt waren, was damit zusammenhängen mag, dass das Sammeln von Nahrung – eine typische weibliche Tätigkeit – ertragreicher für die Kinder war als das Jagen – die typische

177

männliche Tätigkeit. (Auch hier gibt es eine Ausnahme. In der Arktis beziehen Jägergesellschaften wie z. B. die Inuit ihren gesamten Kalorienbedarf aus der Jagd. Unter Eis und Schnee gibt es nichts zu sammeln. Bei den eisigen Temperaturen hätten Kinder nicht mit auf die Jagd gehen können.)

Die Analyse der beiden britischen Forscherinnen unterstützt nun diese These. Sie stellten zunächst fest, dass der Tod der Mutter das Schlimmste ist, was einem Kind geschehen kann, denn dieses Ereignis steht im engen Zusammenhang mit einem höheren Sterberisiko. Doch aus einigen Teilstudien entnahmen sie, dass dies nur für sehr kleine Kinder gelte. Kinder über zwei Jahre, die plötzlich die Mutter verlieren, haben höhere Überlebenschancen. »Da aber Zweijährige nicht für sich selbst sorgen können, müssen die guten Überlebenschancen von Kindern ohne Mutter ihren Grund darin haben, dass andere Personen die Rolle der Ernährerin und Versorgerin übernehmen«, schreiben sie. Väter sind aber für das Überleben der Kinder nicht relevant. Aus den 15 Studien, die eine statistische Analyse des Materials boten, ist kein Zusammenhang zwischen dem Tod eines Vaters und dem Tod eines Kindes ableitbar. Anders gesagt, ein Kind, das seinen Vater verliert, hat kein höheres Sterberisiko. Stimmt das?

Sear und Mace sind vorsichtig in der Interpretation der Befunde. Sie weisen darauf hin, dass die Bedeutung der Väter für die Nahrungsbeschaffung überschätzt worden ist. Kinder bekommen ihre Nahrung aus anderen Quellen. »Väter dürfen für ältere Kinder eine wichtigere Rolle spielen, wenn es nämlich darum geht, Überlebenstechniken zu erlernen und ihre Aussichten auf eine Heirat und auf Nachkommen zu verbessern«, heißt es weiter. Der Beitrag, den die Väter leisten, ist aber offenbar leichter zu ersetzen als der Beitrag der Mütter. Und hier kommen die Großmütter ins Spiel.

»Großmütter mütterlicherseits verbessern die Überlebens-chancen der Kinder, ebenso stellen ältere Geschwister eine große Hilfe dar. Großmütter väterlicherseits tragen ebenfalls zum Wohl der Kinder bei, aber sie sind nicht so zuverlässig wie diejenigen von der mütterlichen Seite.« Die Forscherin-nen betonen, dass es sich hier nicht um Kausalbeziehungen handelt, sondern um Korrelationen. Die Überblicksstudie hat lediglich die Rolle der Väter im Blick, sofern sie das Über-leben der Kinder sichern. Daher stehen die Ergebnisse nicht im Widerspruch zu den Befunden anderer Studien, deren Ziel es ist, die Rolle der Väter in der Kindeserziehung zu un-tersuchen. Hier wiederum hat sich gezeigt, dass Väter wich-tige Beiträge zur kognitiven und sozialen Entwicklung sowie zum schulischen Erfolg ihrer Kinder leisten. Ein Verdienst der Studie ist es, den Blick auf die Beiträge anderer Familien-mitglieder erweitert zu haben. Außerdem werden die Unter-schiede zwischen Müttern und Vätern deutlich.

Schließlich sollte die Studie auch für die Politiker und Entscheidungsträger von Bedeutung sein, die stets behaup-ten, dass die Kernfamilie die beste Grundlage für das Aufzie-hen von Kindern biete. Diese Auffassung ist weit verbreitet. Gewiss ist es auch richtig, Väter zu mehr Engagement in der Erziehung ihrer Kinder zu ermuntern. Doch das ist nicht das einzige Familienmodell. Andere Modelle funktionieren eben-falls. Wenn es richtig ist, dass die Abwesenheit der Väter nicht die Sterblichkeitsrate der Kinder erhöht, könnte das heißen, dass andere Familienmitglieder oder Verwandte diese Lücke schließen. Politische Entscheidungsträger, die die Mit-wirkung der Väter in der Kindererziehung fördern wollen, sollen das ruhig tun, aber nicht aus einem verengten Blick-winkel. Wir haben gesehen, dass Väter keine *wesentliche* Rol-le in der Gesunderhaltung der Kinder spielen. Aber aus den vielen hier vorgeführten Beispielen ist zu entnehmen, dass Väter ihren Kindern sehr viele Vorteile verschaffen können.

Auch wenn man die Befunde von Sear und Mace ernst nehmen muss, darf man sagen, dass in der Rolle der Väter das Positive bei weitem das Negative überwiegt. Väter sollten so viel Zeit wie möglich mit ihren Kindern im Kindergarten- und Grundschulalter verbringen. Und sie sollten sich keineswegs verpflichtet fühlen, mit ihnen Vokabeln zu pauken oder ihnen anspruchsvolle Literatur vorzulesen. Es genügt, wenn sie die gemeinsame Zeit mit Spielen verbringen.

Kapitel 7

Teenager: abwesende Väter, pubertierende Jugendliche und treue Wühlmäuse

Die beiden Psychologinnen Sarah E. Hill und Danielle J. DelPriore von der Texas Christian University publizierten 2013 einen Artikel, für den sie sich einen ungewöhnlichen Einstieg erlaubten.[130] Sie griffen eine Zeitungsmeldung über die Ereignisse in der Frayser High School in Memphis auf, die 2011 in ganz Amerika für Furore gesorgt hatte. Die staatliche Aufsicht machte dort die verstörende Entdeckung, dass jede vierte Schülerin entweder schwanger war oder vor Kurzem entbunden hatte.[131] Die Verantwortlichen in Memphis selbst bestritten die genaue Anzahl der betroffenen Schülerinnen, mussten aber zugeben, dass es in der Frayser High School ein Problem gab. Eine Lokalpolitikerin gab dem Fernsehen die Schuld an der hohen Zahl von Teenagerschwangerschaften. Sie verwies auf die MTV-Sendungen *16 and pregnant* sowie *Teen Moms* als mögliche Vorbilder. »Unsere Gesellschaft ist so sehr auf das Sexuelle fixiert«, klagte sie. Mädchen würden verleitet, früher und öfter in ungeschützten Geschlechtsverkehr einzuwilligen. Manch einer mag genauso denken. Wir wissen, dass Teenager leicht zu beeinflussen sind, zumal durch Fernsehsender wie MTV. Wenn sie sich in ihrem Kleidungsstil oder bei der Wahl von Konsumartikeln durch das Fernsehen leiten lassen, warum nicht auch in ihrem Sexualverhalten?

Doch Hill und DelPriore fiel im Zusammenhang mit den Ereignissen in Memphis eine andere, diskretere Tatsache auf:

In nahezu jeder vierten Familie war die Mutter alleinerziehend. Die Wissenschaftlerinnen sahen darin einen Wink, dass es hier um etwas ganz anderes ging. »Forschungen haben gezeigt, dass es einen signifikanten Zusammenhang gibt zwischen der Abwesenheit des Vaters in der Familie – sowohl im physischen als auch im psychologischen Sinn – und einer früheren Geschlechtsreifung bzw. einem riskanten Sexualverhalten bei den Töchtern.« Man sollte annehmen, dass die Geschlechtsreifung von den Genen des Mädchens bestimmt wird und nicht durch so willkürliche und unvorhersehbare Umstände, ob der Vater im gleichen Haushalt lebt oder nicht. Doch der Zusammenhang ist nicht von der Hand zu weisen. Schwierig ist nur, ihn zu erklären. Wie kann eine Veränderung in der Umwelt des Mädchens einen zentralen biologischen Mechanismus wie die Fortpflanzungsfähigkeit beeinflussen?

Ich stellte diese Frage Sarah Hill: »Wenn der Vater in der Familie fehlt«, so lautete ihre Antwort, »dann ist das für das junge Mädchen ein Hinweis auf das, was sie hinsichtlich der Paarungsgepflogenheiten zu erwarten hat.« Ist die Familie des Mädchens nicht mehr intakt, hat ihr Vater das Weite gesucht oder taucht er nur hin und wieder auf, dann entnimmt sie daraus die Erkenntnis, dass Männer sich nicht lange binden und dass auch ihr künftiger Partner nicht auf Dauer bleiben wird. Einen Mann zu finden verlangt also rasches Handeln. Je früher sie für das Kinderbekommen bereit ist, desto besser. Sie kann zwar nicht vorsätzlich geschlechtsreif werden, aber ihr Organismus gewinnt unbewusst die Oberhand. Sie kommt früher in die Pubertät, wird früher schwanger und hat schneller mehr Kinder. »Das würde eine raschere Fortpflanzungsstrategie ermöglichen, wie es in evolutionsbiologischen Begriffen hieße«, sagte Hill.

Im Gegensatz dazu wird ein Mädchen, das in einer Familie aufwächst, in der die Eltern fest zueinander stehen und der Vater seine Rolle in der Familie ausfüllt, (wieder unbewusst) eine langsamere Fortpflanzungsstrategie bevorzugen. Sie wird zu der Schlussfolgerung kommen, dass sie sich mit dem Kinderkriegen Zeit lassen kann, denn der Partner wird in der Nähe bleiben und sich sorgfältig auf dieses Ereignis vorbereiten. »Wenn zwei engagierte Elternteile sich zusammentun, werden mehr Ressourcen in die Fortpflanzung gesteckt. Wenn die Verhältnisse aber so sind, dass man mit diesem Engagement nicht rechnen kann, dann muss man sich für die raschere Fortpflanzungsstrategie entscheiden.«

Der Zusammenhang zwischen Vätern und dem Eintrittsalter der Pubertät der Mädchen ist statistisch belegt. Ein Blick auf Populationen von Mädchen im Teenageralter sagt uns, dass ein in der Familie fehlender Vater und ein früher Eintritt der Pubertät korrelieren. Reine Spekulation hingegen ist, warum das so ist. Es gibt – bisher – keinen Beweis, dass das Verhalten der Väter Veränderungen im Organismus der Mädchen bewirkt. Theoretisch vorstellbar wäre ein Experiment, das diese Frage beantwortet. Dazu müsste man eine Reihe von Familien als Versuchskaninchen aussuchen und nach dem Zufallsprinzip entscheiden, welche Väter ihre Familie verlassen und welche bleiben. Eine solche Versuchsanordnung würde wohl kaum die Zustimmung der Ethikkommission erhalten. Was wäre eine gangbare Lösung? Hill und DelPriore konzipierten ein Experiment, für das junge Frauen gebeten wurden, sich an einen Vorfall zu erinnern, bei dem ihr Vater sie unterstützt hatte, und dann an einen Zeitraum ihres Lebens, in dem der Vater für sie nicht da war. Dahinter stand die Absicht zu prüfen, ob unterschiedliche Erinnerungen eine Änderung des Sexualverhaltens bei den Mädchen bewirken. Die Forscherinnen lösten die Erinnerungen bei den Versuchspersonen mit einem Schreibimpuls aus. Sie sollten über ihre Erfahrungen schreiben, anschließend wurden sie über ihre Einstellung zur Sexualität befragt. Wenn die Hypothese zutraf, würden junge Frauen, die unangenehme Erinnerungen an das Verhalten ihrer Väter hatten, sich eher für riskantes Sexualverhalten entscheiden. Angenehme Erinnerungen an die Väter würden das Gegenteil bewirken.

Und genau das wurde durch das Experiment bestätigt. Junge Frauen zeigten sich »sexuell enthemmter« nach der Erinnerung an einen Vater, der ihnen keine Hilfe geboten hatte. »Sie berichteten, dass sich ihre Einstellung gegenüber kurzen sexuellen Kontakten geändert hatte«, erläuterte Hill. »Sie sahen jetzt Liebe nicht mehr als Voraussetzung für Sex.« Weitere Experimente zeigten, dass die Abwesenheit des Vaters in der Familie nicht die Einstellung der Töchter gegenüber anderen Arten riskanten Verhaltens beeinflusste. So waren sie nicht mehr als andere dazu bereit, ohne Helm Fahrrad zu fahren. Der Effekt beschränkte sich ausschließlich auf das Sexualverhalten.

Hill verschwieg nicht, dass ihre Forschungen viel der Vorarbeit verdanken, die Bruce J. Ellis von der University of Arizona geleistet hat. Er war es, der die Verbindung zwischen fehlendem Engagement des Vaters und Nachteilen für die Töchter wissenschaftlich beschrieb. Ellis selbst nennt sich einen evolutionsbiologischen Psychologen. Ihm geht es darum herauszufinden, ob durch Darwins Theorie der natürlichen Zuchtwahl erklärt werden kann, wie die Umwelt der Kinder ihre Entwicklung formt. Das war genau die Frage, die sich in Hills Studie aufdrängte. Ellis begann in den 1990er-Jahren seine Forschungen zur Vaterschaft mit einem Test zu einer Hypothese, die andere evolutionsbiologisch orientierte Psychologen aufgestellt hatten.[132] Die Vermutung ging dahin, dass frühe Erfahrungen die Fortpflanzungsstrategie der Kinder bestimmen. Die Art und Weise, wie Väter ihre Rolle ausfüllen, scheint die Fortpflanzungsstrategie festzulegen, die die Mädchen später in ihrem Leben anwenden.[133]

Ellis wurde rasch klar, dass irgendetwas an den Vätern eine wesentliche Rolle bei der Gestaltung der sexuellen Entwicklung ihrer Töchter zum Zeitpunkt der Pubertät spielte. Nach einer Reihe von Studien, die 1999 begannen, kam er zu dem Ergebnis, dass für Mädchen, deren Beziehung zu ihrem Vater von Herzlichkeit geprägt war und die in den ersten fünf bis sieben Lebensjahren viel Zeit mit ihm verbracht hatten, nur ein geringes Risiko bestand, früh in die Pubertät zu kommen, einen frühen ersten Sexualkontakt zu haben und schon im Teenageralter schwanger zu werden.

Ellis setzte seine Forschungen über das Jahr 2000 hinaus fort. Aber obwohl er das Phänomen mit verschiedenen Methoden nachweisen konnte, war er mit dem Ergebnis unzufrieden. Die Korrelation zwischen der Präsenz oder Absenz der Väter und der Geschlechtsreifung der Töchter war eindeutig. Leider blieb die Frage unbeantwortet, ob das Verhalten der Väter die Folgen verursachte, die Ellis bei den Töchtern feststellte. Dass die Abwesenheit der Väter für den frühen Eintritt der Pubertät bei den Töchtern verantwortlich war, drängte sich zwar auf, war aber nicht die einzige mögliche Erklärung. Eine andere mögliche Erklärung war, dass Mädchen, die früh geschlechtsreif werden und riskantes Sexualverhalten zeigen, deshalb so sind, weil sie die Anlage dazu von ihren Eltern geerbt haben – dieselbe Anlage, die für die reduzierte elterliche Beziehung verantwortlich ist. Väter, deren mangelnde Loyalität genetisch bedingt sein könnte, könnten ihre Gene an die Töchter weitergegeben haben. Bei diesen wiederum zeigte sich die Anlage in riskantem Sexualverhalten und früher Pubertät. Nach einer dritten Hypothese schließlich könnte irgendetwas im familiären Umfeld, aber nicht die Väter, die frühe Geschlechtsreife der Töchter verursachen.

Um die Frage zu beantworten, probierte Ellis einen ganz neuen Forschungsansatz. Für den Kreis der Versuchspersonen wählte er Familien aus, in denen geschiedene Eltern zwei Töchter hatten, die sieben Jahre auseinander waren. Zum Zeitpunkt der Scheidung der Eltern, hatte die ältere Tochter sieben Jahre mehr mit ihrem Vater verbracht als ihre jüngere Schwester. Anders ausgedrückt, die jüngere Schwester war sieben Jahre mehr durch die Absenz des Vaters »belastet« als ihre ältere Schwester. Wenn das Fehlen des Vaters in der Familie einen frühen Eintritt der Pubertät und riskantes Sexualverhalten der Tochter begünstigt, dann sollten bei der jüngeren Tochter diese Phänomene deutlich ausgeprägter sein als bei der älteren. Und die Erbanlage bzw. das familiäre Umwelt würden das Resultat nicht verfälschen, denn die Gene sind nach dem Zufallsprinzip auf die Töchter verteilt. Das Ganze kam einem Experiment, wie es sich in der Natur ereignet, ziemlich nahe. Ellis nannte es denn auch ein »Quasi-Experiment«.[134]

Ellis suchte sich Familien mit zwei Töchtern. Bei einem Teil der Familien waren die Eheleute geschieden, bei einem anderen Teil war die Familie intakt; diese dienten als Kontrollgruppe. Er wollte damit Antworten auf zwei Fragen bekommen: Hing das Alter, in dem die Mädchen ihre erste Regelblutung hatten, von der Länge der Zeit ab, die sie mit einem Vater in der Familie verbracht haben? Und variierte das Eintrittsalter, je nachdem wie sich der Vater verhielt? Die zweite Frage wurde angefügt, weil Väter mit einer Biografie, die Gewalttätigkeit, Depression, Drogenkonsum oder Gefängnishaft enthält, die Entwicklung der Kinder beeinflussen können. Die Forscher wollten wissen, ob solche Phänomene auch das Eintrittsalter der Pubertät bestimmen.

Ellis' Vermutungen fanden sich bestätigt. Jüngere Schwestern in Scheidungsfamilien, die längere Zeit ohne einen Vater im Haus gelebt haben, bekamen ihre erste Periode durchschnittlich elf Monate früher als ihre älteren Schwestern – aber nur in solchen Familien, in denen die Männer sich als schlechte Väter erwiesen hatten. Die Forscher vermuteten zwar einen Zusammenhang zwischen Väterverhalten und Geschlechtsreife der Töchter, waren aber doch beeindruckt, wie eindeutig der Effekt ausfiel. In den frühen bis mittleren Kindheitsjahren mit einem emotional distanzierten oder physisch nicht präsenten Vater aufzuwachsen ist eine prägende Erfahrung im Leben eines Menschen, die seine geschlechtliche Entwicklung bestimmt.

Als Nächstes untersuchte Ellis, ob diese Lebensumstände bei den Mädchen die Tendenz zu riskantem Sexualverhalten bahnten. Dass es einen Zusammenhang zwischen dem Verhalten der Väter und riskantem Sexualverhalten ihrer Töchter gibt, war schon vorher erwiesen. Töchter aus Scheidungsfamilien oder solche, deren Verhältnis zum Vater durch harte Konflikte, emotionale Kälte, wenig Unterstützung und fehlende elterliche Aufsicht geprägt war, hatten ein erhöhtes Risiko, schwanger zu werden oder sich mit einer Geschlechtskrankheit zu infizieren. Auch hier wollte Ellis herausfinden, ob diese Befunde auf externe oder genetische Faktoren zurückzuführen waren und ob die fehlende Nähe und Herzlichkeit der Väter ihre Töchter dazu veranlasst hatten, sich in ihrem Sexualleben Risiken auszusetzen.

Wieder suchte Ellis Schwestern aus Scheidungsfamilien. Er nutzte dafür den Online-Anzeigendienst Craigslist und schaltete in mehreren Städten Anzeigen unter dem Titel »SCHWESTERN GESUCHT!«. Die Suchkriterien waren sehr genau definiert: Er suchte Familien mit zwei Schwestern, die mindestes vier Jahre Abstand voneinander hatten und zwischen 18 und 36 Jahre alt waren. Er schränkte seine Suche auf Familien ein, in denen die Eltern sich trennten oder sich scheiden ließen, als die jüngere der beiden Schwestern unter 14 war. Ellis verfügte am Ende über 101 Schwesternpaare. Ein Teil stammte aus Scheidungsfamilien, der zweite Teil – zur klaren Abgrenzung – aus intakten Familien.

Mit dieser Studie fanden die Forscher heraus, dass riskantes Sexualverhalten bei den Schwestern nicht allein von der Dauer des Zusammenlebens mit ihren Vätern abhing, sondern auch davon, wie sich der Vater während der gemeinsam verbrachten Zeit verhalt hatte. »Mädchen, die mit einem vorbildlichen Vater aufwuchsen – und die längere Zeit mit ihm zusammenlebten –, zeigten die geringste Neigung zu riskantem Sexualverhalten«, stellte Ellis fest. »Ihre jüngeren Schwestern, die weniger Zeit mit dem Vater verbrachten, neigen hingegen im höchsten Grad zu solchem Verhalten.« Anders ausgedrückt, je mehr Jahre eine Tochter mit einem Vater verbringt, der in der Familie präsent ist und sich um sie kümmert, desto eher ist sie vor riskantem Sexualverhalten gefeit.

Nun stellte sich die Frage, wie die Väter so nachdrücklich auf ihre Töchter einwirkten. Eine auf den ersten Blick unwahrscheinlich anmutende Erklärung besteht in der Annahme, der eigentümliche Geruch der Väter könnte das Verhalten der Töchter in dieser Weise beeinflussen. Viele Tiere verströmen Pheromone, chemische Botenstoffe, die von Artgenossen aufgenommen werden und bei diesen spezifische Reaktionen auslösen. »Aus der Tierforschung gibt es genügend Beweise«, erläuterte Ellis, »dass weibliche Jungtiere, die den Pheromonen von männlichen, nicht mit ihnen verwandten erwachsenen Tieren ausgesetzt sind, ihre Geschlechtsreife früher erreichen, während ein präsenter Duft von Pheromonen des Vaters diesen Prozess verlangsamt. Wenn man eine präpubertäre weibliche Maus, also eine Maus, deren Geschlechtsreifung noch nicht begonnen hat, in einen Käfig setzt, in dem vorher eine erwachsene männliche Maus gelebt hat, die die Streu mit ihren Pheromonen markiert hat, dann wird das zur Folge haben, dass die Maus schneller zur Geschlechtsreife kommt. Dass sie in diesem Käfig lebt, genügt.«

Ähnliche Wirkungen sind auch bei anderen Tierarten beobachtet worden. Wenn dies nun auch auf Menschen zutrifft, dann wären Pheromone eine mögliche Erklärung, wie die An- bzw. Abwesenheit der Väter das Verhalten der Töchter beeinflusst. Das bleibt allerdings eine unbewiesene Hypothese. Dass Pheromone auch bei Menschen eine Rolle spielen, ist schwieriger nachzuweisen. Immerhin zeigen einige Studien, dass Frauen, die mit einem männlichen Partner das Bett teilen, einen regelmäßigeren Monatszyklus haben, was vielleicht an der Wirkung männlicher Pheromone liegt.

Gegen Ende unseres Gesprächs schnitt Ellis ein Thema an, das mich schon die ganze Zeit beschäftigte. Welche Wirkung hat die An- bzw. Abwesenheit der Väter auf die Söhne? Er teilte mir mit, dass die Wissenschaft hierüber noch keine Erkenntnisse habe und dass er selbst die Frage der Söhne auch noch nicht angegangen sei. Er vermute aber, dass das Engagement eines Vaters eine andere Wirkung auf den Sohn habe, etwa dass es dessen Konkurrenzdrang erhöhe und seinen Ehrgeiz anstachele, wenn der Sohn einmal groß ist und die Familie verlässt. Seine Spekulationen erinnern uns an das, was wir über genomische Prägung bei Mäusen erfahren haben: Ein männlich imprägniertes Gen hat bei Töchtern andere Auswirkungen als bei Söhnen. Bei weiblichen Mäusen steuert das Gen das Pflegeverhalten, bei männlichen Mäusen das Paarungsverhalten. Ein Sohn, dem in dieser Hinsicht kein Erfolg im Leben beschieden ist, könnte das menschliche Gegenstück zu einem männlichen Mäusenachkommen sein, der bei der Paarung zu kurz kommt.

Dass Väter enge und folgenreiche Beziehungen zu ihren Kindern eingehen, entnehmen wir der Tatsache, dass sich Männer verändern, wenn sie Vater werden, und dass diese Veränderungen bei ihnen dauerhaft sind. Wir haben gesehen, dass sich bei Tieren als Reaktion auf die Vaterschaft der Spiegel bestimmter Hormone wie Oxytocin und Prolaktin im Blut ändert und dass diese hormonellen Veränderungen das Verhalten der Väter und ihre Beziehung zu ihrem Nachwuchs weitreichend bestimmen. Wir wollen nun diese Veränderungen genauer unter die Lupe nehmen und schauen, inwiefern sie auch das Verhalten bei uns Menschen prägen.

Zu den Tieren, die sich für die Untersuchung der Rolle der Hormone bei Vätern am besten eignen, gehört die Wühlmaus.[135] Wie Ratten und Mäuse stehen uns auch Wühlmäuse stammesgeschichtlich nah. Wir sollten allerdings vorsichtig sein: Was für Wühlmäuse gilt, muss nicht unbedingt für Menschen gelten. Aber wie wir bereits gesehen haben, geben uns Tierexperimente erste Hinweise auf das, was auch für

uns Menschen zutreffen könnte. Es lohnt sich, den Wühlmäusen unsere Aufmerksamkeit zu schenken.

Wühlmäuse treten wie Hirschmäuse in verschiedenen
Unterarten auf – die Präriewühlmaus *(Microtus ochrogaster)*
und die Rocky-Mountains-Wühlmaus *(Microtus montanus)*.
Die Präriewühlmaus ist monogam. Wenn es zur Paarung gekommen ist, schützt das Männchen sein Weibchen. Das Hormon Oxytocin determiniert das Verhalten. Gibt man einem
Weibchen Oxytocin, dann bindet es sich an das Männchen
in ihrer Nähe: Auf ihn fällt die Liebe. Sind ihre Oxytocin-
Rezeptoren aber blockiert, wird sie sich auch nach einer Paarung nicht an das Männchen binden. Diesen Mechanismus
gibt es nicht bei der Rocky-Mountains-Wühlmaus, einer eng
verwandten Art, die promiskuitiv lebt. Selbst wenn man sie
mit Oxytocin vollpumpt, bleibt sie bei ihrem promiskuitiven
Verhalten.

Thomas R. Insel, der von Haus aus Psychiater ist und das
National Institute of Mental Health leitet, hat 15 Jahre lang
Studien an Wühlmäusen betrieben, als er noch am Yerkes
Regional Primate Research Center in Atlanta arbeitete. Genetisch gesehen sind die beiden Wühlmausarten zu 99 Prozent
identisch, sagt Insel, aber das verbleibende Prozent macht sie
zu interessanten Studienobjekten, denn dies gibt den Ausschlag für ein ganz unterschiedliches Sozialverhalten.

Präriewühlmäuse sind soziale Lebewesen. Männchen und
Weibchen binden sich lebenslang und bleiben monogam,
beide Elternteile sorgen sich gemeinsam um die Aufzucht
der Jungen. Anders die Rocky-Mountains-Wühlmaus. Männchen wie Weibchen kümmern sich schon bald nach der Geburt nicht mehr um den Wurf, sie gehen auch keine Bindung
miteinander ein. Im Versuchslabor beobachtete Insel, dass
Präriewühlmäuse mehr als 50 Prozent ihrer Zeit im engen

Kontakt mit dem Partner verbringen. Wenn eine Präriewühl-maus stirbt, bleibt der »Ehepartner« gewöhnlich allein und sucht keinen neuen Partner. Insel und seine Kollegen wollten herausfinden, was in der DNS-Sequenz die Ursache für das grundverschiedene Paarungs- und Elternverhalten in den beiden Arten sei. Er machte sich Hoffnungen, dass die Antwort auch Licht auf das Paarungsverhalten bei uns Menschen werfen könnte.

Schon bald wurde klar, dass Oxytocin in der Tat das Verhalten der Wühlmäuse weitgehend bestimmt.[136] Oxytocin ist nicht nur ein Hormon, es dient auch als Neurotransmitter, d. h. es überträgt Information innerhalb des Gehirns. Es beeinflusst das Sozialverhalten, die Sexualität, den Geburtsvorgang, das Stillen und die Mutterbindung. Während der Wehen sorgt es für die Kontraktion der Gebärmutter. In synthetisch hergestellter Form wird es üblicherweise bei Schwangeren zur Stimulierung oder Einleitung der Wehen eingesetzt.

Im Jahr 1992 suchte Insel erstmals im Gehirn von Prärie- und Rocky-Mountains-Wühlmäusen nach Oxytocinrezeptoren, also den molekularen Eintrittsstellen, an denen Oxytocin andocken kann, damit die Neuronen reagieren.[137] Er entdeckte Oxytocinrezeptoren an einem halben Dutzend Stellen im Gehirn der monogamen Präriewühlmäuse, darunter auch im sogenannten Nucleus accumbens, dem Belohnungszentrum des Gehirns. Hier entfaltet übrigens auch Kokain seine euphorisierende Wirkung. Bei den polygamen Rocky-Mountains-Wühlmäusen wurden nur geringe Spuren von Oxytocinrezeptoren in diesen Hirnarealen nachgewiesen. Zur Kontrolle untersuchte Insel auch die Gehirne zweier anderer Wühlmausarten, einer monogam lebenden und einer nicht monogamen, und stellte ähnliche Diskrepanzen fest. Auf andere Hormone konnte dieses Forschungsergebnis nicht übertragen werden. Und noch ein anderer Befund war erstaunlich. Wenn Weibchen der Rocky-Mountains-Wühlmaus geboren hatten, änderte sich die Verteilung der Oxytocinrezeptoren im Gehirn zu dem Zeitpunkt, wo die Weibchen erstmals mütterliches Verhalten zeigten.

Auch männliche Lebewesen produzieren Oxytocin, doch scheint ein anderes, verwandtes Hormon, das Vasopressin, den Ausschlag für das Bindungsverhalten zu geben. Bei Wühlmäusen trägt es zum Entstehen einer Bindung zwischen Männchen und Weibchen bei. Ähnlich wie beim Oxytocin haben monogame Männchen Vasopressinrezeptoren an vielen Stellen im Gehirn, wo polygame Männchen keine haben. Einer von Insels Forscherkollegen, Larry J. Young von der Emory University, führte 2004 ein Experiment mit Vasopressin durch, dessen Ausgang er als geradezu »irre« bezeichnete.[138] Er nahm das Gen für den Vasopressinrezeptor von einer monogamen Wühlmaus und injizierte es in das Gehirn einer nicht monogamen Wühlmaus von der Unterart der Feldmäuse. Das Vasopressin wurde in das Hirnareal gespritzt, das als Belohnungs- und Suchtzentrum gilt. »Wenn wir solch ein verändertes Feldmausmännchen mit einem Weibchen zusammentaten und die Paarung ermöglichten, stellten wir bei der anschließenden Untersuchung fest, dass diese Tiere eine Paarbindung eingegangen waren.« In allen anderen Punkten verhielten sie sich wie vorher. »Das ist der Beweis, dass man sogar ein komplexes Sozialverhalten wie die Paarbindung allein dadurch verändern kann, dass man die Expression eines einzelnen Gens in einem ganz bestimmten Hirnareal ändert.«

Die Forscher wollten nun wissen, ob die Vermehrung der Vasopressinrezeptoren auch das normalerweise recht laue väterliche Verhalten der Feldmaus ändern würde.[139] Sie fanden keine Unterschiede darin, wie lange Männchen die Jungen leckten oder wie lange sie den Körperkontakt mit ihnen hielten. Aber die Väter wandten sich rascher dem Nachwuchs zu und verbrachten mehr Zeit mit ihnen als die Männchen, bei denen keine Vermehrung der Vasopressinrezeptoren stattgefunden hatte. Aus einer Reihe von Experimenten ging hervor, dass Manipulationen an den Hormonen das Bindungsverhalten hemmen können, aber nicht das väterliche Verhalten und umgekehrt. Daraus konnte geschlossen werden, dass Bindung und Vaterrolle im Zusammenhang mit Vasopressin stehen, diese Verhaltensweisen aber in verschiedenen Systemen des Gehirns ihren Ort haben. Diese Systeme sind offenbar von Art zu Art verschieden.

C. Sue Carter, eine Neurowissenschaftlerin an der University of Illinois in Chicago und Co-Direktorin des dortigen Zentrums für Gehirn-Körper-Beziehungen, führte ihre grundlegenden Forschungen an männlichen Präriemäusen durch. Sie wollte wissen, was geschieht, wenn eine männliche Wühlmaus auf sein Junges trifft. Unter den monogam und in Partnerbindung lebenden Präriemäusen besteht eine höhere Wahrscheinlichkeit, dass sie Pflegeverhalten zeigen, als unter Weibchen, die noch nicht geboren haben. »Eine weibliche Präriemaus, die noch keine Jungen geboren hat, zeigt kein mütterliches Verhalten, wenn man sie mit einem Jungen konfrontiert«, sagte Carter zu mir. Bei den Männchen reagieren hingegen 80 Prozent spontan auf Mäusejungen, so als wüssten sie schon, was sie als Vater zu tun haben. »Es ist rätselhaft«, wundert sich Carter. »Bei den Männchen geschieht keine hormonelle Umstellung, sie sind nicht trächtig gewesen und sie haben seit ihren Kindertagen keine Mäusejungen gesehen.« Weibchen verhalten sich mütterlich sorgend, sobald sie geboren haben. Die Erklärung könnte sein, dass das Vorhandensein von Mäusejungen bei den Weibchen zu hormonellen Veränderungen führt. Verwunderlich sei nun, so Carter, dass ein Männchen auch ohne vorherige Konfrontation dennoch väterliches Pflegeverhalten zeigt. »Warum schlüpfen sie spontan in die sorgende Elternrolle und warum tun es die Weibchen nicht? Das Baby wirkt wie ein Zaubertrank. Aus irgendeinem Grund sind die Männchen empfänglicher dafür als die Weibchen.«

Carter und ihr Kollege William M. Kenkel achteten nun auf hormonelle Veränderungen bei den Wühlmäusen.[140] Sie fragten sich dabei, ob dies die Ursache für das rätselhafte Verhalten sein könnte. Und tatsächlich beobachteten sie, dass bei Männchen, die vorher noch nie Junge gesehen hatten, der Oxytocinspiegel im Blut binnen zehn Minuten stieg, wenn sie mit einem Mäusejungen konfrontiert wurden. Als Experimentatoren später dieselben Männchen in die Hand nahmen, zeigten sie nicht den Anstieg an Stresshormonen, der sich gewöhnlich einstellt, wenn Tiere so aus dem Käfig genommen werden. Zwar ist das nur ein erster Schritt zum Verständnis der Verhaltensänderungen bei Wühlmäusen, aber eines wird schon deutlich, dass Oxytocin hier ebenso eine Rolle spielt wie bei der Partnerbindung. Das wiederum bedeutet, dass Paarungsverhalten und elterliches Verhalten zusammenhängen. Zusätzlich fanden Carter und Kenkel heraus, dass sich der Herzschlag eines Mäusevaters in Gegenwart eines Mäusebabys erhöht. »Die Tiere sind dann in einem Zustand erhöhter Wachsamkeit«, sagt Carter. »Wir vermuten, dass ein Cocktail aus Oxytocin und Vasopressin im Organismus dafür verantwortlich ist, dass männliche Mäuse sowohl zu Pflegehandlungen als auch zur Verteidigung ihres Nachwuchses disponiert sind.«

Was uns dabei wirklich interessiert, ist die Frage, ob das väterliche Verhalten der Wühlmausmännchen Folgen für die Mäusejungen hat. Und wenn das zutrifft, was sagt uns das über väterliches Verhalten bei uns Menschen? Hugh Broders und seine Kollegen von der Saint Mary's University in Halifax im kanadischen Nova Scotia zogen eine Gruppe von Wühlmäusen unter normalen Umständen heran, d. h. beide Elternteile teilten sich die Sorge um die Aufzucht der Jungen. Daneben zogen sie eine andere Gruppe heran, die ohne die Väter aufwachsen musste. Das Verhalten der Mütter änderte sich dadurch nicht, aber die Folgen für die Jungen waren nicht zu übersehen. Die vaterlos aufgewachsenen Mäusejungen zeigten größere Unruhe, beschäftigten sich weniger im Käfig und waren auch weniger gesellig. Irgendetwas in ihrer emotionalen und sozialen Verfassung stimmte nicht.[141]

Forschungen, die in der Zwischenzeit auch bei Menschen durchgeführt wurden, ergänzen die Erkenntnisse, die man in der Tierforschung gewonnen hatte. In einem Aufsatz aus dem Jahr 2008 berichten Hasse Walum und seine Kollegen vom Karolinska Institut in Schweden von Untersuchungen zu einem ganz bestimmten Gen. Dieses Gen kodiert ein Protein, das Vasopressin-Rezeptor genannt wird.[142] Von dem Rezeptor weiß man, dass er eine wichtige Rolle für das Paarungsverhalten der Wühlmäuse spielt. Eine Form dieses Gens gibt es auch beim Menschen, doch wussten die Forscher nicht, ob es sich auch auf die menschliche Partnerbindung auswirke. Walum und Kollegen analysierten die genetischen Daten ihrer Versuchspersonen und ermittelten die Qualität ihrer Partnerschaft mit Hilfe eines standardisierten Fragebogens. Sie stellten fest, dass Männer, die eine ganz bestimmte Form des Rezeptorengens namens RS3-Genotyp in ihrem Erbgut tragen, mit geringerer Wahrscheinlichkeit heiraten, und wenn sie es doch tun, haben sie mit hoher Wahrscheinlichkeit Eheprobleme. Das Gen beeinflusst sogar ihre Partnerinnen. Diese haben die Tendenz, die Qualität ihrer Beziehung niedriger zu bewerten als Frauen, die mit einem Mann verheiratet sind, der eine andere Variante des Rezeptorengens besitzt. Die Forscher schlossen daraus, dass für menschliche Beziehungen ähnliche Bedingungen herrschen wie für Wühlmäuse: Vasopressin spielt eine Rolle bei der Gestaltung von Partnerschaften.

Im Jahr 2012 gingen Walum und seine Kollegen noch einen Schritt weiter. Diesmal untersuchten sie, ob Varianten des Oxytocinrezeptorengens bei Frauen einen ähnlichen Einfluss auf die Partnerschaft haben.[143] Dies bestätigte sich: Frauen, die eine bestimmte Variante des Rezeptorengens in ihrem Erbgut trugen, hatten häufiger Beziehungsprobleme – was die jeweiligen Partner bestätigten. Interessanterweise stand diese Genvariante auch im Zusammenhang mit dem Sozialverhalten in der Kindheit der Frauen, die ähnliche Probleme hatten, wie man sie auch von Autisten kennt. Frauen, die bereits in der Kindheit Schwierigkeiten hatten, Freundschaften zu schließen, waren auch als Erwachsene weniger fähig zu guten ehelichen Bindungen. Auch diese Erkenntnis entspreche dem Befund aus der Forschung an Wühlmäusen, berichteten die schwedischen Forscher.

So sollte Forschung funktionieren, und das ist der Grund, weshalb Tierforschung so wichtig ist. Dank der Forschung an Wühlmäusen können Wissenschaftler auch Hypothesen über die Rolle von Oxytocin und Vasopressin beim Menschen formulieren. In den letzten Jahren sind auch viele Experimente mit Oxytocin an Versuchspersonen durchgeführt worden. Meist bestand der Ablauf darin, dass Personen eine minimale Dosis Oxytocin bekamen und dann beobachtet wurde, wie sie sich in bestimmten Situationen verhielten. Es zeigte sich, dass Oxytocin Stress vermindert und Vertrauen erhöht.[144] Die Probanden sahen leichter über zornige oder wütende Gesichtszüge des Gegenübers hinweg, erkannten aber sicherer Furcht bei anderen. Ihre Motivation wurde verstärkt, aber auch ihr Neid und ihre Schadenfreude, wenn sie bei anderen Gewinn oder Verlust in Geldgeschäften beobachteten. Schließlich konnte Oxytocin bei Personen mit autistischer Störung sogar die Neigung zu sozialen Interaktionen mit Charakteren aus Computerspielen signifikant verstärken.

Die Bedeutung von Oxytocin in der Vater-Kind-Beziehung – und die Frage, ob man das Hormon als Medikament verschreiben soll, um diese Beziehung zu beeinflussen – war das Thema einer Studie, die von niederländischen Forschern durchgeführt wurde. Sie brachten 17 Väter und ihre Kinder im Kleinkindalter zusammen und beobachteten sie in zwei separaten Spielsituationen von jeweils 15 Minuten innerhalb einer Woche. Das Durchschnittsalter der Väter betrug 38 Jahre, die Kinder waren zwischen anderthalb und fünf Jahren alt. In einer Sitzung wurde jedem Vater eine minimale Dosis Oxytocin verabreicht,[145] in der anderen lediglich ein Placebo. Die Forscher ließen sich von der Annahme leiten, dass Oxytocin die Fähigkeit der Väter, auf ihre Kinder einzugehen, sie zu motivieren und ihnen Mut zu machen, verbessern würde. Oxytocin sollte die Sensibilität für Signale ihrer Kinder erhöhen.

Die Annahme bestätigte sich. Väter stimulierten unter Oxytocineinfluss in viel stärkerem Maß den kindlichen Erkundungsdrang und das Streben nach Selbstständigkeit als in der Sitzung, als dieselben Väter nur ein Placebo erhielten. Sie zeigten auch weniger negative Reaktionen wie Ungeduld, Unzufriedenheit und Enttäuschung. Die vorläufig noch spekulative Erklärung hierfür lautet, dass Oxytocin die Ausschüttung von Dopamin bewirkt. Dopamin ist ein Neurotransmitter, der mit dem Belohnungssystem zusammenhängt, also wünschenswertes Verhalten bei den Vätern verstärkt. Die niederländischen Forscher nahmen in Anspruch, den ersten experimentellen Beweis geliefert zu haben, dass Oxytocin die Ansprechbarkeit bei Vätern verbessere.

Die niederländische Studie passte gut zu den Ergebnissen, zu denen Ruth Feldman und ihre Kollegen von der israelischen Bar-Ilan University am Ende ihrer Studie gekommen waren. Feldman ist die Forscherin, die uns schon im Zusammenhang mit dem Phänomen der Synchronie begegnet ist, also der Tatsache, dass Eltern im direkten Austausch mit ihren Kindern deren positive Gefühle erkennen und verstärken. Sie ging nun der Frage nach, was mit den Oxytocinwerten der Eltern geschieht, wenn sie angenehme Interaktionen mit ihren Kindern hatten. Gemeinsam mit ihren Kollegen beobachtete und filmte sie 112 Mütter und Väter beim Spiel mit ihren vier bis sechs Monate alten Kindern. Von den Eltern wurden vor der Spielsitzung Speichel- und Blutproben genommen. 15 Minuten nach der Sitzung wurde der Vorgang wiederholt. Ziel war es, den Oxytocinspiegel zu messen.

Mütter und Väter zeigten unterschiedliche Reaktionen. Mütter, die durch einen besonders innigen Kontakt auffielen,[146] hatten einen erhöhten Oxytocinspiegel nach dem Spielen mit ihren Kindern. Bei Müttern, die diese Innigkeit nicht zeigten, blieb ein solcher Anstieg aus. Bei den Vätern erhöhte sich der Oxytocinspiegel nicht durch innigen Kontakt, sondern durch ihre aktive Art, die Kinder zum Spielen und Erkunden zu animieren. Anders ausgedrückt, die Oxytocinwerte stiegen bei den Vätern nach dem für sie typischen Herumtoben mit den Kindern. »Aus biologischer Sicht ist Kindererziehung durch beide Eltern nicht notwendig«, schreibt Feldman, aber der Kontakt zwischen Vätern und ihren kleinen Kindern habe einen eindeutigen Bezug zum Organismus der Väter, wie aus dem gestiegenen Oxytocinspiegel nach dem Spiel ersichtlich ist. Feldman schließt daraus, dass die Forschungsergebnisse von großer Relevanz für die Sozialpolitik seien. Vätern sollte in den ersten Monaten der tägliche Kontakt mit ihren Kindern ermöglicht werden, um die biologische Basis für gute Vaterschaft auszulösen.

Nachdem Feldman und ihre Kollegen den Anstieg der Oxytocinwerte bei Vätern festgestellt hatten, wollten sie herausfinden, wie eine Hormongabe bei den Vätern die Interaktion zwischen Vätern und Kindern – die kein Oxytocin verabreicht bekamen – beeinflusst. Sie rekrutierten 35 Väter mit fünf Monate alten Kindern, verabreichten den Vätern eine Dosis Oxytocin oder ein Placebo und ermittelten dann die Befunde. Die Oxytocingabe erhöhte das Engagement und die Bindung der Väter während des Spiels mit den Kindern. Und obwohl den Kindern nichts verabreicht wurde, zeigten die Kinder einen erhöhten Oxytocinspiegel, eine bessere Ansprechbarkeit und mehr Aktivität, wenn der Vater Oxytocin verabreicht bekommen hatte. Mit anderen Worten, eine Oxytocingabe bei einem Spielpartner wirkt sich auch auf den anderen Partner aus. Das Ergebnis der Studie unterstreicht die Bedeutung von Oxytocin bei der Weitergabe sozialen Verhaltens von den Eltern auf die Kinder.

Neben der Entdeckung einer wesentlichen biologischen Verbindung zwischen Vätern und ihren Kindern eröffnet die

Studie auch eine neue Möglichkeit, Kinder mit Störungen des Sozialverhaltens zu therapieren. Man verabreicht den Eltern Oxytocin. Kindern, die zu früh geboren wurden oder deren Eltern an Depression leiden, fehlen wichtige frühe Bindungserfahrungen, aus denen sich ein gesundes Sozialverhalten entwickeln könnte. Die Studie hat demnach auch Relevanz für autistische Kinder. Die Gabe von Oxytocin an die Eltern könnte die Eltern-Kind-Beziehung stärken, die unter dem Autismus zu zerreißen droht. Die Stärkung der Eltern-Kind-Beziehung könnte wiederum den Oxytocinspiegel der Kinder erhöhen, mithin ihre Fähigkeit zur sozialen Interaktion verbessern.[147]

Feldman und ihr Forschungsteam entdeckten auch, dass das Hormon Prolaktin eine wichtige Rolle für Väter und ihre Kinder spielt.[148] Wie wir schon gesehen haben, steigt der Prolaktinspiegel bei Vätern gegen Ende der Schwangerschaft ihrer Partnerinnen und nach der Geburt. Eigentlich ist Prolaktin für Milchsekretion der stillenden Mutter zuständig, aber auch bei Männern hat das Hormon eine Funktion, es bestimmt nämlich die Art und Weise, wie Väter mit ihren Kindern spielen und sie zum Erkunden der Umwelt ermutigen. Die Forscher vermuteten, dass infolge der größeren Vertrautheit der Väter mit ihren kleinen Kindern sich durch das Zusammenspiel von Oxytocin- und Prolaktinzyklen neue Verbindungen entwickeln. Sowohl die Empathie als auch die Ermutigung zum Erkunden der Umwelt sind wesentliche Aspekte der Vater-Kind-Bindung.

Feldman zog ein Fazit ihrer Forschungen über den Zusammenhang von Oxytocin und Bindung: »Unsere Verantwortung als Erziehende, Wissenschaftler, Sozialpolitiker, Therapeuten und betroffene Bürger besteht darin, jedem Kind ein Umfeld zu geben, in dem es lieben lernt, und alle

jungen Eltern so zu beraten, dass sie dies auch ermöglichen.«[149] Verglichen mit der sonst üblichen Sprache in wissenschaftlichen Artikeln ist das eine beinahe lyrische Ausdrucksweise.

Dass das Verhalten der Eltern ihre Kinder prägt, ist nicht
überraschend. Doch gilt dies auch umgekehrt? Können Kinder, auch solche im jugendlichen Alter, das Verhalten ihrer
Eltern beeinflussen? Die Forschung kann mit interessanten
Antworten auf diese Fragen aufwarten. Eine Studie über Väter und das Verhalten ihrer Teenager-Kinder untersuchte
nicht nur, wie Erziehung die Tendenz zu riskantem Sexualverhalten beeinflusst, sondern auch, wie ein solches Verhalten auf den elterlichen Erziehungsstil zurückwirkt.[150] Insbesondere wurde der Frage nachgegangen, wie Väter auf
die Entdeckung reagieren, dass ihre Kinder sich in Gefahr
begeben.

Für Jugendliche, deren Familienleben durch gemeinsame
Alltagsrituale geprägt ist (z. B. gemeinsame Mahlzeiten, Got-
tesdienstbesuch oder auch nur Spiele), besteht eine geringere
Wahrscheinlichkeit zu riskantem Sexualverhalten (darunter
wird frühzeitiger Geschlechtsverkehr, häufiger Geschlechtsverkehr mit wechselnden Partnern, Geschlechtsverkehr ohne
Verhütungsmaßnahmen verstanden). Das Gleiche trifft auf
Kinder zu, deren Väter genaue Kenntnis über die Freunde
und Aktivitäten ihrer Kinder hatten. Dies bestätigt frühere
Forschungsbefunde. Neu war hingegen Folgendes: Nach gewissen Familientheorien würde man erwarten, dass Eltern
auf das riskante Verhalten ihrer Kinder mit nachlassendem
Engagement und größerer Ablehnung reagieren. Hier ist es
aber umgekehrt, riskantes Verhalten veranlasste die Väter,
sich mehr um ihre Teenagerkinder zu kümmern und mehr

über ihre Aktivitäten zu erfahren. Mütter zeigten hingegen keine signifikante Reaktion.

Eine weitere Studie über Väter und Jugendliche müssen wir unter der Rubrik »Schlechtes, das Väter ihren Kindern mitgeben« verbuchen. Heather Sipsma und ihre Kollegen von der Yale School of Public Health interessierten sich für Kinder von Männern, die schon als Teenager Vater wurden. Eltern im Teenager-Alter haben gewöhnlich eine geringere Schulbildung und geringere finanzielle Mittel als ältere Eltern. Bei Teenager-Eltern ist die normale psychische Entwicklung ihrer Kinder gefährdet. Das Missbrauchs- und Verwahrlosungsrisiko ist für solche Kinder höher. Töchter von Teenager-Müttern werden mit höherer Wahrscheinlichkeit als andere Mädchen ihrerseits Teenager-Mütter. Sipsam und ihre Kollegen fanden aber keine Informationen, ob die Söhne von Teenager-Vätern ein höheres Risiko hatten, das Lebensmuster ihrer Väter zu wiederholen.

Hierüber Klarheit zu haben brächte uns einen Schritt weiter im Bemühen, die negativen Folgen der Vaterschaft im Teenager-Alter zu erforschen. Solche sehr jungen Väter werden bekanntermaßen mit einem niedrigen sozialen Status, eingeschränkten schulischen Leistungen und Delinquenz in Beziehung gebracht. Sipsma fand heraus, dass die Söhne von Teenager-Vätern eine 1,8-fach höhere Wahrscheinlichkeit als Söhne älterer Väter haben, ebenfalls Vater in jugendlichen Jahren zu werden.[151] Die Forscherin spricht von einem »generationenübergreifenden Risikozyklus« bei junger Vaterschaft, d. h. Teenager-Väter geben ihr Verhalten an die nächste Generation weiter. Aus dieser Erkenntnis wurde die Schlussfolgerung gezogen, dass staatliche Maßnahmen zur Verringerung von Teenagerschwangerschaften nicht nur die Mütter, sondern auch die Väter in den Fokus der Aufmerksamkeit nehmen sollten. Wie Sipsma anmerkt, sind Männer eine wichtige, aber bisher vernachlässigte Gruppe beim Thema Fortpflanzungsgesundheit.

Wie Väter ihre jugendlichen Kinder behandeln, kann lang anhaltende Folgen haben, die bis ins Erwachsenenalter reichen. Wie Eltern von Teenagern wissen, fällt es oft schwer, auf die Krisen, Kämpfe, schulischen Anforderungen und sozialen Schwierigkeiten, die gewöhnlich beim Übergang von der Kindheit zum Erwachsensein auftauchen, immer die richtige Antwort zu finden. Was wir Eltern tun, hat Gewicht, nur wissen wir oft nicht, was wir tun sollen. Zu einer guten Elternrolle gehört aber, ein Klima zu schaffen, in dem sich Teenager von ihren Eltern anerkannt und nicht abgelehnt fühlen. Das ist oft leichter gesagt als getan, vor allem wenn die Sprösslinge mit einer Tätowierung oder mit einem Anruf aus dem Büro des Schulleiters auf sich aufmerksam machen.

Ronald P. Rohner von der University of Connecticut hat sich über viele Jahre mit der Frage beschäftigt, welche Folgen das Verhalten der Eltern für ihre Kinder hat, je nachdem, ob die Kinder sich von den Eltern anerkannt fühlten oder ob sie im Gegenteil bei den Eltern nur Ablehnung spürten.[152] Er ist zu der Auffassung gekommen, dass die Anerkennung durch die Eltern die Persönlichkeit der Kinder ganz wesentlich formt. Kinder, die elterliche Anerkennung erfahren haben, sind unabhängig und emotional ausgeglichen; sie haben meist ein starkes Selbstbewusstsein und eine positive Weltsicht. Kinder, die abgelehnt wurden, zeigen eine andere Persönlichkeitsstruktur – sie stehen der Umwelt feindselig gegenüber, fühlen sich fehl am Platz, sind wankelmütig und haben eine negative Weltsicht. Rohner analysierte das Material von 36 Studien zu elterlicher Anerkennung bzw. Ablehnung und sah seine Theorie bestätigt. Anerkennung mütterlicherseits und väterlicherseits stand im Zusammenhang mit positiven Persönlichkeitsmerkmalen. Die Liebe und Anerkennung des Vaters sind in dieser Hinsicht mindestens genauso wichtig wie die der Mutter. Kommt die Ablehnung vom Vater, dann sind die Folgen noch gravierender, als wenn sie von der Mutter kommt. Das ist keine gute Nachricht für die Väter, denn sie erhöht den Druck, in der Erziehung das Richtige zu tun. »Der Nachdruck, den man in Amerika auf die Mütter und deren Rolle in der Kindererziehung legt«, schreibt Rohner, »hat zu der falschen Tendenz geführt, die Mütter für die Verhaltensprobleme und die fehlende Anpassung der Kinder verantwortlich zu machen. In Wirklichkeit spielen die Väter eine viel größere Rolle beim Entstehen solcher Verhaltensprobleme.«

Einfühlungsvermögen ist ein anderes wichtiges Persönlichkeitsmerkmal, von dem wir hoffen, dass unsere Kinder es eines Tages entwickeln, und auch hier scheint es auf den Vater anzukommen. Richard Koestner, ein Psychologe von der McGill University in Montreal, nahm sich die Biografien von 75 Frauen und Männern vor, die in den 1950er-Jahren, als sie alle noch Kinder waren, an einer Studie der Yale-Universität teilgenommen hatten. Koestner und seine Forscherkollegen suchten nach den möglichen Faktoren im Leben der Kinder, die den Grad des Einfühlungsvermögens als Erwachsene bestimmt haben könnten. Dabei kristallisierte sich ein Faktor heraus, der alle anderen in den Schatten stellte, nämlich wie viel Zeit ihre Väter mit ihnen gemeinsam verbracht hatten.[153] »Wir waren verwundert, wie wenig es für das Einfühlungsvermögen tatsächlich darauf ankommt, wie liebevoll die Eltern mit den Kindern umgingen«, stellte Koestner fest. »Hierbei darf der Einfluss des Vaters nicht unterschätzt werden.«

Melanie Mallers, eine Psychologin von der California State University in Fullerton, fand heraus, dass Söhne, die ihre Väter in liebevoller Erinnerung haben, eher fähig sind, den Stress des Alltagslebens zu bewältigen.[154] Zur gleichen Zeit unterzog ein Forscherteam von der Universität von Toronto erwachsene Versuchspersonen einem Scan in einem fMRI, um die Reaktionen auf Bilder von den Gesichtern ihrer Eltern zu ermitteln, verglichen mit ihren Reaktionen auf die Bilder von Gesichtern Fremder. Das Gehirn der Versuchspersonen reagierte unterschiedlich auf die Gesichter von Müttern und Vätern. Die Bilder von Müttern lösten Aktivität in Hirnarealen aus, die unter anderem für Gesichtserkennung zuständig sind. Die Bilder der Väter lösten Aktivität im Nucleus caudatus aus, einer Struktur in der Tiefe des Gehirns, die mit Gefühlen wie Liebe im Zusammenhang steht.[155]

Die Bedeutung der Väter für die Gesundheit der Nachkommen reicht weit über die eigenen Kinder hinaus. Wie wir schon gesehen haben, bestimmen geprägte Gene, die den chemischen Stempel ihrer mütterlichen oder väterlichen Herkunft tragen, nicht nur die Kinder, sondern auch die Enkel. Diese Gene veranstalten schon bei der Empfängnis ein Tauziehen miteinander und müssen in einem Gleichgewicht gehalten werden, wenn das Kind gesund bleiben soll. Genomische Prägung durch Gene, die von der Mutter und vom Vater an das Kind vererbt werden, bestimmt, welche Art Eltern die Kinder ihrerseits einmal werden. Allein schon dieser Befund erhöht die Bedeutung, die man allem beimessen muss, was Väter für ihre Kinder tun.

Kapitel 8

Ältere Väter: Vorteile und Risiken später Vaterschaft

Wer heutzutage in vielen Gegenden Amerikas in öffentlichen Parks oder auf Spielplätzen spazieren geht, wird nicht wenige ältere Männer sehen, die Kinderwagen vor sich herschieben. Was sie tun, ist klar, aber man zögert, ein Gespräch mit ihnen zu beginnen, denn man weiß nicht, ob man es mit dem Vater oder dem Großvater zu tun hat.

Diese Unsicherheit hat die Regisseurin und Drehbuchschreiberin Nora Ephron in ihrem Film »You've Got Mail« (dt. Titel: »e-m@il für Dich«) gut eingefangen.[156] Joe Fox, dargestellt von Tom Hanks, geht mit einem Jungen und einem Mädchen in die Buchhandlung. Die Eigentümerin ist Joes E-Mail-Bekanntschaft Kathleen, dargestellt von Meg Ryan. Das Mädchen, Annabelle, nennt Tom Hanks »meine Tante« und Kathleen sagt dazu: »Oh, das glaube ich nicht, dass das Ihre Tante ist.« Doch es stimmt. Der Junge, Matt, teilt ihr mit, dass Joe sein Bruder ist. Joe bestätigt das. »Annabelle ist die Tochter meines Großvaters. Und Matt ist der Sohn meines Vaters. Wir sind eine amerikanische Familie.«

Die Foxes mögen nicht unbedingt eine typisch amerikanische Familie sein, doch es ist für ältere Männer nicht ungewöhnlich, Vater zu werden – ich habe das selbst erlebt. Meine Frau Elizabeth war 40, als sie unseren ersten Sohn gebar. Wir wussten, was Kindern alles blühen kann, wenn die Mutter schon älter ist. Zuerst sorgten wir uns, ob sie überhaupt schwanger würde. Dann, als das geklappt hatte, fürchtete sie eine Fehlgeburt. Wir hatten auch Sorge, dass unser Kind am Down-Syndrom leiden könnte – bei Kindern älterer Frauen tritt dies deutlich häufiger auf. Elizabeth machte alle Tests, um das Down-Syndrom und andere Erbkrankheiten auszuschließen. Die Befunde waren negativ. Das garantierte noch nicht, dass das Baby gesund sein würde, aber beruhigend war es doch.

Am Tag nach der Geburt unseres Sohnes – wir waren noch benommen von der Entbindung tief in der Nacht – probierten wir den Fernsehapparat aus, der in Elizabeths Krankenhauszimmer an der Wand hing und sprangen wahllos von Sender zu Sender, bis wir auf eine laufende Wissenschaftssendung stießen, in der vom erhöhten Autismus-Risiko bei Kindern von älteren Vätern berichtet wurde. Bis zu diesem Zeitpunkt glaubten wir nur, dass Elizabeths Alter Grund zur Sorge gebe. Nun erfuhr ich, dass mein Alter ebenfalls ein Risiko für unser Neugeborenes darstellte. Ich war damals 55. Die Sendung im Fernsehen hat uns sehr getroffen. Ich grummelte, die Sendung komme zur Unzeit, denn wir könnten ja jetzt sowieso nichts mehr ändern. Wir sprangen zu einem anderen Sender und redeten nicht mehr davon. Ich hoffte, dass Elizabeth bald einschlafen und alles vergessen würde. Das Gleiche wünschte ich mir auch.

Aber ich konnte es nicht vergessen. Als wir nach ein paar Tagen wieder zu Hause waren, suchte ich die Sendung aus dem Archiv heraus und sah sie mir an. Wissenschaftler erklären darin, Kinder von Vätern über 40 hätten ein sechsmal höheres Risiko, an Autismus zu leiden, als Kinder mit Vätern unter 30.[157] Ich recherchierte die zugrunde liegende Studie im Internet. Darin hieß es, Kinder mit Vätern über 50 hätten ein zehnmal höheres Autismus-Risiko. Und es kamen noch weitere schlechte Nachrichten: »Vaterschaft in vorgerücktem Alter«, so hieß es, stehe auch im Zusammenhang mit einem erhöhten Risiko für bestimmte Krankheiten und Missbildungen wie bipolare Verhaltensstörung, Geburtsfehler, Gaumenspalte, Wasserkopf, Zwergwüchsigkeit, Fehlgeburt, Frühgeburt und verminderte Intelligenz.

Was mich am meisten beunruhigte, war die Aussage, Vaterschaft im vorgerückten Alter bringe auch ein erhöhtes Schizophrenie-Risiko mit sich.[158] In meiner Familie gab es Fälle von Geisteskrankheiten. Und dieses Risiko erhöhe sich mit jedem weiteren Lebensjahr. Ein Kind von einem 40 Jahre alten Vater hatte ein zweiprozentiges Risiko, an Schizophrenie zu erkranken – doppelt so hoch wie bei Kindern von unter 30 Jahre alten Vätern. Das Risiko für einen 40 Jahre alten Mann, ein schizophrenes Kind zu haben, war genauso groß wie das einer 40-jährigen Frau, ein Kind mit Down-Syndrom zur Welt zu bringen.

Weil ich schon über 50 war, erhöhte sich das Risiko, dass unser Sohn schizophren würde, auf drei Prozent. Die Krankheit bricht gewöhnlich im Jugendalter bzw. in den frühen Zwanzigern aus. Vorher gibt es keine Symptome, die auf eine solche Entwicklung hinweisen. Erst in den nächsten zwei Jahrzehnten würde sich zeigen, ob einer von unseren Jungen betroffen sein würde. Unter der Voraussetzung, dass wir beide am Leben bleiben, würde ich in meinen Siebzigern und Elizabeth in ihren Sechzigern sein. Das ist eine lange Wartezeit, ehe man aufatmen kann. (Neuere Forschungen, wie wir noch erfahren werden, sprechen sogar von einer noch längeren Wartezeit.)

Die Studie warf für mich eine beunruhigende Frage auf: Warum hatten wir das nicht gewusst? Über die biologische Uhr des weiblichen Organismus wird so viel diskutiert, schon in Vorabendserien ist davon die Rede. Warum erfahren wir aber so wenig über die biologische Uhr des männlichen Organismus? Die Studie lieferte Beweise für ein wichtiges Erbe der Väter an ihre Kinder – und es war ein potenziell schädliches.

Ich fragte mich, wie viele amerikanische Kinder wohl einen älteren Vater haben und ob die Anzahl dieser Väter ansteigt, wie es den Anschein hat. Ich rief beim Staatlichen Amt für Statistik an.[159] Dort hieß es, das Amt erfasse die Zahl der älteren Väter nicht. Das war überraschend für ein Amt, das alle Väter zählte (70,1 Mio.), die Anzahl verheirateter Väter mit Kindern unter 18 Jahren (24,4 Mio.), die Anzahl alleinerziehender Väter (1,96 Mio.) und sogar die Anzahl von Sportartikelgeschäften, in denen man Papa zum Vatertag eine Angelrute kaufen kann (24 418). Was nun die Anzahl der älteren Väter betraf, so erhielt ich von Robert Bernstein, der für die Öffentlichkeitsarbeit des Amtes zuständig ist, folgende Antwort: »Wir haben schon vor vielen Jahren versucht, Daten dazu zu erheben, aber die Meldungen der Männer waren nicht so verlässlich, deshalb haben wir davon Abstand genommen.« Warum das so schwierig war, ging aus einer anonymen E-Mail hervor, die ich später vom Amt erhielt: »Viele Frauen werden schwanger, ohne den Vater zu kennen – oder den Vätern ist dies gleich.«

Geburtsurkunden geben aber Auskunft, und diese Auskünfte werden von der nationalen Behörde für Gesundheitsstatistik, einer Abteilung der nationalen Gesundheitsbehörde, gesammelt.[160] Aus den Daten geht hervor, dass sich zwischen 1980 und 2004 die Zahl der Neugeborenen, deren Väter zwischen 40 und 49 Jahre alt waren, fast verdreifacht hat, von 120 702 auf 328 465. (Seither sind die Zahlen nur noch leicht gestiegen.) Zum großen Teil ist der Sprung auf einen Anstieg der Gesamtbevölkerung zurückzuführen. Dennoch kann man in der letzten Generation von einer Verschiebung sprechen, insofern, als mehr Männer erst in späteren Jahren Vater werden, und dieser Trend besteht unabhängig vom Bevölkerungswachstum insgesamt. Die Geburtenraten für Männer in den Vierzigern sind seit 1980 um 40 Prozent gestiegen. Gleichzeitig ging für Männer unter 30 die Geburtenrate um 21 Prozent zurück.

Das ist eine einschneidende Veränderung im Vergleich zu den vorangegangenen Jahrzehnten. In den 1940er- und 1950er-Jahren war die Anzahl älterer Väter sogar noch höher, aber aus einem anderen Grund: Viele Männer wurden schon in jungen Jahren zum ersten Mal Vater, da aber die Familien größer waren, hatten viele Väter schon die 40 überschritten, ehe sie ihr letztes Kind zeugten. Die Zahl der älteren Väter fiel in den 1960er-Jahren und erreichte 1975 ihren Tiefpunkt. Danach stieg sie wieder, als Frauen auf breiter Front auf den Arbeitsmarkt drängten.

Während dieser Entwicklung verschoben Frauen und Männer immer häufiger den Zeitpunkt der Eheschließung. Laut staatlichem Amt für Statistik betrug 2011 das Durchschnittsalter der Männer bei ihrer ersten Eheschließung fast 29 Jahre, während es 1980 25 Jahre waren. Das Amt fragt nicht ab, in welchem Alter Männer zum ersten Mal Vater werden, aber der Soziologe Matthew Weinshenker von der Fordham University in New York kommt anhand einer Reihe von Erhebungen zu der Schätzung, dass der Anteil der Väter, die nach dem 35. Lebensjahr ihr erstes Kind bekommen, von zwei Prozent in den 1970er-Jahren auf 17 Prozent in den 1990er-Jahren gestiegen ist.[161] »Der Prozentsatz der Väter, die erst spät ihr erstes Kind haben, ist in den vergangenen Jahrzehnten sprunghaft gestiegen«, sagt Weinshenker.

Veränderungen in der Arbeitswelt haben es für Paare schwerer gemacht, sich für ein Kind zu entscheiden. Wie bereits gesagt, müssen Beschäftigte heutzutage gestiegene Ansprüche ihrer Arbeitgeber erfüllen. Das bereitet Paaren oft Schwierigkeiten, sich Zeit für Kinder zu nehmen. Viele meinen, sich nicht den Forderungen der Arbeitgeber entziehen zu können. »Wer zum Personenkreis der sehr gut Ausgebildeten gehört, versucht zuerst einmal, sich beruflich zu etablieren, um dann vom Arbeitgeber mehr Zugeständnisse zu fordern, wenn Kinder kommen«, sagt Ellen Galinsky vom Institut für Familie und Arbeit. »Ich höre dauernd, dass die Leute die Gewissheit haben wollen, dass ihr Arbeitgeber sie zu schätzen weiß. Dann bekommen sie die Zugeständnisse, die sie brauchen, wenn sie Kinder haben, z. B. Urlaub nehmen oder kürzer arbeiten.« Zwar birgt eine späte Vaterschaft gewisse medizinische Risiken, diese werden aber häufig durch eine andere Art der Verbindlichkeit zum Vatersein ausgeglichen. Der Soziologe Brian Powell von der Indiana University hat die sozialen, kulturellen und wirtschaftlichen Ressourcen untersucht, die Eltern für ihre Kinder aufwenden. Am Anfang seiner Forschungen erwartete er bei den älteren Eltern ein gemischtes Bild: »Wir vermuteten, dass es einen Ausgleich gebe, dass die Älteren mehr wirtschaftliche Sicherheit bieten, aber weniger persönlichen Einsatz, weniger Engagement für die Schulprobleme, kurz, weniger Energie zeigen würden.« Doch das Gegenteil war der Fall. Ältere Eltern kümmerten sich um Schule, Ballettunterricht, Klavierstunden und ließen es sich auch viel kosten. »Das Ergebnis lautete: Je älter die Eltern, desto besser für das Kind«, sagte Powell.

Ein weiterer Grund für die zunehmende Zahl älterer Väter ist nach Auffassung von Linda J. White, einer Soziologin an der University of Chicago, das Vorherrschen von Scheidung und Wiederverheiratung. Während Männer in der ersten Ehe durchschnittlich anderthalb bis zwei Jahre älter sind als ihre Ehefrauen, sind Männer in zweiter Ehe durchschnittlich 15 Jahre älter als ihre Partnerinnen. »Rund die Hälfte der Ehen wird wieder geschieden, Wiederverheiratung ist durchaus üblich. Die Männer wählen dann tendenziell eine jüngere Partnerin. Diese hat oft noch keine Kinder gehabt und möchte nun welche.«

Die Idee, dass das Alter des Vaters Auswirkungen auf die Gesundheit seiner Kinder haben könnte, kam schon vor einem Jahrhundert dem deutschen Allgemeinarzt und Gynäkologen Wilhelm Weinberg aus Stuttgart. Weinberg war ein ungewöhnlich fleißiger und einfühlsamer Mensch, der als Armenarzt arbeitete und in seiner 40-jährigen Tätigkeit als Gynäkologe 3 500 Kinder zur Welt brachte. Daneben schrieb und publizierte er 160 wissenschaftliche Aufsätze ohne Hilfe durch Kollegen, Studenten oder Forschungsstipendien. Seine auf Deutsch verfassten Aufsätze wurden anfangs kaum beachtet. Erst viele Jahre später erkannte man, dass einige Arbeiten Weinbergs bahnbrechende Ideen zur Populationsgenetik enthielten.

Zu diesen gehört eine Studie aus dem Jahr 1912, in der Weinberg auf den Zusammenhang aufmerksam machte, dass eine bestimmte Form von Kleinwüchsigkeit, genannt Achondroplasie, häufiger bei den letztgeborenen als bei den erstgeborenen Kindern einer Familie auftritt. Weinberg wusste zwar nicht, warum das so war, aber er formulierte die Hypothese, dass es mit dem Alter der Eltern zusammenhängen könnte, die bei den letztgeborenen Kindern selbstverständlich bereits älter waren. Weinbergs Intuition wurde nach Jahrzehnten schließlich zumindest zur Hälfte bestätigt: Das Risiko der Kleinwüchsigkeit nahm nur mit dem Alter des Vaters, nicht mit dem der Mutter, zu.[162]

Seither sind rund 20 Krankheiten auf das Alter des Vaters zurückgeführt worden, darunter Progeria, das rasche vorzeitige Altern des Organismus, Neurofibromatose, die einst als Krankheit des Elefantenmanns bekannt war, und das Marfan-Syndrom, bei dem die Betroffenen durch sehr lange Arme, Beine, Finger und Zehen auffallen. In neueren Studien ist das Alter des Vaters auch als Faktor bei Prostata- und anderen Krebsarten der direkten Nachkommen nachgewiesen worden.

Forscher von der Columbia University haben gezeigt, dass Frauen, deren Partner über 35 Jahre alt ist, dreimal häufiger Fehlgeburten erleiden als Frauen mit Partnern, die unter 25 sind.[163] Das trifft zu, ganz gleich, wie alt die Frau ist. Und die Forschung hat bestätigt, dass ältere Männer – wie auch ältere Frauen – ein höheres Risiko haben, Kinder mit Down-Syndrom zu haben.

Je mehr Krankheiten die Forscher katalogisierten, desto mehr wunderten sie sich, was hier vorging. Wie konnte Sperma mit zunehmendem Alter des Mannes Schaden nehmen, wenn doch die Spermien immer wieder neu produziert wurden? Vielleicht waren es Probleme im Mechanismus der Spermienproduktion, die zu Mutationen führten, aber Genaueres wusste man nicht. Dabei blieb es, bis sich im Bereich der Schizophrenieforschung unerwartet ein deutlicher Hinweis auf die Rolle älterer Väter ergab.

Dolores Malaspina studierte schon, als ihre zwei Jahre jüngere Schwester Eileen ein Verhalten an den Tag legte, das sich die Familie nicht erklären konnte. Anfangs, so erinnert sich Dolores, schien Eileen die für die Adoleszenz typischen Probleme zu haben. Sie half am Wochenende nicht mehr im Haushalt mit, was sie früher immer getan hatte. Sie war

müde und wirkte niedergeschlagen. Damals machten sich
Dolores und ihre Eltern noch keine großen Sorgen. »Viele
Leute, die sich im späteren Leben gut machen, haben in
der Adoleszenz Probleme und zeigen viele Symptome«, erläutert sie. Bei Eileen verschlimmerten sich die Probleme, sodass man nicht mehr darüber hinwegsehen konnte. Ihre Mutter wachte eines Nachts auf und entdeckte, dass Eileen im
ganzen Haus Tücher aufgespannt hatte, auf denen Regeln
standen, wo die Familienangehörigen sich im Haus gefahrlos
bewegen konnten und wo es nicht sicher war. Die Schlussfolgerung, dass Eileen psychisch erkrankt war, ließ sich nicht
mehr von der Hand weisen. Schließlich wurde sie in ihrem
letzten Highschool-Jahr in eine psychiatrische Klinik einge-
wiesen, wo man bei ihr Schizophrenie diagnostizierte.

Das geschah in den 1970er-Jahren, als viele Psychiater
der Auffassung waren, dass Schizophrenie durch eine dominante Mutter, die ihr Kind ablehnte, verursacht werde. »Damals herrschte die Meinung vor, dass hier keine biologische
Störung vorliege«, sagte Dolores Malaspina. Die Ärzte behaupteten auch, dass es für Eileen keine Therapie gebe. Der
Schaden, den eine ihr Kind ablehnende Mutter angerichtet
habe, könne nicht geheilt werden, die Familie müsse sich
auf das Schlimmste einstellen. »Man war der Auffassung,
dass meine Schwester nie wieder gesund werden würde und
dass wir sie am besten wegsperren und den Schlüssel weg-
werfen sollten.« Dolores quälte sich mit der Frage, ob sie etwas falsch gemacht habe, ob auch sie an der Krankheit der
Schwester schuld sei. »Immer wieder ging ich in Gedanken
in unsere gemeinsame Kindheit zurück. Es gab Zeiten, da
wollte ich nicht, dass Eileen mit meinen Freundinnen spielte.
Ich erinnerte mich auch an das eine Mal, als sie mich rief
und ich mich hinter einem Baum versteckte. Viele Jahre

lang fühlte ich mich deswegen schuldig, und ich bin sicher, dass es für meine Mutter noch tausend Mal schlimmer war.«

Während Eileen immer tiefer in der Krankheit versank, setzte Dolores ihr Studium an der Universität fort, wo sie erst Umweltbiologie und dann Zoologie studierte. Ehe sie mit dem Doktorgrad abschloss, heiratete sie. Nach dem Studium nahm sie eine Stelle bei einer Arzneimittelfirma an, wo sie in der Abteilung Forschung und Entwicklung über Substanzen forschte, die die Chemie des Gehirns beeinflussen. Nachdem sie schon eine Weile in ihrem neuen Job gearbeitet hatte, sah sie plötzlich eine Verbindung zur Erkrankung ihrer Schwester. »Ich arbeitete im Labor über Moleküle, die im Zusammenhang mit Psychosen stehen konnten, und meine Schwester hatte eine schwere Form der Psychose«, berichtet sie. Die Forschung im Labor schuf die Grundlage für eine biologische Erklärung der Schizophrenie. Damit erwies sich die Auffassung, die Krankheit werde durch eine dominante Mutter ausgelöst, als nicht mehr haltbar. Dolores, die sich nie mit dem »Schlimmsten« abgefunden hatte, fragte sich, ob es möglich sei, ein Medikament für ihre Schwester zu entwickeln. Sie kündigte ihren Job in der Firma und schrieb sich an der Medizinischen Fakultät ein. Dabei hatte sie nur ein Ziel: Schizophrenie zu heilen.

Nach erfolgreichem Medizinstudium bekam Dolores eine Forschungsstelle an der Columbia University in New York. Hier stieß sie gleich auf das erste Rätsel, das diese Krankheit aufgibt. Schizophrene haben oft große Probleme, im Leben zurechtzukommen. Die Wahrscheinlichkeit, zu heiraten und Kinder zu bekommen, ist daher geringer als bei gesunden Menschen. Wenn aber Schizophrene sich nicht in dem Maße fortpflanzen wie andere Menschen, dann müsste die Krankheit eigentlich aus der Bevölkerung verschwinden.

Doch das ist nicht der Fall: Die Erkrankungsrate in der Bevölkerung liegt konstant bei einem Prozent. Zwar kann Schizophrenie in Familien gehäuft vorkommen, insgesamt ist es aber erstaunlicherweise so, dass die meisten Fälle sporadisch auftreten, d. h. die Krankheit bricht bei Personen aus, die keine Schizophrenie-Fälle in der Familie haben.

Lange hatte man den Müttern die Schuld an der Schizophrenie der Kinder gegeben, nun, mit dem neuen biologischen Erklärungsansatz, rückten die Väter in den Fokus der Aufmerksamkeit. Die Frage stellte sich wie folgt: Die Eizellen im Körper der Frau altern mit ihr. Selbst wenn eine Frau ihre Kinder früh im Leben bekommt, sind ihre Eizellen schon ein paar Jahre alt. Die Frage scheint logisch: Nehmen die Eizellen mit zunehmendem Alter Schaden? Schließlich wissen wir doch, dass unser restlicher Körper ebenfalls mit dem Alter verschleißt.

Doch so arbeitet der Organismus nicht. Der Zeitpunkt, an dem es in den Zellen zu genetischen Schäden kommen kann, ist der Zeitpunkt ihrer Teilung. Das ist der Zeitpunkt, an dem Gene dupliziert werden, manchmal fehlerhaft. Da sich Spermien ständig erneuern, sind sie schadensanfälliger als Eizellen. Deshalb ist bei den Spermien – und nicht bei den Eizellen – die Wahrscheinlichkeit, dass sich Fehler einschleichen, höher. Genetiker sind der Auffassung, dass das ständige Kopieren die genetischen Fehler verursacht, die zu Kleinwüchsigkeit, Marfan-Syndrom und anderen Krankheiten bei Kindern älterer Väter führen. Das lernte Dolores im Medizinstudium. Da es ihr ausschließlich um die Lösung des Rätsels der Schizophrenie ging, fragte sie sich, ob das Fehlerpotenzial bei der Spermienproduktion zumindest teilweise für Schizophrenie verantwortlich ist.

An der Columbia University erfuhr Dolores Malaspina von den für ihre Forschungen hochinteressanten Verhältnissen in Israel. In den 1960er- und 1970er-Jahren wurden in und um Jerusalem systematisch Geburtsstatistiken erhoben sowie Angaben zu den Familien der Neugeborenen gesammelt. Alle diese Kinder unterlagen später als Erwachsene der israelischen Wehrpflicht und mussten sich einer ganzen Reihe von medizinischen Tests unterziehen. »Alle jüdischen Personen im Land müssen sich einer Musterungskommission stellen, die alle Rekruten auf ihre physische und psychische Verfassung untersucht und ihre Intelligenz testet«, berichtet Abraham Reichenberg, der als Neuropsychologe an der Mount Sinai School of Medicine in New York arbeitet. Mit ihm zusammen forschte Dolores über diese spezielle Population. »Die Erhebung erfasst praktisch jeden, außer wenn er außer Landes ist oder gestorben ist.« Da es keine Einschränkungen gibt, sind die Daten frei von tendenziellen Fehlern, die sich einschleichen, wenn Forscher zum Beispiel nur Personen untersuchen, die einen akademischen Abschluss, oder nur diejenigen, die ärztliche Hilfe gesucht haben.

Im Jahr 2001 untersuchte Dolores, ob das Risiko, an Schizophrenie zu erkranken, bei einem älteren Vater steigt, und sie stellte fest, dass dies der Fall ist. Ihre Arbeit war die erste repräsentative Studie, die sporadisch auftretende Fälle von Schizophrenie mit dem Alter des Vaters in Verbindung brachte. Viele Forscher glaubten nicht an diese These. »Wir waren fest davon überzeugt, dass sie die Wirklichkeit abbildet, aber andere dachten nicht so«, erinnerte sie sich. »Alle dachten, etwas muss anders sein, wenn Männer länger mit dem Kinderzeugen warten.« Diese älteren Väter hatten vielleicht selbst gewisse schizophrene Züge an sich, nicht in dem Ausmaß, um als krankhaft aufzufallen, aber doch so viel, dass sie länger brauchten, um im Leben Fuß zu fassen, zu heiraten und Kinder zu zeugen.

Andere Forschungsgruppen versuchten ähnliche Untersuchungen an anderen Populationen zu wiederholen. In allen Studien schauten die Forscher genau hin, ob irgendein anderer Umstand außer dem höheren Alter der Väter das Schizophrenie-Risiko der Kinder erhöht haben könnte. Die Verbindung zum Alter wurde aber dadurch klarer. »Das Ergebnis wurde mindestens siebenmal bestätigt«, sagte Robert K. Heinssen, der Leiter des Forschungsprogramms zur Schizophrenie am National Institute of Mental Health (das Institut hat Teile von Malaspinas Forschungsarbeit finanziert). »Wir reden von Beispielen aus Skandinavien, aus den USA und Japan. Der Befund betrifft nicht nur israelische Bürger oder Personen mit jüdischen Wurzeln.«

Malaspina ließ sich von dem Potenzial, das in dem israelischen Datenmaterial steckte, zu weiteren Forschungen inspirieren. So untersuchte sie, ob das Alter des Vaters auch Auswirkungen auf die Intelligenz der Kinder haben könnte. Aus vorangegangenen Studien war bekannt, dass Teenager, die später an Schizophrenie erkranken, einen geringfügig niedrigeren Intelligenzgrad haben als solche, die gesund bleiben. Malaspina und Reichenberg verbanden Daten über israelische Kinder mit den Befunden der medizinischen Tests sowie der IQ-Tests, die bei ihren Eltern gemacht worden waren. Die Kinder älterer Väter zeigten niedrigere Werte bei Tests, die die nonverbale Intelligenz messen, also solche, bei denen man sich Zahlenreihen merken oder visuelle Aufgaben lösen muss. Dahinter steht die Vermutung, dass alles, was das Schizophrenie-Risiko erhöht, auch die Bahnen im Gehirn berührt, die für die Intelligenzleistung zuständig sind.

Die Forscher wussten, dass die Tests bei der Musterung so konzipiert waren, dass sie u. a. auch Autismus bei jungen Männern und Frauen erfassten. Das gab ihnen die Möglichkeit, nach einem Zusammenhang zwischen Autismus und dem Alter des Vaters zu schauen. »Zwischen Autismus und Schizophrenie bestehen Gemeinsamkeiten, die Betroffenen haben schwere soziale Defizite«, sagte Reichenberg. »Es gab Gründe anzunehmen, dass ähnliche Risikofaktoren im Spiel waren.« Im Jahr 2006 veröffentlichten Reichenberg, Malaspina und Kollegen ihre Überblicksstudie, aus der hervorgeht, dass Kinder von Vätern, die 40 Jahre und älter sind, ein sechsmal höheres Risiko hatten, Autismus oder verwandte Störungen zu entwickeln, als Kinder mit Vätern, die unter 30 sind. Von dieser Studie hörte ich am Tag nach der Geburt unseres Sohnes.

Autistische Störungen treten in einer Häufigkeit von sechs auf 10 000 bei Kindern jüngerer Väter auf und von 32 auf 10 000 bei Kindern älterer Väter.[164] (Das ist auf den ersten Blick ein fünfmal höheres Risiko, doch nach statistischen Korrekturen läuft es auf ein sechsmal höheres Risiko hinaus.) Bei Kindern mit Vätern über 50 ist die Häufigkeit sogar 52 auf 10 000.

Reichenberg sieht in diesem Ergebnis eine solide wissenschaftliche Grundlage. Die Studie schließt zwar einen möglichen Beitrag älterer Mütter nicht aus, aber er ist zuversichtlich, dass die Väter für das gestiegene Autismus-Risiko verantwortlich sind. Er und Malaspina sahen sich mit der gleichen Frage konfrontiert, die bereits mit den Schizophrenie-Studien aufgetaucht war: Liegt das erhöhte Autismus-Risiko nur am Alter der Männer? Oder kann es sein, dass gerade Männer, die eher isoliert leben, eigenbrötlerisch sind und kommunikative Defizite haben – die man als leicht autistisch ansehen könnte –, erst spät heiraten und Kinder bekommen? Falls ja, würde das bedeuten, dass das Autismus-Risiko mit einem anderen Merkmal der Väter zusammenhinge – nicht mit ihrem Alter.

Gegen diese These gab es eine Reihe von Einwänden. Erstens, das Autismus-Risiko stieg stetig mit zunehmendem Alter, also über die 30, 40, 50. Würde das Autismus-Risiko von sozialen oder kommunikativen Problemen der Väter rühren, dürfte es nicht so direkt an das Lebensalter gebunden sein. Zweitens, der gleiche Einwand ist auch schon bei Müttern gemacht worden, von denen man, wie von den Männern, sagen könnte, dass sie selbst schon ein bisschen autistisch seien. Doch die Forscher fanden keine eindeutige Verbindung zwischen dem Alter der Mutter und dem Autismus-Risiko. Reichenberg und Malaspina sind daher überzeugt, dass die älteren Väter die Ursache sind. Ihre Auffassung wird von vielen anderen Forschern geteilt.

Ihre Ergebnisse sind seither mehrfach bestätigt und ausgeweitet worden. Zum Beispiel haben Forscher die Erbanlagen älterer Väter genauer untersucht, um herauszufinden, was an ihren Genen den schädlichen Einfluss auf ihre Kinder hat.[165] Schizophrenie und Autismus sind in Zusammenhang mit einem Mutationstyp, der sogenannten Kopienzahlvariation, gebracht worden. Dabei wird ein Abschnitt der DNA irrtümlich zwei- oder mehrmals kopiert, oder er wird um ein Glied verkürzt. Als man männliche Mäuse unterschiedlichen Alters mit jungen weiblichen Mäusen kreuzte, zeigten die Ergebnisse, dass die Nachkommen der älteren Mäuseväter sehr viel häufiger neue Mutationen dieses Typs aufwiesen als die Nachkommen junger Mäuseväter. Die Mutationen könnten daher die Verbindung bilden zwischen älteren Vätern und dem erhöhten Schizophrenie- oder Autismus-Risiko. Mehr Mutationen führen zu einer höheren Erkrankungsrate.

Verhält es sich aber auch so bei Menschen? Forscher sammelten Informationen über das Erbgut von 3443 Patienten mit geistigen Behinderungen – Personen, die intellektuell zurückgeblieben waren, nur über eingeschränkte kommunikative Fähigkeiten verfügten oder generell Hilfe zur Lebensführung brauchten.[166] Sie stellten fest, dass die meisten Patienten mit Kopienzahlvarianten dies von ihren Vätern geerbt hatten und dass die Mutationen vor allem in Verbindung mit älteren Vätern auftraten.

In Fortführung seiner Forschung über ältere Väter kreuzte Reichenberg weibliche Mäuse mit älteren männlichen Mäusen und anschließend wieder mit jüngeren männlichen Mäusen.[167] Die Nachkommen der älteren Väter suchten weniger sozialen Kontakt mit anderen Artgenossen und scheuten sich, eine neue Umgebung zu erkunden. Solche Verhaltensweisen beobachtet man auch bei Personen mit psychischen Erkrankungen.

Malaspina bat Jay Gingrich, einen Psychiater und Neurowissenschaftler an der Columbia University, der an Mäusen forscht, ob er sich an einer Studie über die Nachkommen älterer Väter beteiligen wolle. Nun kann Gingrich seine Mäuse nicht fragen, ob sie an Sinnestäuschungen leiden oder Stimmen hören. Aber er kann sie Tests unterziehen, die ähnlich konzipiert sind wie solche, bei denen Schizophrene Schwierigkeiten haben. Einer dieser Tests sah so aus: Eine junge Maus wurde behutsam in die Mitte einer Schachtel von der Größe eines Kantinentabletts gesetzt – eine für sie völlig neue Umgebung. Die Forscher wollten beobachten, wie viel sich die Maus bewegt. Wenn die Maus zu zittern beginnt und still sitzen bleibt, zeigt das, dass sie in einem bestimmten Hirnareal ein Defizit hat, von dem man weiß, dass es im Zusammenhang mit Schizophrenie steht. Bei Gingrichs Tests stellte sich heraus, dass die Mäusejungen älterer Väter langsamer im Erkunden dieser neuen Situation waren als solche junger Väter.

Dass ein Schwund von Fähigkeiten mit der erblichen Belastung durch den Vater zusammenhängt, zeigte Gingrich auch mit einem ganz anders konstruierten Test. Diesmal beobachtete er, wie Mäuse reagieren, wenn sie durch ein lautes Geräusch erschreckt werden. Mäuse sind uns Menschen in dieser Hinsicht ganz ähnlich – wenn sie ein lautes Geräusch hören, zucken sie zusammen. Und die Ähnlichkeit geht noch weiter: Wenn Mäuse oder Versuchspersonen erst ein leises Geräusch hören, ehe sie mit einem lauten erschreckt werden, dann zucken sie nicht so sehr zusammen. Das nennt man Prä-Pulshemmung, ein leiser Ton hemmt die Reaktion auf ein lautes Geräusch. »Bei einer Reihe psychischer Störungen, darunter auch Schizophrenie, Autismus, Zwangsstörungen und einige andere, ist dies abnormal«, sagte mir Gingrich. Und er beobachtete, dass es auch bei Mäusen mit älteren Vätern abnormal war. Der Forscher hatte sogar den Eindruck, dass die Befunde zu gut waren, um wahr zu sein. Erst als er und die Postdoc-Studentin Maira Milekic Daten über 100 Mäusejunge von jüngeren Väter und 100 Mäusejunge von älteren Vätern gesammelt und ausgewertet hatten, war er sich sicher, dass die Ergebnisse tatsächlich stimmten.

»Wir sind der Auffassung, dass dies eine wesentliche Ursache für sporadisch auftretende Schizophrenie ist«, urteilte Malaspina. Das wiederum würde bedeuten, dass es eine wesentliche Ursache für Schizophrenie überhaupt ist. Denn 80 Prozent der Erkrankungen sind sporadisch, d. h. sie treten nicht in mit Schizophrenie belasteten Familien auf.

In den vergangenen Jahren ist viel von einem Anstieg der Autismus-Fälle geredet worden. Die einen sagen, dass es sich um einen realen Anstieg handele, die anderen meinen, dass die Ärzte jetzt genauer untersuchen und deshalb auch mehr Fälle diagnostizieren. Ich fragte Reichenberg, ob die höhere Anzahl älterer Väter eine Erklärung für den Anstieg sein könnte. »Ich bin der Auffassung, dass wir es mit einem realen Anstieg der Autismus-Fälle zu tun haben«, sagte er mir. »Das höhere Alter vieler Väter könnte eine Erklärung dafür sein, aber einen Beweis gibt es nicht. Es können noch viele andere Risikofaktoren in den letzten Jahren zugenommen haben.«

Die Idee, dass die vielen Autismus-Fälle auf die wachsende Zahl älterer Väter zurückzuführen sei, bekam im Sommer 2012 gewaltigen Auftrieb, als sich der isländische Genetiker Kári Stefánsson und seine Kollegen der Frage annahmen.[168] Stefánsson ist der Generaldirektor von deCODE Genetics, einer in Reykjavík ansässigen Firma, die ihre Analysen auf die genetischen Daten von 140 000 Isländern und auf den tausendjährigen Stammbaum der gesamten isländischen Bevölkerung stützen kann. Die Forscher verglichen die Gensequenzen von 78 Paaren und ihren Kindern und fanden heraus, dass die Väter mit viel größerer Wahrscheinlichkeit neue Mutationen an ihre Kinder vererben als Mütter. Mehr noch, die Zahl der Mutationen, die Väter weitergaben, stieg mit dem Alter exponentiell. Ein 36-jähriger Mann vererbt zweimal mehr Mutationen als ein 20-jähriger, ein 70-jähriger wird achtmal so viele vererben. Nach ihren Schätzungen dürfte ein 2011 geborenes isländisches Kind mehr Mutationen aufweisen als eines, das 1960 geboren wurde. In diesem Zeitraum ist das durchschnittliche Alter der isländischen Väter von 28 auf 33 gestiegen. Viele Mutationen sind ungefährlich, aber manche stehen doch im Zusammenhang mit dem Anstieg der Schizophrenie- und Autismus-Fälle in Island.

Die Befunde der isländischen Forscher bieten sich als Erklärung für die wachsende Zahl der Autismus-Fälle an. Stefánsson berechnete, wie viele neue Autismus-Fälle es geben könnte als Folge der immer älteren Väter.[169] Die Mutationen, die er bei Kindern älterer Väter feststellte, könnten die Ursache von 20 bis 30 Prozent aller Autismus-Erkrankungen sein.[170] Das ist ein erstaunlich hoher Anteil. Stefánssons Studie brachte die Sorge um die immer älteren Väter in die Schlagzeilen der Presse und auf die Websites der elektronischen Medien.

Die Forscher akzeptieren die Befunde zu den älteren Vätern, aber über ihre Bedeutung herrscht Uneinigkeit. »Ich halte das für eine sehr interessante Forschungsarbeit«, sagte Daniel R. Weinberger, ein Psychiater und Schizophrenie-Experte, der das Lieber Institute for Brain Development in Baltimore leitet. Dass die Erkrankungsrate bei Kindern älterer Väter höher ist, zieht er nicht in Zweifel, aber er kann sich Malaspinas Auffassung, wonach dies die Hauptursache für Schizophrenie sei, nicht anschließen. Dazu, so Weinberger, wüssten die Forscher noch zu wenig über die Gene, die tatsächlich beim Ausbruch der Schizophrenie mitwirken. »Das ist eine wegweisende Beobachtung, aber wie bei vielen anderen Beobachtungen ist damit noch nicht die Wirkungsweise erkannt.« Weinberger möchte genau wissen, wie der Mechanismus arbeitet, ehe er sagen kann, was es damit auf sich hat.

Malaspina hat sich eingehend mit dem Mechanismus beschäftigt. Was passiert mit den Spermien alternder Männer, sodass darin die Ursache für ein erhöhtes Erkrankungsrisiko für ihre Nachkommen liegt? Naheliegend war zunächst der

Gedanke, dass es sich um eine klassische Mutation handele. Eine andere Möglichkeit wäre eine Veränderung in der Epigenetik der väterlichen Gene. Wie wir schon gesehen haben, besitzen manche Gene eine Kennung, die sie als vom Vater oder der Mutter kommend ausweist. Malaspina ist der Auffassung, dass sich bei älter werdenden Männern Fehler im Zellmechanismus einschleichen. Fehler in der genomischen Prägung könnten Ursache für das erhöhte Schizophrenie- und Autismus-Risiko sein, womöglich auch noch für weitere Krankheiten, die im Zusammenhang mit dem Alter des Vaters stehen. Nun ist es nicht möglich, in die Gehirne von Patienten zu blicken, um nachzuschauen, ob bei Schizophrenen Fehler im Imprinting vorliegen. Aber dafür sind ja Gingrichs Mäuse da. Er sucht nach solchen Prägungen im Gewebe von Mäusegehirnen, und aller Wahrscheinlichkeit nach wird er fehlerhafte Prägungen finden. Seine Forschungen zielen auf die Beantwortung der Fragen, die Weinberger zum Mechanismus der Schizophrenie bei Kindern älterer Väter hat.

Wenn erst einmal die im genetischen Sinn Schuldigen an Schizophrenie und Autismus entdeckt sind, wäre das ein großer Fortschritt im Verständnis dieser Krankheiten. »Wir werden diese Art Forschung fortsetzen und entsprechend finanzieren, weil wir unbedingt die genetischen Grundlagen verstehen wollen«, sagt Thomas R. Insel vom National Institute of Mental Health. »Mit der nötigen Ausdauer und einem Quäntchen Glück werden die Forscher bessere Therapien oder sogar eine Heilung für Schizophrenie und Autismus finden.«

Es gibt Früherkennungstests, die routinemäßig an den Föten älterer Frauen durchgeführt werden, um z. B. Down-Syndrom zu erkennen. Weder für Autismus noch für Schizophrenie gibt es eine pränatale Diagnostik. Die anderen vermutlich durch ältere Väter vererbten Krankheiten sind so selten, dass es nicht praktikabel wäre, alle älteren Paare auf diese Eventualitäten zu testen, selbst wenn Routinetests zur Verfügung stünden. Noch ist es nicht möglich, das Sperma eines älteren Mannes dahingehend zu untersuchen, ob seine Nachkommen gefährdet sein könnten. Die Ärzte können solche Väter lediglich über die Risiken aufklären, sodass diese ihre Entscheidung auf der Grundlage dieser Informationen treffen können. Auch das geschieht nicht, aber das sollte sich ändern. Bei einer genetischen Beratung werden diese Informationen oft nicht gegeben, weil nichts zur Minimierung der Risiken getan werden kann. Es wird Paare geben, die sich nach einer solchen Aufklärung gegen Kinder entscheiden. Diese Wahl sollte man ihnen lassen.

Das American College of Medical Genetics nimmt die Risiken zur Kenntnis, schlägt aber nur vor,[171] dass ältere Väter über das erhöhte Risiko des Down-Syndroms aufgeklärt werden sollen. Von Hinweisen auf das Autismus- und Schizophrenie-Risiko wird Abstand genommen. Abschließend empfiehlt das Gremium, dass »interessierte Paare eine für sie zugeschnittene genetische Beratung erhalten, um auf ihre Befürchtungen einzugehen«. Ich deute das so, dass Paare, die sich über die Risiken der Vaterschaft im vorgerückten Alter Sorgen machen, Fragen stellen sollen, die dann auch beantwortet werden. Wenn sie aber aus eigenem Antrieb nicht fragen, werden sie auch nicht aufgeklärt.

Das halte ich für falsch. Ich rief zwei ehemalige Präsidenten des American College of Medical Genetics an, Charles J. Epstein und Marilyn C. Jones,[172] und fragte sie, welchen Sinn diese Politik des »Frage nicht, sage nichts« haben solle, besonders angesichts der neuen Forschungslage. »Meine Philosophie war immer, mit den Menschen wahrhaftig zu sein und ihnen zu sagen, was sie wissen wollen«, sagte mir Epstein. »Aber stets alles zu sagen, wenn jemand zur Beratung kommt, würde wohl mehr Angst als Einsicht verbreiten.«

Wozu dann aber das ganze Aufhebens über das Down-Syndrom bei Kindern älterer Frauen, wenn die Risiken bei Kindern älterer Väter ganz ähnlich gelagert sind? »Das Down-Syndrom muss in der Beratung angesprochen werden, andernfalls kann man gerichtlich verklagt werden«, sagte Epstein. »Außerdem haben die Betroffenen Optionen. Man kann eine pränatale Diagnose vornehmen lassen, man hat die Option des Abbruchs.« Schließlich macht er deutlich, dass die allgemeine Rate für abnormale Entwicklungen bei Neugeborenen bei zwei bis vier Prozent liege. Ein dreiprozentiges Risiko für Schizophrenie bei Kindern von Vätern über 50 sei also keinesfalls gravierend. Man könne es auch weniger angsteinflößend formulieren: Ein 50-jähriger Mann hat eine 97-prozentige Chance, ein Kind ohne Schizophrenie zu bekommen.

Marilyn Jones ist mit Epstein einig: »In der Beratung von Paaren im vorgerückten Alter wird das Alter des Vaters gewöhnlich nicht thematisiert, weil es keinen einfachen Test zur Bestimmung des Risikos gibt«, sagte sie im Interview. »Wenn man einem Paar außer Befürchtungen nichts anzubieten hat, schneiden viele Berater und Ärzte das Thema gar nicht erst an.« Arthur L. Caplan, der Leiter des Instituts für medizinische Ethik an der New York University ist mit der Vermeidungstaktik der Genetiker nicht einverstanden. »Die Experten sollten die Informationen geben, über die sie verfügen«,[173] meinte er. »Eltern möchten sich auf alles vorbereiten; das könnte auch eine künftige Entscheidung für Nachwuchs betreffen.« Eltern sollten unbedingt über alle Informationen verfügen, denn »es betrifft die Gesundheit einer

Person, für die niemand sprechen kann – das Kind.« Marilyn Jones fragte mich übrigens, was ich getan hätte, wenn ich die Risiken gekannt hätte, als meine Frau Elizabeth mit unserem Sohn schwanger war. Meine Antwort war: Wahrscheinlich gar nichts. Aber ich hätte mir gewünscht, informiert zu werden.

Manche Forscher fürchten, dass die jüngsten Befunde über Schizophrenie und Autismus erst der Anfang der Komplikationen seien, die mit dem Problem der älteren Väter auf uns zukommen. »Wenn bei einer wohlbekannten Krankheit ein Zusammenhang mit älteren biologischen Vätern besteht, dann dürfen wir annehmen, dass noch mehr in dieser Richtung zu entdecken ist«, behauptet Elliot S. Gershon, ein Psychiater an der Universität von Chicago. »Die heute bei Männern und Frauen gängige Praxis, das Kinderkriegen und Kinderaufziehen so lange hinauszuzögern, bis sie dazu fast zu alt sind, hat verheerende Folgen. Schon seit langem ist bekannt, dass dieses Hinauszögern für Frauen das Problem der Unfruchtbarkeit bzw. das Down-Syndrom mit sich bringen kann. Nun wissen wir, dass auch Kinder von Männern, die die Vaterschaft hinausgezögert haben, am Ende einen hohen Preis zahlen.«

Herbert Y. Meltzer, ein Psychiater und anerkannter Schizophrenie-Experte an der Northwestern University, glaubt, dass die Risiken für Kinder älterer Väter bald als genauso bedeutend angesehen werden wie die Risiken, die ältere Mütter zu gewärtigen haben. »Das wird immer mehr zu einem Thema in der Gesellschaft werden«,[174] prophezeit er. »Schizophrenie ist eine schreckliche Krankheit, deshalb ist alles, was zu ihrer Eindämmung getan werden kann, von größter Wichtigkeit.« Nach Meltzer sollten Frauen an dieses Risiko denken, wenn sie Partner wählen, mit denen sie Kinder haben wollen. Männer wiederum sollten erwägen, ob sie Sperma einfrieren lassen, solange sie noch jung sind.

Ein bekannter Schizophrenie-Forscher teilt diese Sichtweise. Er sei besorgt über seinen Sohn, der mit 42 Jahren erst geheiratet hat. »Ich habe ihn auf die Risiken hingewiesen, nicht um ihn zu verunsichern, sondern um ihn zu informieren«, sagte er mir. »Er und seine Frau sollten sich sputen, wenn sie Kinder haben wollen.«

Dolores Malaspina hält es für unangebracht, älteren Männern zu sagen, was sie zu tun haben. Aber sogar diese neutrale Haltung habe ihr Probleme eingebracht. »Ich versuche nicht, Männern, gleich welchen Alters, die Idee, Nachwuchs zu haben, auszureden. Und ich habe E-Mails von Leuten bekommen, die mich kritisieren: Wie können Sie es wagen! Wissen Sie denn nicht, was das für eine schreckliche Krankheit ist? Ich erwidere darauf nur, dass die Risiken für jedes Kind von einem Mann gleich welchen Alters doch recht gering sind.« Malaspina glaubt, dass Männer die Risiken kennen und in der Lage sein sollten, ihre Entscheidung selbst zu treffen. »Männer sollten wissen, dass dies ein Problem ist, wie es ja auch Frauen bekannt ist. Männer und Frauen haben ihre gesündesten Kinder, wenn beide in den Zwanzigern sind.«

Dieses Problem hat Dolores Malaspina auch selbst gehabt. Mit einer schizophrenen Schwester sah sie sich dem dreiprozentigen Risiko gegenüber, ein schizophrenes Kind zu bekommen – das gleiche Risiko, das ich mit unserem Sohn habe. Trotzdem hat sie sich entschlossen, ein Kind zu haben. Sie hat eine Tochter, die mittlerweile studiert und einen Abschluss in Medizin anstrebt.

Das eigentliche Problem, so sieht es Malaspina, liegt darin, dass wir in einer Welt leben, in der es für viele Menschen immer schwieriger wird, Kinder zu bekommen, wenn sie noch jung sind. »Wir brauchen mehr Kinderbetreuung. Wir müssen die Vereinbarkeit von Kindererziehung und Karriere anstreben.« In ihrem Berufszweig sei es üblich, dass Studentinnen das Kinderbekommen bis zum Ende der beruflichen Praktika verschieben und finanziell auf eigenen Beinen stehen. Dann seien die Jahre für die gesündeste Mutterschaft aber schon verstrichen. In der Vergangenheit war nur das Alter der Frauen ein Problem, nun aber, da auch die Risiken durch ältere Väter wissenschaftlich belegt sind, hat das ganze Thema an Brisanz gewonnen.

Die meisten Nachrichten über ältere Väter sind nicht gut, aber die Forscher haben auch zwei Beispiele dafür gefunden, dass die Gene älterer Väter ihren Kindern Positives weitergeben. Das erste Beispiel fand ich sehr dramatisch und unerwartet: Kinder älterer Väter weisen eine genetische Besonderheit auf, die mit Langlebigkeit in Verbindung steht. Gleiches gilt für deren Kinder, also für die Enkel der älteren Väter. Die Wahrscheinlichkeit eines langen Lebens bezieht sich also auf mindestens zwei Generationen. Kinder älterer Väter – deren Väter wiederum auch schon älter waren, als sie Vater wurden – haben diesen Vorteil in zweifacher Weise.

Der genetische Vorteil, um den es hier geht, liegt an einer Veränderung der sogenannten Telomere. Das sind die Enden der Chromosomen, die das Chromosom bei dessen Teilung vor Beschädigung schützen. In den meisten Geweben unseres Körpers werden die Telomere mit dem Alter immer kürzer[175] – was einige Folgen des Alters erklären kann. Kinder älterer Väter haben Telomere, die länger sind als gewöhnlich. Diese langen Telomere vererben sie an ihre Kinder, die dann sogar noch längere haben. Längere Telomere versprechen Gesundheit und ein langes Leben. Das wäre dann ohne Abstriche ein schönes Geschenk älterer Väter an ihre Kinder.

Der zweite erstaunliche Befund über die Kinder älterer Väter besteht darin, dass sie etwas größer und schlanker werden als die Kinder jüngerer Väter.[176] Kinder mit Vätern über 30 waren im Durchschnitt ein Zoll (2,54 cm) größer als Kinder mit Vätern unter 30. Und sie haben ein geringeres Risiko, als Erwachsene fettleibig zu werden. Allerdings hatten solche Kinder auch einen niedrigeren HDL-Cholesterinspiegel, also ein erhöhtes Risiko für Herzkreislauferkrankungen. Die Kinder könnten im Erwachsenenalter solche Krankheiten entwickeln. Die Probleme im Zusammenhang mit Vaterschaft im vorgerückten Alter sind ungleich dramatischer als eventuelle Vorteile. Schon die bunte Mischung legt nahe, dass wir noch viel mehr erforschen müssen, was auf molekularer Ebene geschieht. Auch Männer haben wohl eine biologische Uhr, aber die Biologie des menschlichen Organismus ist komplex, und die Uhr scheint auch einmal die falsche Zeit anzuzeigen.

Vor ein paar Jahren hat Thomas Foote, ein pensionierter Dozent für Kreatives Schreiben am Evergreen State College in Olympia, Washington, herausfinden wollen, wie ältere Väter mit ihrer biologischen Uhr umgehen. Er sammelte dazu Erzählungen von älteren Väter, in denen sie über ihre Erfahrungen berichten. (Als Foote selbst 60 Jahre alt war, bekamen er und seine Frau einen Sohn; der Junge leidet am Down-Syndrom.) Viele dieser Väter waren zum zweiten Mal verheiratet und hatten sich von ihren jüngeren Ehefrauen überzeugen lassen, noch einmal Kinder zu bekommen. Die meisten waren selbst überrascht, wie sehr sie das Vatersein genossen. Viele, die schon in ihrer ersten Ehe Kinder hatten, sahen nun eine Chance, es besser zu machen und die Fehler zu vermeiden, die sie bei ihren älteren Kindern gemacht hatten. Und die meisten sagten, sie würden jetzt mehr Zeit mit den Kindern verbringen und hätten eine innigere Beziehung zu ihnen als in der Zeit, als sie junge Väter waren.

Die Freuden und Gefahren älterer Vaterschaft haben viele Kulturkritiker zu dem Urteil verleitet, darin eine süße Vergeltung zu sehen. Für Frauen ist die Entscheidung über den Zeitpunkt des Kinderkriegens schon seit Jahrzehnten ein Problem. Väter schienen davon nicht betroffen. Sie konnten in jedem Lebensalter Kinder zeugen, so klug oder unklug das auch sein mochte. Die Vorstellung, dass das Alter des Vaters ein Risiko für das Neugeborene darstellen kann, war unerwartet und verstörend. Meine Frau und ich haben, auch nachdem wir über die Risiken durch ältere Väter Bescheid wussten, ein zweites Kind bekommen. Beide sind jetzt alt genug, dass wir uns um das Risiko des Autismus nicht mehr sorgen müssen. Aber wir müssen noch Jahre warten, bis wir bei ihnen das Schizophrenie-Risiko mit Gewissheit ausschließen können. Ich denke nicht oft daran, aber ganz los werde ich meine Befürchtungen nicht.

Kapitel 9
Was Väter leisten

Ich bin in einer Vorstadtsiedlung von Detroit aufgewachsen. Die Wohnhäuser waren alle aus kürbisrotem Ziegelstein, jeden Vorgarten zierte eine spindeldürre, mit Stützpfahl versehene Rotkiefer, und im Garten hinter dem Haus gehörten gewöhnlich ein dreibeiniger, runder Grill und ein Vogelbad aus Beton zur Grundausstattung.

Die meisten Väter in der Siedlung arbeiteten in den Autofabriken oder bei den Zulieferfirmen. Mein Vater war einer von diesen Männern. Er arbeitete von sieben Uhr morgens bis halb vier nachmittags und kam gegen vier Uhr nach Hause. Wir waren in vielerlei Hinsicht eine traditionelle Familie in einer gewöhnlichen Siedlung mit einem Fernsehgerät, einem Auto und einem Traum. Der Traum meiner Eltern war, dass meine Schwester oder ich einmal studieren würden, was weder meiner Mutter noch meinem Vater vergönnt gewesen war.

In einer Hinsicht unterschieden wir uns aber von den anderen Familien in der Siedlung. Schon sehr früh, noch bevor andere Mütter in der Nachbarschaft außer Haus arbeiteten, nahm meine Mutter einen Job als Aushilfskraft bei Ford an. Dreimal in der Woche ging sie um fünf Uhr nachmittags in die Fabrik, in der um diese Zeit keine normalen Beschäftigten mehr anzutreffen waren, und verrichtete bis 22 oder 23 Uhr all die Arbeiten im Büro, mit denen die Sekretärinnen in der Hauptarbeitszeit nicht fertig geworden waren.

Meine Mutter ging immer zur Arbeit, wenn mein Vater nach Hause kam. Er bereitete das Abendessen für meine Schwester und mich. Nach dem Essen schauten wir fern oder wir spielten »Gespenst«, das war ein Spiel, das mein Vater erfunden hatte. Dazu schaltete er alle elektrischen Lampen aus und sprang dann aus einer Ecke, wo wir ihn nicht erwartet hatten. Angsterfüllt und doch freudig erregt schmiegten wir Kinder uns aneinander. (Damals wusste ich es nicht, aber das war genau die Art Spiele, für die Väter bekannt sind.)

Meine Eltern versuchten nicht, die Geschlechterrollen neu zu erfinden, die Gleichberechtigung in der Ehe zu praktizieren oder eine neue soziale Bewegung ins Leben zu rufen. Sie wollten nur eine Familie aufbauen. Nach ihrer Heirat wohnten sie zwei Jahre lang mit meiner Großmutter zusammen, um das Geld für die Anzahlung auf das Haus zusammenzukratzen, in dem meine Schwester und ich aufwuchsen. So unglaublich das heutzutage klingen mag, aber sie hätten die monatliche Tilgungsrate von 65 Dollar für das 13 000 Dollar teure Siedlungshaus nicht zahlen können, wenn sie nicht beide erwerbstätig gewesen wären.

Selbstverständlich gingen auch andere Mütter außer Haus arbeiten, anfangs in Teilzeit, später auch ganztags. Für die meisten amerikanischen Familien änderte sich das Leben von Grund auf. Heute ist es für eine Familie aus der Mittelschicht fast unmöglich, über die Runden zu kommen, wenn nur ein Elternteil Geld verdient.

Das war in den 1960er-Jahren. Wenn wir über die Arbeitsteilung in der Familie sprechen, setzen wir meist in dieser Zeit an. Wenn wir das Ganze mit etwas mehr Abstand betrachten wollen, gehen wir zur gewerblichen Frauenarbeit während des Zweiten Weltkriegs oder noch weiter zu den

Anfängen des Industriezeitalters zurück, als die Väter die Familien verließen und in die Fabriken arbeiten gingen. Doch die Arbeitsteilung in der Familie hat ihren Ursprung viel, viel früher. Soweit wir heute wissen, teilten sich schon in vorgeschichtlichen Zeiten Mütter und Väter die Arbeit innerhalb der Familie, jeder trug auf seine Weise zum Großziehen der Kinder und zum Wohlergehen der ganzen Familie bei.

Freilich ist es auch wahr, dass sich in den letzten Jahrzehnten die Struktur der Familie gewandelt hat. Heute leben viel mehr Väter getrennt von ihren Familien, was zu hitzigen Debatten über das Problem der Vaterlosigkeit und die Folgen für die Kinder geführt hat. Ganz gleich, wie wir darüber denken – und die Ansichten gehen weit auseinander –, vaterlose Familien geben uns eine andere Anschauung vom Wesen der Väter, weil wir an ihnen sehen, was geschieht, wenn der Vater in der Familie fehlt. Zuerst wollen wir betrachten, welchen Beitrag Väter für die Familie und den Familienhaushalt leisten, dann gehen wir näher auf das Thema der vaterlosen Familien ein.

Spekulationen über das Sozialverhalten unserer Ahnen in prähistorischer Zeit sind schwer zu beweisen oder zu widerlegen, wahrscheinlich werden wir nie wissen, was damals wirklich geschah. Aber die Arbeitsteilung nach Geschlechtern soll »eine menschliche Universalie« sein,[177] also für alle Kulturen gültig, behauptet der Anthropologe Richard Wrangham von der Harvard-Universität. Das hieße, dass es vor mindestens 60 000 Jahren bereits diese Sozialform gegeben haben muss, ehe sich die menschliche Gattung über den ganzen Planeten ausgebreitet und sich in verschiedene Kulturen aufgespalten hat. Wrangham hat eine faszinierende Theorie, wie und warum es dazu gekommen ist.

Ich finde Wranghams Forschungsarbeit aus zwei Gründen interessant: Wir erfahren aus ihr nicht nur viel über Väter und ihre Rolle in der Familie, sondern sie zwingt uns auch, das menschliche Familienleben aus einer weiten Perspektive zu betrachten und unsere herkömmlichen Ansichten neu zu überdenken. Für Wrangham beginnt es mit der Beherrschung des Feuers. Um sich eine Vorstellung von den Anfängen der Arbeitsteilung zu machen, stützt sich Wrangham, wie schon Barry Hewlett und andere Sozialforscher, auf die Beobachtungen bei noch heute existierenden primitiven Gesellschaften von Jägern und Sammlern. In Wranghams Fall sind das die Hadza, ein Stamm im Norden Tansanias.

Am Morgen machen sich die Hadza-Frauen mit ihren Babys und älteren Kinder auf die Suche nach einer *Ekwa* genannten Knollenfrucht, ihrem Hauptnahrungsmittel. Sie brauchen mehrere Stunden, um den Vorrat für einen Tag zu sammeln. Dann halten sie Mittagspause – mit gebratenen Ekwas als Speise – und kehren anschließend, jeder mit rund 30 Pfund Knollenfrüchten als Gepäck, ins Lager zurück. Auch die Männer verlassen am Morgen das Lager. Sie gehen mit Pfeil und Bogen auf die Jagd. Für das Abendessen bringen manche erlegtes Wild, manche Honig und manche auch gar nichts heim.

Das Bemerkenswerte hieran ist nicht nur die unterschiedliche Form der Arbeit bei Männern und Frauen, sondern auch die Nahrung, die sie heimbringen. Jedes Geschlecht hat seine eigene Zutatenliste. Die Frauen sorgen für das Hauptnahrungsmittel, und die Männer bringen die Delikatessen. Ein weiteres wichtiges Merkmal ihres Alltags besteht darin, dass sie alles, was sie zur Ernährung brauchen, zusammenlegen und teilen. Uns überrascht das nicht, aber es ist keine Selbstverständlichkeit: Menschen sind die einzigen Primaten, bei denen Erwachsene die Nahrung untereinander teilen. »Viele Primaten wie Gibbons und Gorillas leben in Familien«, schreibt Wrangham. »Männchen und Weibchen verbringen den ganzen Tag gemeinsam, sie gehen rücksichtsvoll miteinander um und kümmern sich gemeinsam um ihren Nachwuchs, aber anders als wir Menschen, geben sie sich niemals gegenseitig zu essen.«

Die Wissenschaft hat der Teilung der Arbeit in der Familie große Bedeutung beigemessen. Der Soziologe Emile Durkheim war der Auffassung, dass es ethisches Verhalten fördere, da »eine Bindung innerhalb der Familie« entstehe. Andere Wissenschaftler meinen, dass sich durch die Kooperation die menschliche Intelligenz entwickelt habe. Ein Anthropologenpaar nannte die Arbeitsteilung nach Geschlechtern die »Wasserscheide, die äffisches Verhalten von menschlicher Lebensweise« trenne. Auch Wrangham hält die Arbeitsteilung für bedeutsam, aber für ihn ist eine andere Entwicklung, die damit einhergeht, noch wichtiger: Kochen. Große Menschenaffen verbringen die Hälfte ihrer wachen Zeit mit Kauen, denn die rohe, nicht zubereitete Kost, von der sie leben – in erster Linie reife Früchte, die oft nicht genießbare Kerne oder ein Mark enthalten –, erfordert sorgfältiges Kauen, ehe sie hinuntergeschluckt und verdaut werden kann. Wenn wir mit der gleichen Rohkost, die Gorillas bevorzugen, vorliebnähmen, müssten wir rund 40 Prozent unseres Tages mit Kauen verbringen, mehr als die Hälfte unseres Wachlebens. Wenn ein Jäger fünf Stunden am Tag mit Kauen verbringen würde, bliebe ihm nicht genug Zeit zum Jagen. Gegarte Nahrung ist weicher und einfacher zu essen, also kann sie auch rascher gegessen werden. Durch Kochen verlängert sich der Arbeitstag, argumentiert Wrangham. Männer hatten Zeit, auf die Jagd zu gehen, daher ist das Kochen ein wesentlicher Faktor für Arbeitsteilung nach Geschlechtern. Dank der Beherrschung des Feuers verkürzte sich die Zeit der Nahrungsaufnahme, außerdem konnten die heimkehrenden Jäger auch noch nach Einbruch der Dunkelheit essen, womit wieder die nutzbare Zeit bei Tageslicht ausgedehnt wurde. Die Jäger konnten dem Wild bis in die Abenddämmerung nachstellen und danach immer noch ihr Abendessen im Kreis der Familie einnehmen. Damit war allen gedient, Frauen und Kinder eingeschlossen. Vor allem aber war es für die Männer angenehm. Die Frauen kochten jeden Abend für sie. Dass die Männer solch eine vorteilhafte Lösung bekamen, lag nach Wrangham Ansicht daran, dass sie die Frauen dazu nötigten. Es war eine primitive »Schutzgelderpressung, bei der die Ehemänner ihre Verbindungen zu anderen Männern in der Stammesgemeinschaft ausnutzten, um ihre Ehefrauen vor Raub zu schützen, und die Ehefrauen vergalten ihnen den Schutz mit der Gunst, jeden Abend für sie zu kochen«.

Forscher haben nach Ausnahmen von dieser Arbeitsteilung gesucht, aber nicht viele gefunden. Eine Studie aus den 1970er-Jahren hat 185 Kulturen unter dem Aspekt des Kochens und anderer Familienaktivitäten verglichen. Das Fazit lautete, dass in 98 Prozent der Fälle die Frauen für das Kochen verantwortlich waren. Eine solche Überblicksstudie wird wohl kaum wiederholt werden, aber es gibt auch keinen Grund anzunehmen, dass sich in den vergangenen Jahrzehnten in dieser Hinsicht Wesentliches geändert hat. Selbst in den wenigen Gesellschaften, in denen die Frauen nicht ausschließlich für das Kochen verantwortlich waren, kochten Männer nur für die ganze Gemeinschaft, Frauen sorgten auch dort für das Kochen innerhalb der Familie. Und die Forscher fanden nur eine Ausnahme in den Gemeinschaften:

Männer hatten eine Vorliebe für das Fleischbraten. Offenbar ist die Leidenschaft vieler Männer, am Grill zu stehen, keine moderne Entwicklung und auch keine amerikanische Erfindung, sondern lediglich die jüngste Variante einer altehrwürdigen und weit verbreiteten Praxis.

Wrangham gab sich alle Mühe, eine Gemeinschaft, und sei sie noch so klein, zu finden, die diese allgemeine Regel brach. Er stieß dabei auf Studien der Anthropologin Maria Lepowsky, die das Volk von Vanatinai, einer Insel im Südpazifik, erforscht hat. »Das Leben dort war für Frauen wirklich gut«, schreibt Wrangham. »Beide Geschlechter konnten Feste ausrichten ... Schweine züchten, jagen, fischen, an Kriegszügen teilnehmen, Land besitzen und erben« und dergleichen mehr. In vieler Hinsicht bot dieses Volk ein faszinierendes Beispiel für die Gleichheit der Geschlechter. Und doch versahen die Frauen alle häuslichen Tätigkeiten wie Kochen, Abwaschen, Wasserholen und das Beseitigen der tierischen Abfälle.

Das Erstaunliche ist, dass sich diese Arbeitsteilung zu weiten Teilen bis in unsere Zeit erhalten hat. Amerikanische Familien, die in Doppeletagenwohnungen oder in Hochhäusern leben, haben nicht viel mit Wildbeutern gemein, doch in einem Punkt gleichen sie sich: Sie haben ihren familiären Haushalt auf dieselbe Weise geregelt. »Kochen brachte große Vorteile für die Ernährung«, hebt Wrangham hervor, »aber es drängte Frauen in eine dienende Rolle innerhalb einer von Männern dominierten Kultur ... Das ergibt kein schönes Bild.«

Wranghams Hypothese über die Rolle des Kochens fand nicht einhellige Zustimmung. Was die Datierung betrifft, gibt es tatsächlich ein Problem. Wrangham ist der Ansicht, dass die Speisenzubereitung durch Kochen und Braten während der Zeit des *Homo erectus* begann. Dieser Vorläufer des heutigen Menschen lebte zwischen 1,9 und 1,6 Millionen Jahren vor unserer Zeitrechnung. Der *Homo erectus* hatte ein deutlich größeres Gehirn als sei Vorgänger, der *Homo habilis,* und nach Wranghams Ansicht ist die Zunahme an Gehirnvolumen eine Folge des Kochens. Die Vergrößerung des Gehirns geschah zur gleichen Zeit wie die Verkleinerung der Zähne des menschlichen Gebisses. Auch das ist ein Zeichen dafür, dass das Kochen zur gängigen Praxis wurde, denn gekochte Nahrung ist leichter zu kauen. Leider gibt es so gut wie keine Belege, dass die Menschen das Feuer schon zu einem solch frühen Zeitpunkt beherrscht haben. C. Loring Brace, ein Anthropologe von der University of Michigan, weist darauf hin, dass der Neandertaler erwiesenermaßen vor 200 000 Jahren das Kochen und Braten entwickelte,[178] also keineswegs so weit zurück in der Zeit wie Wranghams Hypothese es erfordert. Das größere Gehirnvolumen und die kleineren Zähne könnten auch durch eine veränderte Ernährung und nicht durch Kochen ausgelöst worden sein. Trotz dieser Einwände hat Wranghams Theorie etwas Bestechendes. Vor allem bereichert sie die gegenwärtige Diskussion über die Geschlechterrollen um eine stammesgeschichtliche Komponente.

Die Zuteilung der Geschlechterrollen hatte auch nach Erfindung des Ackerbaus vor rund 10 000 Jahren weiterhin Bestand. Die Männer bestellten die Felder, und die Frauen bereiteten das Essen und kümmerten sich auch vorwiegend um die Kinder. Die familiäre Arbeitsteilung hielt sich auch in den ersten Stadtstaaten, die vor 5 000 Jahren entstanden. Alle diese Tatsachen bedeuten nicht, dass wir für immer an die Arbeitsteilung gebunden sind, wie sie in prähistorischer Zeit entstanden ist. Aus der Stammesgeschichte des Menschen ergibt sich kein Grund, dass Frauen in jedem Fall das Kochen zu übernehmen hätten. Wenn wir die Struktur, wie die Arbeit in der Familie geregelt ist, ändern wollen, ist es gut zu wissen, dass die gegenwärtige Struktur nicht erst mit unseren Eltern oder Großeltern entstanden ist, sondern sehr viel weiter in die Vergangenheit zurückreicht. Unsere Geschlechterrollen gibt es schon seit grauer Vorzeit.

Es kommt selten vor, dass bei Diskussionen über die Rolle von Müttern und Vätern im familiären Haushalt und in der Kinderbetreuung eine so weite Perspektive eingenommen wird. Wenn wir ein tieferes Verständnis der familiären Rollenverteilung erlangen wollen, sollten wir nicht nur im Auge behalten, wie es bei unsern Vätern und Großvätern gewesen ist, sondern wir müssen eigentlich viel weiter zurückgehen – bis an den Beginn der Menschheit, hier liegen die Wurzeln.

Das Aufkommen des Ackerbaus, die Entwicklung von Stadtstaaten, die industrielle Produktion brachten jedes Mal einen dramatischen Wandel für das Familienleben. Für den überwiegenden Teil der Menschheitsgeschichte sorgten Väter für den Schutz ihrer Kinder und lehrten sie die Techniken, die für ihr Überleben und Wohlergehen nötig waren. Da dies für so lange Zeiträume Gültigkeit hatte, haben sich die Väter diesen selbstverständlich erscheinenden Erfordernissen angepasst.

In vorgeschichtlichen Zeiten brachten Väter ihren Kindern Arbeitstechniken bei.[179] Die Kinder schauten ihnen bei der Arbeit zu und halfen oft auch mit. Heutzutage sind es oft die Kinder, die ihren Vätern zeigen, wie man ein Smartphone oder einen Computer bedient. Althergebrachte Traditionen, die vom Vater auf den Sohn überliefert wurden, müssen heute mit der aktuellen Kultur der Massenmedien konkurrieren, mit der sich die Kinder oft besser auskennen als die Eltern.

Wir beurteilen Väter nicht mehr ausschließlich nach ihrer Fähigkeit, ihre Kinder zu schützen und ihnen etwas beizubringen, denn wir haben diese Aufgaben an den Staat delegiert. Stattdessen beurteilen wir Väter nach ihrem finanziellen Beitrag zum Familienhaushalt und ihrem Anteil an der Betreuung. Väter verdienen heute im Beruf das Geld, mit dem sie jemand anderen bezahlen, der ihren Kindern das Nötige beibringt.

In den vergangenen 50 Jahren hat sich in den USA der Wandel im Familien- und Arbeitsleben beschleunigt und sich zu einem unaufhaltsamen Trend entwickelt.[180] Im Jahr 1965 arbeiteten 42 Prozent der Frauen zwischen 16 und 64. Der Anteil der Männer in der gleichen Altersspanne belief sich auf 85 Prozent, also mehr als doppelt so viel. Die Beschäftigungsrate der Frauen stieg im restlichen 20. Jahrhundert ständig und erreichte im Jahr 2000 mit 68 Prozent seinen höchsten Stand. Im Jahr 2001 fiel sie wegen der Rezession auf 62 Prozent. Während die Beschäftigungsrate der Frauen stieg, fiel die Rate der Männer bis 2011 auf 71 Prozent.

Die Unterschiede zwischen Müttern und Vätern sind sogar noch größer, als diese Zahlen zeigen. Im gleichen Zeitraum, zwischen 1965 und 2011, fiel die Arbeitszeit der Männer von 42 Wochenstunden auf durchschnittliche 37 Wochenstunden. Bei den Müttern ging der Trend in die entgegengesetzte Richtung. Ihre bezahlte Arbeitszeit stieg von 8,4 Wochenstunden im Jahr 1965 auf 21,4 Wochenstunden im Jahr 2011. Hinzu kommt, dass Mütter und Väter mehr Zeit mit ihren Kindern verbringen. Bei den Vätern hat sich die Zahl fast verdreifacht, von 2,5 Stunden auf 7,3 Stunden pro Woche. Die Zeit, die Mütter mit ihren Kindern verbringen, ist leicht gestiegen und beträgt nun 13,5 Stunden pro Woche, das ist fast doppelt so viel wie die der Väter.

Mütter verbringen mehr Zeit mit Hausarbeit und Kinderbetreuung als Väter, diese Kluft ist wohlbekannt. Zählt man aber alle Stunden zusammen, die Männer und Frauen sowohl mit Arbeit daheim als auch mit Arbeit im Beruf verbringen, dann stößt man auf eine erstaunliche Übereinstimmung: Väter verbringen 54,2 Stunden pro Woche mit bezahlter und unbezahlter Arbeit. Bei Müttern sind es 52,7 Stunden pro Woche. Zwar bestehen weiterhin Diskrepanzen und unterschiedliche Trends zwischen den Geschlechtern, aber insgesamt arbeiten Mütter und Väter gleich lang – 2011 rund drei Stunden pro Woche länger als im Jahr 1965.

Ellen Galinsky und ihre Kollegen vom Institut für Familie und Arbeit haben herausgefunden, dass Männer einen größeren Konflikt im Verhältnis von Arbeit und Familie erleben als Frauen.[181] Das überrascht, denn gewöhnlich stehen bei Diskussionen über Arbeit und Familie die Frauen im Mittelpunkt. Hier findet ein tiefgreifender Wandel statt. Laut einer repräsentativen Umfrage unter Männern und Frauen im Jahr 2009 gaben 49 Prozent der Männer an, Konflikte zwischen Arbeit und Familie zu haben; im Jahr 1977 waren es nur 34 Prozent. Damit überholten die Männer die Frauen, denn von diesen sprachen 2009 nur 43 Prozent von solchen Konflikten. Das heißt nicht, dass nun ausschließlich Männer darüber klagen. Aber es ist auch nicht mehr ausschließlich ein Frauenproblem.

Ein Vergleich mit anderen Ländern macht das noch deutlicher. US-Amerikaner arbeiten pro Woche länger als die Bürger in vielen anderen industriell hochentwickelten Staaten,[182] einschließlich Japan, obwohl die Japaner doch ein eigenes Wort *karoschi,* für »Tod durch Überarbeitung« haben. Die USA sind das einzige von 30 demokratischen Ländern, in dem es keinen gesetzlich festgelegten Mutterschutz gibt.

Selbst unbezahlten Urlaub erhält in einem solchen Fall nur die Hälfte der US-amerikanischen Arbeitnehmer. Viele Amerikaner beziehen kein Krankengeld und können zur Leistung von Überstunden ohne gesetzliche Obergrenzen gezwungen werden.

Warum haben für Väter die Konflikte zwischen Arbeit und Familie zugenommen, während sie für Mütter auf einem bestimmten Niveau gleich geblieben sind? Viele Männer sagen, dass einerseits die Anforderungen am Arbeitsplatz für sie gestiegen sind,[183] andererseits die Löhne stagnieren und die Grenzen zwischen Arbeit und Familienleben sich verwischen. Die Situation hat sich besonders für Väter verschärft. Interessanterweise arbeiten sie nämlich deutlich mehr Stunden pro Woche als Männer ohne Kinder. Man hätte das Gegenteil erwartet, aber Väter sagen, sie arbeiten länger, weil der Lohn für Überstunden für ihre Familie nötig ist. Der Konflikt zwischen Arbeit und Familie ist für solche Männer am schlimmsten, die glauben, wenn sie mehr Flexibilität seitens des Arbeitgebers forderten, würden sie sich um ihre Aufstiegschancen in der Firma bringen. Ihre Vorgesetzten würden es ihnen sowieso schon schwierig machen, bei Notfällen in der Familie kurzfristig Arbeitszeiten zu ändern. Männer geraten in eine Zwickmühle, in der sie unmöglich beiden Seiten gerecht werden können. Mit anderen Worten, Männer bekommen nun wie Frauen die sogenannte Doppelbelastung durch Beruf und Familie zu spüren.

Galinsky glaubt, dass dieser Konflikt zu lösen sei, aber nur wenn ein Wandel »auf allen Ebenen geschieht: angefangen bei der Einstellung der Individuen zu Arbeit und Familie, über eine angemessene Arbeitsorganisation bis hin einem generellen kulturellen Wandel, der mit dem ideologischen Grabenkampf zwischen Männern und Frauen Schluss macht«. Die neue männliche Doppelbelastung, sagt Galinsky, sei in ähnlicher Weise schädlich wie früher der Spagat der Frauen zwischen Mutterrolle und Berufstätigkeit.

Die Schwierigkeiten, in die Väter geraten, wenn sie ihre Pflichten im Arbeitsleben und in der Familie erfüllen wollen, stellen sich im Allgemeinen als größer heraus, als sie erwarteten.[184] Im letzten Drittel der Schwangerschaft geben Frauen und Männer gleichermaßen ihrer Erwartung Ausdruck, dass die Frauen einen größeren Teil der Babypflege und -betreuung übernehmen als die Männer. Ist das Baby dann sechs Monate alt und werden die Eltern erneut über die Aufteilung der Pflichten befragt, sagen die meisten, dass die Mütter sogar noch mehr tun als ursprünglich erwartet – und die Väter entsprechend noch weniger. Weil die Familie auf das Gehalt des Vaters angewiesen ist, lassen sich die Paare zu dieser Aufgabenverteilung drängen und darüber sind die Väter oft gar nicht glücklich. In einer Befragung artikulierte ein Vater seine Frustration, dass der Lohn, den er nach Hause bringe, nicht in dem Maße als Beitrag zur Familie zähle, wie er es sich wünsche. Die Freundinnen seiner Frau, so erzählt er, fragten seine Frau manchmal, warum er als Vater nicht mehr Zeit mit dem Baby verbringe. »Ich kümmere mich um meine Tochter sechs Tage in der Woche und zehn Stunden am Tag, wenn ich mir im Betrieb den Arsch aufreiße«, so der aufgebrachte Vater.

Eine Folge des Konflikts zwischen Arbeit und Familie zeigt sich darin, dass manche Männer tatsächlich wenig Bezug zu ihren Familien haben.[185] Das ist der Befund, den Annette Lareau, eine Soziologin von der University of Pennsylvania, und ihr Forschungsteam bei wiederholten Befragungen von Familien festgestellt haben. Befragt wurden Familien mit Kindern in den Klassen 3 und 4 der Grundschule. Die Befragung der Väter gestaltete sich stets schwieriger als anfangs erwartet. Die Väter wussten über viele Details des Familienlebens nicht Bescheid, obwohl sie durchaus viel Zeit mit der Familie verbrachten. Lareau stellte zwar fest, dass »Väter eine starke Präsenz in der Familie haben« und ihren Kinder »Wärme, Humor und Rat« schenken, aber es fiel ihnen schwer, auch einfache Fragen zum Familienleben zu beantworten, weil sie sich immer auf das verlassen, was ihnen ihre Ehefrauen mitteilen. So antwortete ein Vater, dem eine Liste mit den Namen der Klassenkameraden seines Sohnes gezeigt wurde, ihm kämen einige Namen bekannt vor, aber sicher sei er sich nicht. Mit Blick auf seine Ehefrau sagte er: »Harriet könnte mir diejenigen nennen, die ich kenne.« Er kannte die Familien, aber er konnte sich einfach nicht erinnern, wer die Betreffenden waren.

Trotz dieser offensichtlichen Schwächen, die bei der Befragung der Väter regelmäßig vorkamen, hatte Lareau den Eindruck, dass die Väter nicht nur wichtig für die Familien waren, sondern das Familienleben sogar dominierten. »Die Väter brachten Farbe, Spaß und Ungezwungenheit ins Familienleben. Die Mütter neigten eher dazu, sich Sorgen zu machen, zu tadeln und zu strafen. Väter waren spielerisch im Umgang … Wir beobachteten wiederholt, wie die teilnehmenden Väter das Familienleben animierten und für eine gute Stimmung sorgten.« Gemeinsam mit den Müttern vermittelten die Väter den Kindern auch »Lebenskunst«, also Fähigkeiten und Haltungen, die nicht in der Schule gelehrt werden. Väter betonten Männlichkeit und physische Stärke, und sie interessierten sich besonders für die sportliche Ertüchtigung der Kinder in der Schule, für Hausaufgaben und Freundschaften. Vor allem ihren Söhnen zeigten sie auch, wie man Dinge repariert.

Väter haben auch mit sozialen Vorurteilen zu kämpfen.[186] Zum Beispiel gilt es als ausgemacht, dass Väter, die daheim bleiben, ihre Kinder nicht in gleich guter Weise versorgen wie Mütter. Victoria Brescoll und Kollegen von der Yale School of Management haben Einstellungen zur Erziehung und Kinderbetreuung gesammelt und signifikant abwertende Urteile über Mütter und Väter festgestellt, die nicht das traditionelle Rollenbild erfüllen. Vor dem Hintergrund der zunehmenden Zahl berufstätiger Frauen hätte man erwarten können, dass daheim bei den Kindern bleibende Frauen nicht so hoch angesehen werden wie Frauen in Beschäftigungsverhältnissen. Doch Brescolls Befund ist anders. Mütter, die daheim bleiben, und Väter, die zur Arbeit gehen, werden von den Teilnehmern der Studie höher angesehen als berufstätige Frauen und »Hausmänner«. Das wäre eine Erklärung, weshalb viele Väter nur einen Teil de Elternzeit nehmen (wenn sie überhaupt diese Vergünstigung erhalten) oder überhaupt keinen.[187] Männer, die wegen ihrer Kinder daheim bleiben, und sei es auch nur vorübergehend, werden immer noch schief angesehen.

Mehr noch, die Teilnehmer genierten sich keineswegs, solche Ansichten auch zu artikulieren. Daraus folgert Brescoll, dass »diese Vorurteile und Einstellungen gegenüber Hausmännern und berufstätigen Müttern stark verbreitet sind und es für viele Personen daher keinen Grund gibt, sich dafür zu schämen«. Und weiter: »Ist der Vater der Hauptverdiener und arbeiten beide Eltern, ist es für viele in Ordnung, wenn er genauso wie sie im Haushalt mithilft.« Wenn aber der Vater nur Teilzeit arbeitet und dafür die Hauptlast der Kinderversorgung trägt, werten die Leute ihn ab. Die althergebrachten Einstellungen bestehen weiter, und danach erwartet man von den Vätern, dass sie eine Familie ernähren können.

Verschiedene Einstellungen und Umstände bestimmen am Ende, was ein Vater tatsächlich im Haushalt tut. Der mächtigste Faktor in diesem Zusammenhang ist das, was mit dem umstrittenen Ausdruck »maternal gatekeeping« (»mütterliche Türsteher«) bezeichnet wird, also die Behauptung, dass Frauen die Mithilfe der Männer in Haushalt und Kinderbetreuung abwehren.[188] Obwohl mehr Mütter einer Berufstätigkeit nachgehen und obwohl Männer Interesse zeigen, mehr Zeit mit ihren Kindern zu verbringen, tun Frauen nach wie vor deutlich mehr im Haushalt und in der Kinderbetreuung. Das könnte daran liegen, dass Mütter und Väter immer noch den alten traditionellen Geschlechterrollen verhaftet sind. Nach Auffassung einiger Forscher gibt es aber auch Grund zu der Annahme, dass manche Mütter die Väter daran hindern, mehr Engagement für die Kinder zu entwickeln.

Ein solches Verhalten hat seinen Ursprung zu Beginn des 20. Jahrhunderts, als die Männer zum Arbeiten in die Fabrik gingen und fortan die Haushaltsführung allein in den Händen der Frauen lag. Diese Rollenverteilung hielt sich bis in die 1960er-Jahre, als die Frauenbewegung an den hergebrachten Klischees zu rütteln begann. Die Berufstätigkeit von Frauen und dass Väter mehr im Haushalt helfen, hat nichts daran geändert, dass Frauen immer noch mehr Hausarbeit verrichten. »Manche Frauen schätzen es, die Hauptverantwortlichen für die Kinderbetreuung zu sein, und zugleich beklagen sie sich auch darüber«,[189] heißt es in einer Studie. »Sie sind einerseits erleichtert über das Engagement der Väter, andererseits fürchten sie auch, von ihnen verdrängt zu werden.« Viele Mütter sagen, sie würden sich über die Hilfe der Väter freuen, aber nach anderen Studien möchten 60 bis 80 Prozent der Mütter gerade nicht, dass ihre Ehemänner mehr Aufgaben in der Kinderbetreuung übernehmen.

Frauen zu unterstellen, sie würden väterliches Engagement in der Familie blockieren, ist ein gravierender Vorwurf, denn das liefe darauf hinaus, dass Frauen den Fortschritt zu einer vernünftigen Verteilung der familiären Pflichten behindern, und das in einer Zeit dramatischer Veränderungen auf dem Arbeitsmarkt. Doch es gibt Beweise für diesen Vorwurf. Wesentliches Material hat eine Forschergruppe von der Ohio State University unter der Leitung von Sarah J. Schoppe-Sullivan geliefert.

Die Forscher befragten 97 Paare vor der Geburt ihres ersten Kindes über ihre Ansichten zur Kinderbetreuung.[190] Nach der Geburt beobachteten sie sie daheim mit ihren Babys. Schoppe-Sullivan kam zu dem Ergebnis, dass die Einstellung der Mütter ein wesentlicher Faktor ist, ob Väter sich mehr für die Familie engagieren oder ob sie ausgebremst werden. Selbst Väter, die gern mehr getan hätten, ließen sich durch ständige Kritik seitens der Mutter schließlich den Schneid abkaufen. »Mütter können sowohl blockieren, als auch das Tor öffnen«, urteilte Schoppe-Sullivan.

Die Antworten, die die Ehepaare auf die anfängliche Frage gaben, was für Eltern sie sein wollten, standen in starkem Kontrast zu dem Verhalten, das sie tatsächlich als Eltern an den Tag legten. Viele beließen es bei dem freudigen Vorsatz, ihr Kind gemeinsam zu erziehen. Tatsächlich fügten sie sich in die traditionelle Rollenverteilung. Die Mütter trugen die Hauptlast, und beide Partner waren darüber nicht glücklich. Diese Mütter grenzen die Väter nicht bewusst aus, aber es geschieht einfach so. Ein wichtiger Grund hierfür liegt darin, dass das Leben nach der Geburt des Kindes nicht den Erwartungen der Eltern entspricht.

Die Studie sagte ferner auch etwas über die eheliche Zufriedenheit aus. Viele Eltern sprechen davon, dass sie nach der Geburt der Kinder mit ihrer Ehe nicht mehr so zufrieden waren.[191] Die Aufteilung der häuslichen Arbeiten und Pflichten kann plötzlich grundlegend in Frage gestellt werden. Was vor der Geburt ohne Diskussionen klappte, wird zum Dauerkonflikt angesichts sich auftürmender Bügelwäsche und der drängenden Frage, wer sich nun um das Kind kümmert.

Viele Eltern nehmen sich vor, nach der Geburt des Kindes die Pflichten gerecht zu verteilen, doch nicht allen gelingt das auch. Den Eheleuten oder Partnern geht viel von der Zeit verloren, die sie vorher gemeinsam verbracht haben. Den neuesten Film im Kino anschauen, nach der Arbeit etwas trinken gehen oder daheim kochen und dann gemütlich bei einer Flasche Wein sitzen, damit ist es nun vorbei. Abendessen ist jetzt eine Veranstaltung, die aus Kochen, Essen und Abwaschen besteht und möglichst rasch über die Bühne geht, ehe man, müde von der Arbeit und Kinderbetreuung, erschöpft ins Bett sinkt. Manches mag trivial sein, aber manches betrifft eben auch Existenzielles und kann das Gefüge der Ehe zum Einsturz bringen. Darin liegt eine der größten Bedrohungen für eine engagierte Vaterschaft.

In unserem bisherigen gemeinsamen Gang haben wir Antworten auf die Frage gesucht, worin der Beitrag der Väter zu ihren Familien besteht. Dazu haben wir unter anderem die Perspektive der Anthropologen, Genetiker und Psychologen eingenommen und viel über die Vaterschaft aus wissenschaftlicher Sicht erfahren. Man kann aber die Frage nach dem Beitrag der Väter auch ganz anders angehen, nämlich indem man sich Familien anschaut, in denen der Vater fehlt. Manche Autoritäten, ob staatliche oder kulturkritische, sehen darin ein schweres soziales Problem mit gravierenden Folgen für die Kinder. Andere wiegeln ab und halten Vaterlosigkeit, wie es bisweilen genannt wird, für gar nicht so schlimm.

Die erste Frage, die wir hinsichtlich der Vaterlosigkeit beantworten sollten, lautet: Wie verbreitet ist sie tatsächlich?[192] Ich fand die Antworten schockierend, ja unfassbar. Je nachdem, welche Studie man zugrunde legt, sehen ein Drittel bis die Hälfte der US-amerikanischen Kinder von geschiedenen Eltern ihren Vater nie oder so gut wie nie. Ein Drittel aller Kinder stammt heute von Eltern, die nicht verheiratet sind; im Jahr 1960 waren es nur 6 Prozent.[193] Manche dieser Paare werden zusammenbleiben, aber viele werden sich wieder trennen.

Alle aktuellen Zahlen sind um vieles höher als noch vor ein paar Jahrzehnten.[194] Im Jahr 1960 lebten nur 11 Prozent der amerikanischen Kinder getrennt von ihrem Vater. Die Zahl stieg bis 2010 auf 27 Prozent. (Der Anteil der Kinder, die von ihrer Mutter getrennt leben, stieg von 4 auf 8 Prozent.) Väter, die von ihrer Familie getrennt leben, verbringen selbstverständlich weniger Zeit mit ihren Kindern bei gemeinsamen Mahlzeiten, bei der Hausaufgabenbetreuung oder im gemeinsamen Spielen. Rund 40 Prozent der getrennt von der Familie lebenden Väter sagen, sie hätten mehrmals pro Woche Telefon- oder E-Mail-Kontakt mit ihren Kindern. Jeder Fünfte behauptet, er besuche sie mehr als einmal pro Woche, 29 Prozent wenigstens einmal pro Monat.

Heutzutage leben weniger Väter zusammen mit ihren Kindern oder sind mit ihnen in ständiger Verbindung als je zuvor in der amerikanischen Geschichte,[195] soweit darüber verlässliche Statistiken geführt werden. Väter, die getrennt oder geschieden leben bzw. nie verheiratet waren, werden, wenngleich sie ihre Kinder regelmäßig sehen, sehr wahrscheinlich keine Aufsicht über sie führen oder Regeln setzen und für deren Befolgung sorgen. Mit anderen Worten, sie werden keine erzieherische Rolle spielen. Und wir wissen heute immer noch wenig darüber, warum so viele Väter getrennt von ihren Familien leben und wie man dies ändern könnte.

In Kapitel 6 habe ich auf eine Studie über das Gruppenleben von Jägern und Sammlern hingewiesen. In dieser Studie wird die These vertreten, dass Väter gar keinen oder nur wenig Einfluss auf die Mortalitätsrate ihrer Kinder haben.[196] Andere Forscher haben die Konsequenzen der Vaterlosigkeit in den USA untersucht und ziehen ein anderes Fazit. Eine Studie aus dem Bundesstaat Georgia belegt, dass Kinder, die von ledigen Müttern geboren wurden und deren Vater unbekannt ist, ein zweieinhalbfach höheres Risiko haben, im ersten Lebensjahr zu sterben, als Kinder von verheirateten Müttern und mit väterlicher Präsenz. Ledige Mütter leben mit höherer Wahrscheinlichkeit in Armut, daher könnte in erster Linie wirtschaftliche Not die Ursache für die höhere Mortalitätsrate sein und nicht die Abwesenheit des Vaters (obwohl diese beiden Sachverhalte oft zusammen auftreten). Nachdem die Forscher wirtschaftliche Gründe aus ihrer Analyse ausgeschlossen hatten, blieb der Befund unverändert, dass Kinder, deren Vater unbekannt ist, ein doppelt so hohes Risiko haben, eines frühen Todes zu sterben, als Kinder mit Vater.

Viele Studien legen den Schluss nahe, dass Vaterlosigkeit eine der Hauptursachen ist für jugendliche Delinquenz, verfrühte Sexualität und Teenagerschwangerschaften, schulisches Versagen, Depression, Drogenkonsum, psychische Störungen unter Jugendlichen und allgemein für die zunehmende Zahl von Frauen und Kindern, die in Armut leben.[197]

Diese Aufzählung stammt von David Popenoe von der Rutgers University. Für ihn steht fest, dass die Beschädigung der Vaterrolle »hinter vielen gravierenden Problemen steht, die die US-amerikanische Gesellschaft heimsuchen«.

Die National Fatherhood Initiative (NFI) ist eine Organisation, die sich zwei Ziele gesetzt hat: Sie möchte das Engagement der Väter fördern und das heutige Phänomen der Vaterlosigkeit erforschen. Für Letzteres hat sie die Daten, die einen Zusammenhang zwischen Vaterlosigkeit und negativen Folgen für die Kinder abbilden, genau analysiert.[198] Im Hinblick auf Jugenddelinquenz geht aus den Daten klar hervor, dass Jugendliche, die eine enge Beziehung zu ihrem Vater haben, mit geringerer Wahrscheinlichkeit in delinquentes Verhalten abgleiten, zu dem Diebstahl, Anstoß erregendes Verhalten in der Öffentlichkeit, Gewalttätigkeit und Waffengebrauch gehören. Die Beziehung zur Mutter ist zwar auch wichtig, aber die Bedeutung des Vaters ist besonders in Familien groß, in denen die Väter getrennt von den Kindern leben. Die NFI hat sich auch die Daten angeschaut, die die Beziehung des Vaters zu seinen jugendlichen Kindern einerseits und Drogenkonsum andererseits in Korrelation setzen. Auch hier ist der Bezug ähnlich. Der Einfluss der Gleichaltrigen war der wesentliche Faktor für Drogenkonsum. Wenn Jugendliche eine gute Beziehung zu ihren Eltern hatten, waren sie weniger auf außerfamiliäre Beziehungen zu Gleichaltrigen angewiesen, die zu riskanten Verhaltensweisen führen können.

Popenoe sagt, es sei gut belegt, dass »zwei Eltern – ein Vater und eine Mutter – für das Kind besser sind als nur ein Elternteil«.[199] Er räumt Ausnahmen ein, etwa dauerhaft zerstrittene Eltern bzw. Alleinerziehende, die sich hingebungsvoll für ihr Kind einsetzen. Aber diese Ausnahmen bestätigen nur die Regel. Popenoe glaubt ferner, dass bei homosexuellen Paaren gewöhnlich ein Partner die Rolle des »Mannes« und der andere diejenige der »Frau« spielt. Er gibt aber zu, dass in diesem Bereich zu wenige Daten über die Entwicklung von Kindern solcher Paare vorliegen, um die Frage zu beantworten, inwiefern Vaterschaft hier eine Rolle spielt.

Nach Popenoes Ansicht geht Vaterlosigkeit mit schwindenden wirtschaftlichen Ressourcen einher.[200] Wenn sich die Eltern scheiden lassen, gehen die Haushaltseinkünfte zurück und die Ausgaben steigen. Zwei Haushalte verursachen mehr Kosten als ein gemeinsamer, und Scheidung bringt keine Gehaltssteigerung für die Elternteile.

Diese Ansicht hat Anlass zur Kritik gegeben. Scheidung und Auszug des Vaters aus der Familie sind oft der Endpunkt einer Periode schwerer Konflikte zwischen den Eltern. Daher könnte der Konflikt und nicht die Abwesenheit der Vaters Ursache für einige Probleme der Kinder sein. Und Familien, in denen die Eltern getrennt leben, könnten sich in einer anderen, noch nicht erforschten Art und Weise von traditionellen Familien unterscheiden.

Familien, in denen die Eltern nicht verheiratet sind, entwickeln sich oft anders als erwartet, sagt Sara S. McLanahan von der Princeton University.[201] Ihr Forschungsobjekt sind eben solche Familien. »Es war überraschend festzustellen, wie sehr solche Eltern doch einander verbunden sind«, sagte mir McLanahan im Gespräch, und das, obwohl viele nicht zusammen wohnen. »Diese Menschen lehnen die Ehe nicht ab, sie hoffen später einmal zu heiraten, und die Väter sind sehr engagiert.« Sie stehen den Partnerinnen während der Schwangerschaft bei und kommen zur Entbindung ins Krankenhaus. Doch ihre wirtschaftliche Lage lässt ihnen kaum Spielraum. Oft sind sie wirklich arm. Rund die Hälfte der

Väter war vor der Geburt des Kindes schon einmal im Gefängnis. Nur ein Drittel dieser Paare sind fünf Jahren später immer noch zusammen. »Die Eltern trennen sich und gehen neue Partnerschaften ein. In den Familien herrscht viel Instabilität. Mit den neuen Partnern kommen neue Kinder.« Die Studie belegt, dass Kinder in solchen Familien sich nicht so gut entfalten wie Kinder in Familien mit festem Zusammenhalt.

McLanahan und eine Kollegin, Marcia J. Carlson von der University of Wisconsin-Madison, haben untersucht, was getan werden kann, um Väter in armen Familien zu ermutigen, sich mehr um ihre Kinder zu kümmern. Maßnahmen, ungewollte Schwangerschaften bei ledigen Frauen, vor allem bei Teenagern, zu verhindern, brachten nur teilweise den erhofften Effekt. Gesetzliche Maßnahmen, mehr Engagement der Väter dadurch zu erzwingen, dass der Regelunterhalt, den die abwesenden Väter für ihre Kinder zu zahlen haben, erhöht wurde, hatten nicht den gewünschten Erfolg. Die abwesenden Väter hatten oft nicht die finanziellen Mittel, die Zahlungen zu leisten. Programme, die emotionale Bindung der Väter zu ihren Kindern zu stärken, erwiesen sich als weitgehend wirkungslos. Immerhin, wenn die Maßnahme zum Zeitpunkt der Geburt des Kindes griff, sahen die Ergebnisse vielversprechend aus.

»Wir sehen immer deutlicher, dass die Mutter-Vater-Beziehung ausschlaggebend ist«, sagte mir Marcia Carlson. Wie schon weiter oben angedeutet, kann mütterliche Blockade ein Problem sein. »Eine differenzierte Interpretation lautet jetzt, dass die Mutter den Vater ermutigen oder entmutigen kann, je nachdem, wie sie ihn als Person wahrnimmt. Je mehr Mutter und Vater kooperieren und Vertrauen zueinander haben, desto eher engagiert sich der von der Familie getrennt wohnende Vater.« Das Engagement des Vaters hängt auch davon ab, ob die Mutter einen neuen Partner hat. »Für viele Kinder ist der leibliche Vater nicht der letzte, den sie im Leben haben werden«, sagte sie. »Manchmal engagiert sich der soziale Vater mindestens genauso wie der leibliche.« Carlson glaubt, dass Befürchtungen wegen der Vaterlosigkeit und ihrer negativen Folgen für die Kinder begründet sind. Kinder, die ohne Vater oder Ersatzvater aufwachsen müssen, sind größeren Risiken ausgesetzt.

Auch hier ergänzen Tierexperimente im Labor sehr schön die Feldforschung in den Familien. In diesem Fall hat die Grundlagenforschung eine Erklärung geliefert, warum die Abwesenheit des Vaters solche Auswirkungen auf die Kinder hat. Leben in Armut kann bei den Kindern die neuronale Vernetzung im Hirn verändern.

Die Magdeburger Neurobiologin Katharina Braun und ihre Kollegen untersuchten das Gehirn von Degus, einer in Chile heimischen Rattenart, die in komplexen Familien- und Sozialstrukturen leben und die miteinander spielen.[202] Ein männlicher Degu ist ein vorbildlicher Vater: Er versorgt die Jungen und verbringt auch mit den Heranwachsenden noch viel Zeit, während sich die Mutter nach und nach zurückzieht. Er wärmt die Jungen, leckt ihr Fell und trägt sie auf seinem Rücken. Degus weisen ein Verhaltensmerkmal auf, das sie speziell für die Väterforschung interessant macht. Wenn der Degu-Vater abwesend ist, bleibt die Mutter deswegen nicht länger bei den Jungen, sie kompensiert die Fehlzeiten des Vaters nicht. Man darf daher behaupten, dass Degu-Junge, die nur von der Mutter aufgezogen werden, »tatsächlich an emotionaler Deprivation leiden«, wie Katharina Braun und ihre Kollegen festgestellt haben. Was sie in Laborexperimenten herausfanden, könnte einen Weg zum Verständnis analoger emotionaler Entbehrung bei Menschen weisen.

Frühere Studien an anderen Nagetieren hatten bereits gezeigt,[203] dass die Trennung der Jungtiere von Mutter oder Vater die Gehirnentwicklung der Jungen verändert, vor allem im Bereich des Gyrus cinguli anterior, einem Teil des frontalen Kortex, der für Denken und Empfinden sowie für Kommunikation und soziale Interaktion zuständig ist. Braun und ihr Team wollten nun sehen, ob sich bei fehlendem Vater dieses Hirnareal anders strukturiert. Sie zogen Degu-Nachwuchs ohne Vater auf und untersuchten später ihre Hirne unter dem Mikroskop. Ihr Anfangsverdacht bestätigte sich: Die vaterlos aufgewachsenen Degus hatten im frontalen Kortex weniger Synapsen ausgebildet.

Wenn sich bei uns Menschen ein Vater von seiner Familie trennt, dann kann das, wie ich bereits erwähnt habe, für die Familie ein Leben in Armut bedeuten. Armut, das wird immer deutlicher, kann auch zu Veränderungen im frontalen Kortex führen. Mark M. Kishiyama von der University of California in Berkeley hatte sich vorgenommen, die elektrische Aktivität im Gehirn zu untersuchen. Dazu lud er 26 Kinder im Alter von sieben bis zwölf Jahren ein, eine Reihe von Bildern auf einem Computerbildschirm anzuschauen. Von den Probanden – Jungen und Mädchen unterschiedlicher ethnischer Herkunft – kamen 13 aus Akademikerfamilien mit einem durchschnittlichen jährlichen Familieneinkommen von 96 257 Dollar (74 334 Euro). Die anderen 13 stammten aus Familien ohne höhere Bildung und mit einem durchschnittlichen jährlichen Familieneinkommen von 27 192 Dollar (21 000 Euro). Die Kinder hatten auch eine Reihe neuropsychologischer Tests zu absolvieren, mit denen ihre

Gedächtnisleistung und ihre Sprachkompetenz gemessen wurden. Die Forscher stellten fest, dass bei den Kindern aus armen Familien die Struktur des präfrontalen Kortex in ähnlicher Weise verändert war wie bei Personen mit einem Hirnschaden.

Wenn wir ein Fazit ziehen, dann dieses: Die Abwesenheit des Vaters in der Familie kann für die Kinder verheerende Folgen haben. Gewiss, viele Kinder entwickeln sich auch ohne Vater gut. Wir kennen alle Fälle, in denen Kinder aus schwierigen familiären Verhältnissen doch zu einem guten und erfüllten Leben fanden. Freilich schaffen es nicht alle, Präsident der Vereinigten Staaten von Amerika zu werden. Barack Obama ist das Musterbeispiel für ein Kind, das ohne Vater aufwuchs, aber dieses Handicap überwinden konnte.

Einige Experten der Vaterforschung sind zu dem Schluss gekommen, dass engagierte Väter für die Kinder wichtig, aber doch nicht unentbehrlich sind. Ich bezweifle, dass diese Experten die Uhr zurückdrehen und Verhältnisse wie in den 1950er-Jahren wollen, als Väter nur die Geldverdiener und Mütter die Chefs daheim waren und niemand sie zu mehr Engagement in der Familie ermutigte. Dass viele Frauen unter dem Druck der wirtschaftlichen Notwendigkeit berufstätig geworden sind, hat für Väter die Gelegenheit geschaffen, sich viel mehr um ihre Kinder zu kümmern, als dies früher der Fall gewesen war.

Als meine Kinder aus erster Ehe noch klein waren, wohnte ich in New Jersey und pendelte jeden Tag zu meinem Arbeitsplatz bei der Associated Press ins Rockefeller Center in Manhattan. Ich stieg vor 7 Uhr früh in den Zug, und wenn eine wichtige Meldung nicht spät am Tag noch hereinkam, kehrte ich um 18:30 Uhr zurück. Dann blieb mir gerade noch Zeit, die Kinder zu fragen, wie ihr Tag war, und ihnen eine Gutenachtgeschichte vorzulesen, ehe sie ins Bett gingen. Heute ist es so, dass meine Frau und ich von zu Hause aus arbeiten. Ich kann mir meine Arbeitszeit so einteilen, dass ich viel mehr Zeit mit meinen Kindern verbringe. Mich freut zu wissen, dass mein Engagement den Kindern gut tut. Aber das ist nicht der Grund, weshalb ich Zeit mit ihnen verbringe. Ich tue es, weil es mir Freude bereitet.

Nachwort: Väter sind wichtig

Während der Arbeit an dem vorliegenden Buch traf ich viele Eltern, die gern mehr über das Ergebnis meiner Recherchen wissen wollten. Aus beiläufigen Unterhaltungen, manchmal mit Personen, die ich gerade erst kennengelernt hatte, entwickelten sich sehr persönliche Gespräche über Väter, über unsere eigenen Väter und über unsere Kinder. Eine alleinerziehende Mutter mit Zwillingen fragte mich nur halb im Scherz: »Gut, was muss ich wissen?«

Manchmal waren die Geschichten herzergreifend, wie in dem Fall jener Frau, die mir anbot, von ihrer nicht alltäglichen Erfahrung mit ihrer Familie zu erzählen. »Ich habe meinen leiblichen Vater nie kennengelernt«, gestand sie mir. Ihre Eltern hatten nur eine sehr kurze Beziehung, und »was dabei herauskam, bin ich«. Solange sie noch zu klein war, um selbst nach ihrem Vater zu forschen, machte ihre Mutter keine Anstalten, sie miteinander bekannt zu machen. Als Jugendliche stellte sie keine Recherchen an, weil sie es ihm übelnahm, dass er sich nicht für sie interessierte. »Ich wollte ihn nicht treffen. Ich war damals der Auffassung, dass er als der Erwachsene die Pflicht hatte, nach mir zu suchen. Aber das hat er nie getan.«

Als sie später daran dachte, selbst Kinder zu haben, begann sie sich zu fragen, wo er sein könnte, was er machte und wer seine Verwandten waren, denn das wären selbstverständlich auch ihre Verwandten. Schließlich ermittelte sie durch eine Internet-Recherche seine Identität und musste entdecken, dass er wenige Monate zuvor gestorben war. Sie erfuhr auch, dass er und seine Familie in derselben Stadt gelebt hatten, in der sie aufgewachsen war. Daraufhin entschloss sie sich, mit der neu entdeckten Verwandtschaft Kontakt aufzunehmen.

»Ich hatte Cousins, die Personen kannten, mit denen ich in die Schule ging. Ich bekam eine Reihe neuer Onkel und Tanten, die meine anderen Onkel und Tanten kannten. Da stand ich nun mit meinem Wunsch, mehr über meinen Vater zu erfahren, und musste einsehen, dass es dazu keine Hoffnung gab – außer durch seine Familie.« Sie sagte mir, als Kind sei sie eine Musterschülerin in abgetragenen Sachen gewesen, der Liebling der Lehrer, aber von den Mitschülern gepiesackt, weil »ich ein bisschen zu pummelig und zu schlau war«.

Nach der Schule begann sie ein Studium, das sie nach mehreren emotionalen Krisen mit der Promotion abschloss. Sie ist heute Wissenschaftlerin und Journalistin. Und doch sagt sie von sich: »Ich werde nie wissen, was es heißt, einen Vater zu haben. Wenn ich lese, dass Väter wesentlich dazu beitragen, dass ihre Kinder Vertrauen, Ausdauer, Willensstärke und Mut entwickeln, frage ich mich immer, was aus mir geworden wäre, wenn ich einen Vater gehabt hätte.« Der Vater, den sie nie kennengelernt hat, spielt also eine wichtige Rolle in ihrem Leben. Die Verwandten, die sie seit neuestem kennt, sagen ihr, dass sie in vielem ihrem Vater ähnele.

Ein anderer ungewöhnlicher Fall ist Alana, die Tochter eines Samenspenders. Sie versuchte die Identität und die Lebensumstände ihres leiblichen Vaters zu recherchieren – vergebens, er war nicht auffindbar. Als sie einer Freundin

einmal gestand, sie hoffe, eines Tages einen Mann kennen-
zulernen, mit dem sie Kinder haben könne, erwiderte die
Freundin: »Du brauchst in deinem Leben keinen Mann, um
Kinder zu haben.« Alana war von dieser Bemerkung tief getroffen. Ihre Mutter hatte entschieden, ein Kind zu haben
ohne einen Mann in ihrem Leben, und diese Entscheidung
war verheerend für Alana gewesen. Nach langem Nachden-
ken gab Alana ihrer Freundin eine schriftliche Antwort:

»In Wirklichkeit brauchst du doch einen Mann, um ein
Kind zu haben – und eine Frau ebenfalls. Irgendwann werden Kinder (wie ich!) groß und erkennen, dass ihnen eine
der wichtigsten Voraussetzungen für das Glück geraubt worden ist.«[204] Sie bezeichnet das anonyme Samenspenden als
»vorsätzliche geistige Beraubung«. Alana sucht verzweifelt
nach Informationen über ihre Herkunft. Nicht nur hätte sie
gern ihren leiblichen Vater kennengelernt, sie möchte auch
mehr darüber wissen, wer *sie* eigentlich ist. Alana ist eine be-
gabte Musikerin und hofft, einmal durch ihre Musik so bekannt zu werden, dass ihr Vater eines Tages ihr Gesicht auf
einem Albumcover entdeckt und sie als seine Tochter er-
kennt. Und dass er dann den Wunsch hat, ihr zu begegnen.

Alle diese Geschichten erinnern daran, wie wichtig Väter im Leben der Menschen sind. Da ich selbst Vater bin,
könnte man mir vorwerfen, die Bedeutung der Väter zu
überschätzen. Doch aus den Gesprächen mit diesen beiden
Frauen und mit vielen Männern geht hervor, dass ich nicht
allein bin mit meiner Auffassung, dass es auf Väter sehr
wohl ankommt. Die oben erwähnten Frauen spüren einen
starken Verlust, einen Verlust, den Experten als ambivalent
bezeichnen würden. Da sie ihren Vater nie gekannt haben
und folglich auch nicht wissen, was es bedeutet, mit einem
Vater in der Familie aufzuwachsen, wissen sie nicht genau,

was ihnen entgangen ist, aber sie spüren den Schmerz und die Sehnsucht.

Als Journalist und Vater habe ich die Entwicklung der Vaterforschung im vergangenen Jahrzehnt aufmerksam verfolgt. Schritt um Schritt bestätigt die Forschung, was viele Väter und ihre Familien immer schon geglaubt haben. Doch die Erkenntnisse setzen sich jenseits der Labors und Seminarräume nur sehr langsam durch. Zwar sind in den Diskussionen um die Familie mittlerweile auch die Väter an zentraler Stelle präsent, aber immer noch sträuben wir uns, Männer und Frauen als gleichwertige Eltern anzusehen.

Nirgendwo kann man das deutlicher sehen als vor Gericht, wo Familienprobleme oft in den denkbar schlichtesten Begriffen verhandelt werden. Vom neuen Wind in der Vaterforschung ist hier kaum ein Lüftchen angekommen. Hunderte Male am Tag werden herzzerreißende Entscheidungen von Richtern getroffen, die offensichtlich nichts von modernen Anschauungen über die Vaterschaft wissen. Eine solche Ignoranz war in den Anfängen der Vaterforschung gängig, wie ein schockierendes Beispiel aus dem Jahr 1988 zeigt. Damals hatte ein Richter in Detroit in einem Fall zu entscheiden, in dem ein Vater das Sorgerecht für seine 22 Monate alte Tochter erwirken wollte. Gutachter hatten bestätigt, dass das Mädchen eine engere Beziehung zu seinem Vater als zu seiner Mutter hatte und ihre Betreuung hauptsächlich in seinen Händen gelegen hatte. Von der Richterbank aus keifte der Richter: »Das lasse ich mir nicht weismachen, dass ein 22 Monate altes Mädchen in den Händen des Vaters besser aufgehoben ist als in denen der Mutter. Nein, das schlucke ich nicht, mir wird übel bei dem Gedanken. Mag der Vater noch so gut sein, das ist mir egal.«[205]

264

Und diese Einstellung findet man auch heute noch. Im Herbst 2012 wurde im Newsletter zum Familienrecht, den die National Organization for Women (NOW) herausgibt, Front gemacht gegen das gemeinsame Sorgerecht von geschiedenen Müttern und Vätern. Unterstellt wurde, Väter verlangten nur deshalb das gemeinsame Sorgerecht, um die Unterhaltszahlungen für das Kind zu reduzieren. »Die Verfechter des Sorgerechts für Väter behaupten, dass die gesetzliche und physische gemeinsame elterliche Sorge im Interesse des Kindes sei. Doch es ist kein Zufall, dass das gemeinsame Sorgerecht die Beträge des Vaters zum Unterhalt des Kindes sowie andere finanzielle Pflichten drastisch senkt«, heißt es in dem Newsletter. »Tatsächlich ist es so, dass viele Mütter, sobald das gemeinsame Sorgerecht vom Gericht ausgesprochen wurde, dennoch das oder die Kinder die meiste Zeit versorgen, während sich gleichzeitig die geringeren Unterhaltszahlungen des Vaters negativ auf das Budget der Mutter und der Kinder auswirken.«[206] So etwas mag vorkommen. Doch an keiner Stelle der Verlautbarung wird den Vätern zugestanden, dass sie das gemeinsame Sorgerecht verlangen, um mehr Zeit mit ihren Kindern zu verbringen. Auch scheinen die Verfasser keinen Begriff davon zu haben, dass mehr Beteiligung der Väter am Leben ihrer Kinder von ausschlaggebender Bedeutung sein kann. Schlimmer noch, der Newsletter enthält einen Link zu einer Website, wo eine Reihe von »Mythen und Fakten« über Vaterschaft und Familienrecht angeboten wird. Mythos Nummer eins: »Das Engagement des Vaters ist wesentlich für das Wohlergehen eines Kindes.«[207]

Ähnliche Ressentiments gegen Väter wurden laut, als in einigen Bundesstaaten über Gesetze zum gemeinsamen elterlichen Sorgerecht beraten wurde. Dies sollte der Normalfall sein, außer wenn besondere Umstände eine andere Lösung erzwingen. Als 2006 der Bundesstaat New York eine solche Gesetzesinitiative startete, sprach sich NOW, Untergruppe New York, strikt gegen mehr väterliche Beteiligung aus. »Wenn sich eine Person schon in der Ehe nicht um das Leben seines oder seiner Kinder kümmert, warum sollte dann nach der Scheidung das Engagement zunehmen?«,[208] schrieb die damalige Vorsitzende Marcia A. Pappas. Das ist eine berechtigte Frage im Fall des Vaters, den Pappas damals ansprach. Dessen Engagement wäre vermutlich nicht gestiegen. Doch die Frage unterstellt, dass alle Väter so sind und dass keiner sich um das Leben seiner Kinder kümmert. Und das ist zweifellos falsch.

Die gleiche Abwertung der Väter kann man auch in der Werbung beobachten. Man erinnere sich nur an die Fernsehwerbung der Firma Huggies. Huggies wollte wissen, ob ihre Windeln auch die Behandlung durch die ungeschickten Hände der Väter überstehen. »Testen Sie Huggies!«, forderte der Werbespot. Und dann erst das Statement auf der Website von Clorox: »Wie Hunde oder andere Haustiere haben frisch gebackene Papas gute Vorsätze, aber nicht das Urteilsvermögen und die Feinmotorik, um sie in die Tat umzusetzen.« Lassen wir die Frage beiseite, ob Hunde und Springmäuse über gute Vorsätze verfügen, solche Werbesprüche können nur als witzig gelten, wenn man von der Vorstellung ausgeht, dass Väter ganz allgemein Stümper sind. Nicht alle Zuschauer fanden diese Werbung unterhaltsam. Huggies stoppte seine Werbesendungen. Und Clorox reagierte prompt auf die Kritik seitens potenzieller Kunden und strich das Statement.

Seitdem gibt es auch Unternehmen, die Väter in ein positives Licht rücken. Das ist eine recht neue Entwicklung. Im

Jahr 2010 schaltete Subaru eine Reihe von Werbespots mit Vätern und ihren Kindern im Mittelpunkt. In einem Spot sieht man einen besorgten Vater, der seine Autoschlüssel seiner Tochter überreicht, die gerade fahren gelernt hat.[209] Der Zuschauer sieht sie als Jugendliche, schaut sie aber der Vater an, sieht er sie noch als kleines Mädchen. Die Firma Tide produzierte für ihren Weichspüler einen Werbespot, in dem ein Vater ein Rollenspiel mit seiner Tochter spielt.[210] Der Vater kümmert sich gerade um die Wäsche und spielt gleichzeitig »Räuber und Gendarm« mit seiner Tochter. Sie nimmt ihn fest, und er sagt in gespieltem Entsetzen: »Ich habe noch 20 Minuten zu leben.« Anders als Werbespots, in denen Vätern fehlende Feinmotorik unterstellt wird, zeigt dieser Spot einen Vater, der weiß, was er tut, und sich obendrein mit seiner Tochter versteht.

Solche Beispiele sähe ich gern öfter. Die Rolle des Vaters ist es, Kindern dabei zu helfen, glückliche und ausgeglichene Erwachsene zu werden, die ihren Mann bzw. ihre Frau stehen und die fähig und willens sind, ihrerseits Vater bzw. Mutter zu werden. Wir hören oft, es gebe nichts Wichtigeres als das Wohl unserer Kinder. Wenn es aber um das Wohl der Kinder geht, sollte dabei immer auch der Vater eine Rolle spielen.

Ich hätte dieses Buch wohl nicht geschrieben, wenn ich nicht meine Frau getroffen hätte. Mit ihr habe ich ein neues Leben gestaltet, und ihr habe ich die zweite Chance zu verdanken, noch einmal Kinder aufzuziehen. Hat mir die Beschäftigung mit Vaterschaft und Vaterforschung die Augen geöffnet für ein besseres Verständnis des Vaterseins? In vieler Hinsicht schon. Heißt das nun, dass ich es jetzt richtig mache?

Das zu beurteilen, überlasse ich meinen Kindern.

Dank

Ein Buch zu schreiben ist zwar meist eine einsame Angelegenheit, aber ich hätte das vorliegende Buch nicht schreiben können ohne die Hilfe vieler Wissenschaftler, Freunde, Kollegen und selbstverständlich meiner Familie. Meine Familie und meine Freunde unterstützten mich und trugen mit ihren Geschichten und Erfahrungen zum Gelingen bei. Viele Forscher, denen wir die hier versammelten Erkenntnisse über die Vaterschaft verdanken, haben Zeit von ihrer Forschungstätigkeit geopfert, um mir bei meiner Arbeit zu helfen. Ohne ihre Leistung hätte mein Buch nie diese Gestalt angenommen.

Die Idee zu *VÄTER!* kam mir 2004 bei einem Journalistenseminar zur Kinder- und Familienpolitik an der University of Maryland unter der Leitung von Carol Guensburg. Ich hatte eigentlich vor, etwas über das Thema Kinder zu schreiben, aber die Diskussionen mit Carol und den anderen Teilnehmern bewogen mich, mein Augenmerk auf die Väter zu richten – und über diesen Entschluss bin ich glücklich.

Meine Agentin Beth Vesel hat mich von Anfang an bei dem Projekt unterstützt. Sie half mir, aus der großen Datei von Notizen, aus Presseartikeln und verstreuten Interviews ein Buch zu machen. Meine Lektorin im Verlag Scientific American/Farrar, Straus & Giroux Amanda Moon war von dem Projekt genauso begeistert wie ich, woraus sich eine echte Zusammenarbeit bei der Gestaltung des Textes ergab.

Sie ist scharfsinnig, naturwissenschaftlich gebildet und verständnisvoll. Ich hätte dieses Buch nicht ohne Amandas Hilfe und Sachverstand fertiggestellt.

Mariette Di Christiana, die Cheflektorin von Scientific American, setzte sich begeistert für die Publikation des Buches im Imprint von FSG ein. Kaja Perina, die Cheflektorin von Psychology Today, richtete mir einen Platz für *About Fathers (Über die Väter)*, meinen wissenschaftlichen Blog zur Vaterschaft, ein. Die Ratschläge, Verbindungen und aufbauenden Worte der vielen ausgezeichneten Publizisten, die das *Invisible Institute* in New York bilden, waren mir eine unschätzbare Hilfe.

Zu den Wissenschaftlern, die mir ihre Forschungsarbeit ausführlich erläuterten und mich so vor möglichen Fehlern bewahrten, gehörten C. Sue Carter, Carolyn Pape Cowan, Philip A. Cowan, James P. Curley, Bruce J. Ellis, Catherine Franssen, David Gubernick, David Haig, Barry S. Hewlett, Sarah Hill, Michael E. Lamb, Kelly G. Lambert, Dolores Malaspina, James P. McHale, M. Azim Surani, James E. Swain und Lynne Vernon-Feagans.

Ich erhielt auch Unterstützung von Natasha J. Cabrera, Marcia Carlson, Catherine Dulac, Ruth Feldman, Ellen Galinsky, Jay Gingrich, Sara McLanahan, Herbert Y. Meltzer, Vicky Phares, Kyle D. Pruett, Abraham Reichenberg, Sarah J. Schoppe-Sullivan, Stephen J. Suomi, Myrna M. Weisman und Richard Wrangham.

David Smith, ein wissenschaftlicher Bibliothekar, der früher an der New York Public Library arbeitete, gab mir Tipps bei meinen ersten Recherchen. Tim Grahl von der Out:think Group unterstützte mich bei der Planung einer Strategie für maximale Resonanz meines Buches in den sozialen Netzwerken. Annie Gottlieb war mir eine verlässliche Hilfe beim

Redigieren des Manuskripts und bei der Überprüfung zahlreicher wissenschaftlicher Details – vier Augen sehen mehr als zwei. Mitgeholfen beim Redigieren und Korrekturlesen haben auch Mareike Grover (Production editor) und Debra Helfand (Managing editor) bei FSG.

Meine Eltern und meine Kinder waren mir auf ganz andere Weise eine große Hilfe. Mein Vater und meine Mutter haben mir mit ihrem Beispiel gezeigt, was es heißt, Eltern zu sein. Für alles andere, was ich wissen musste, waren mir meine Kinder Lehrmeister. Leider schalte ich langsam und bin meinen Eltern und meinen Kindern für ihre Geduld dankbar.

Unvorstellbar, dass dieses Buch überhaupt entstanden wäre ohne die Unterstützung und die Liebe meiner Frau, Elizabeth DeVita-Raeburn, die mich in allen Phasen des Schreibens begleitet hat. Schreiben ist ein einsames Geschäft – Elizabeth und ich kommunizieren per E-Mail von einem Zimmer zum anderen –, aber sie war immer bei mir. Ich blicke mit Zufriedenheit auf diese Arbeit zurück.

Anmerkungen

Einleitung: Entrümpeln

1   George Vecsey, »Thrown by Life's Curveballs, a Star Missed the Sig-
    nals«, in: New York Times vom 3. August 2013, www.nytimes.com/
    2013/08/05/sports/baseball/bedeviled-by-life-curveballs-rodriguez-
    misses-the-guideposts.html?pagewanted=all.

2   Michael E. Lamb (Hg.), *The Role of the Father in Child Develop-
    ment,* 1. Auflage New York 1976, S. 1.

3   Ebenda, S. 3–5.

4   Ebenda, S. 7.

5   Ebenda, S. 25.

6   Myrna M. Weissman u. a., »Remission in Maternal Depression
    and Child Psychopathology: A STAR*D-Child Report«, in: Jour-
    nal of the American Medical Association 295, Nr. 12, 2006, S.
    1389–98.

7   Lamb, *Role of the Father,* a.a.O., S. 29–30.

8   Kyle D. Pruett, *Fatherhood; Why Father Care Is as Essential as
    Mother Care for Your Child,* New York 2000, S. 6.

9   Elizabeth H. Pleck u. Joseph H. Pleck, »Fatherhood Ideals in the
    United States. Historical Dimension«, in: Michael E. Lamb (Hg.),
    The Role of the Father in Child Development, 3. Aufl., New York
    1997, S. 42.

10 »Amid Fury, Clorox Pulls Post Insulting New Dads«, in: CNN.
    com. vom 27. Juni 2013, www.cnn.com/2013/06/27/living/cnn-
    parents-dads-clorox.

11 Michael E. Lamb (Hg.), *The Role of the Father,* 4. Aufl., 2004, S. 3.

12 Ross D. Parke u. Armin A. Brott, *Throwaway Dads: The Myths
    and Barriers That Keep Men from Being the Fathers They Want
    to Be,* Boston 1999, S. 4–5.

13 Barack Obama, Father's Day Remarks (Aufzeichnung), New York

Times vom 15. Juni 2008, www.nytimes.com/2008/06/15/us/po-
litcs/15text-obama.htlm?pagewanted=all.

Kapitel 1: Die Wurzeln der Vaterschaft

14   Sarah Blaffer Hrdy, *Mothers and Others: The Evolutionary Origins
      of Mutual Understanding,* Cambridge, Mass. 2009, S. 88.

15   Harriet J. Smith, *Parenting for Primates,* Cambridge, Mass. 2006,
      S. 71. Hrdy, *Mothers and Others,* a.a.O., S. 161-164.

16   Barry S. Hewlett, *Intimate Fathers. The Nature and Context of
      Aka Pygmy Paternal Infant Care,* Ann Arbor 1991, S. 157-162.

17   Richard Wrangham, *Catching Fire: How Cooking Made Us Human,*
      New York 2009, S. 119.

18   Hewlett, *Intimate Fathers,* a.a.O., S. 151-165.

19   Hrdy, *Mothers and Others,* a.a.O., S. 101.

20   Ebenda, S. 73.

21   Hewlett, *Intimate Fathers,* a.a.O., S. 11-14.

22   Ebenda, S. 32.

23   Ebenda, S. 33.

24   Ebenda, S. 126.

25   Ebenda, S. 140.

26   Ebenda, S. 103-104.

27   Ebenda, S. 89-90.

28   Ebenda, S. 172.

29   Emily Anthes, »The Bad Daddy Factor«, in: Pacific Standard vom
      10. Dezember 2010, www.psmag.com/health/the-bad-daddy-fac-
      tor-25764.

30   L. O. Bygren u. a., »Longevity Determined by Paternal Ancestors'
      Nutrition During Their Slow Growth Period«, in: *Acta Biotheoreti-
      ca* 49, 2001, S. 53-59, http://depts.washington.edu/lairdlab/pdfs/
      BygrenEtAl2001.pdf.

31   M. E. Pembrey u. a., »Sex-specific, Male-Line Transgenerational
      Responses in Humans«, in: *European Journal of Human Genetics*
      14, Nr. 2, 2006, S. 159-166.

32   Sara Reardon, »Dad's Diet May Give Children Diabetes«, in: *Science
      NOW,* 20. Oktober 2010, http://news.sciencemag.org/health/2010/
      dads-diet-may-give-children-diabetes.

33   Sheau-Fang Ng u. a., »Chronic High-Fat Diet in Fathers Pro-

grams Beta-Cell Dysfunction in Female Rat Offspring«, in: *Nature* 467, 2010, S. 963.

34 Michael K. Skinner, »Fathers' Nutritional Legacy«, in: *Nature* 467, 2010, S. 922, www.bio.davidson.edu/genomics/2011/Bio 309_papers/Fathers_legacy_comm.pdf.

35 Benjamin R. Carone u. a., »Paternally Induced Transgenerational Environmental Reprogramming of Metabolic Gene Expression in Mammals«, in: *Cell* 143, Nr. 7, 2010, S. 1084–1096, www.ncbi. nlm.nih.gov/pmc/articles/PMC3039484.

36 David M. Dietz u. a., »Paternal Transmission of Stress-Induced Pathologies«, in: *Biological Psychiatry* 70, Nr. 5, 2011, S. 408–411, www.ncbi.nlm.nih.gov/pmc/articles/PMC3217197.

37 Lorena Saavedra-Rodríguez u. Larry A. Feig, »Chronic Social Instability Induces Anxiety and Defective Social Interactions Across Generations«, in: *Biological Psychiatry* 73, Nr. 1, 2013, S. 44–53.

38 Brian G. Dias u. Kerry J. Ressler, »Parental Olfactory Experience Influences Behavior and Neural Structure in Subsequent Generations«, in: *Nature Neuroscience,* 1. Dezember 2013, www.nature. com/neuro/journal/vaop/ncurrent/full/nn.3594.html.

39 Begley, »Sins of the Grandfathers«, in: *Newsweek.com,* 30. Oktober 2010, http://mag.newsweek.com/2010/10/30/how-your-experiences-change-your-sperm-and-eggs.html.

40 Tania A. Desrosiers u. a., »Paternal Occupation and Birth Defects: Findings from the National Birth Defects Prevention Study«, in: *Occupational and Environmental Medicine* 69, Nr. 8, 2012, S. 534–542.

41 James P. Curley, Interview mit dem Verfasser am 4. Januar 2011.

Kapitel 2: Empfängnis

42 Nicholas Wade, »Genetic Maker of Men Is Diminished but Holding Its Ground, Researchers Say«, in: *New York Times* vom 22. Februar 2012, www.nytimes.com/2012/02/23/science/y-chromosome -though-diminished-is-holding-its-ground.html.

43 M. Azim Surani, Interview mit dem Verfasser am 3. Aug. 2013; ferner Suranis Interview mit Alan Macfarlane vom 19. Juni 2009, www.alanmacfarlane.com/DO/filmshow/surani1_fast.html.

44 Ilona Mico, »Gregor Mendel and the Principles of Inheritance«, in:

Nature Education 1, Nr. 1, 2008, S. 134, www.nature.com/scitable/
topicpage/gregor-mendel-and-the-principles-of- inheritance-593.

45 Ebenda.

46 David Haig, »Genetic Conflicts in Humn Pregnancy«, in: *Quaterly Review of Biology* 63, Nr. 4, 1993, S. 495–532.

47 Thomas M. DeChiara u. a., »A Growth-Deficiency Phenotype in Heterozygous Mice Carrying an Insulin-like Growth Factor II Gene Disrupted by Targeting«, in: *Nature* 345, 1990, S. 78; T. M. DeChiara u. a., »Parental Imprinting of the Mouse Insulinlike Growth Factor II Gene«, in: *Cell* 64, Nr. 4, 1991, S. 849–859.

48 Bernhard Horsthemke, »Of Wolves and Men: The Role of Paternal Child Care in the Evolution of Genomic Imprinting«, in: *European Journal of Human Genetics* 17, Nr. 3, 2009, S. 273–274, www.ncbi.nlm.nih.gov/pmc/articles/PMC2986180.

49 Christopher Badcock und Bernard Crespi, »Battle of the Sexes May Set the Brain«, in: *Nature* 454, 2008, S. 1054.

50 Arthur L. Beaudet, »Angelman Syndrome: Drugs to Awaken a Paternal Gene«, in: *Nature* 481, 2012, S. 150–152, www.uam.es/personal_pdi/ciencias/jmsierra/documents/Beaudet2012Nat.pdf.

Kapitel 3: Schwangerschaft

51 Carolyn Pape Cowan und Philip A. Cowan, *When Partners Become Parents: The Big Life Change for Couples,* New York 1992, S. 1.

52 Ebenda, S. 10.

53 Ebenda, S. 52, 53, 57, 65, 67.

54 Ebenda, S. 65.

55 Kyle D. Pruett und Marsha Kine Pruett, *Partnership Parenting: How Men and Women Parent Differently – Why It Helps Your Kids and Can Strengthen Your Marriage,* New York 2009, S. 22.

56 Cowan/Cowan, *When Partners Bekome Parents,* a.a.O., S. 100.

57 Ebenda, S. 52.

58 Katherine E. Wynne-Edwards, »Why Do Some Men Experience Pregnancy Symptoms Such as Vomiting and Nausea When Their Wives Are Pregnant?« in: *Scientific American,* 28. Juni 2004, www.scientificamerican.com/article.cfm?id=why-do-some-men-experience.

59 Anne E. Storey u. a., »Hormonal Correlates of Paternal Respon-

siveness in New and Expectant Fathers«, in: *Evolution and Human Behavior* 21, Nr. 2, 2000, S. 79–95.

60 Jennifer S. Mascaro, Patrick D. Hacketta und James K. Rilling, »Testicular Volume Is Inversely Correlated with Nurturing-Related Brain Activity in Human Fathers«, in: *Proceedings of the National Academy of Sciences,* Online-Fassung vom 4. September 2013, www.pnas.org/content/early/2013/09/04/1305579110.

61 Sarah Zhang, »Better Fathers Have Smaller Testicles«, in: *Nature News,* 9. September 2013, www.nature.com/news/better-fathers-have-smaller-testicles-1.13701.

62 Prakesh S. Shah und die Gruppe Knowledge Synthesis, »Paternal Factors and Low Birthweight, Preterm, and Small for Gestational Age Births: A Systematic Review«, in: *American Journal of Obstetrics and Gynecology* 202, Nr. 2, 2010, S. 103–123.

63 »Father Involvement in Pregnancy Could Reduce Infant Mortality«, in: *EurekAlert.* 17. Juni 2010, www.eurekalert.org/pub_releases/2010–06/uosf-fii061710.php.

64 Lesley M. E. McCowan u. a., »Paternal Contribution to Small for Gestational Age Babies. Al Multicenter Prospective Study«, in: *Obesity* 19, Nr. 5, 2011, S. 1035–1039.

65 Sarah Blaffer Hrdy, *Mothers and Others: The Evolutionary Origins of Mutual Understanding,* Cambridge, Mass. 2009, S. 82.

66 Anthony Storr, *Freud: A Very Short Introduction,* Oxford 1989, S. 146; J. Allan Hobson und Jonathan A. Leonard, *Out of Its Mind. Psychiatry in Crisis. A Call for Reform,* New York 2001.

67 Anne Lise Kvalevaag u. a., »Paternal Mental Health and Socioemotional and Behavioral Development in their Children«, in: *Pediatrics* 131, Nr. 2, 2013, e463–e469, http://pediatrics.aappublications.org/content/131/2/e463.full.pdf.

68 Laurie Barclay, »Paternal Depressive Symptoms During Pregnancy May Predict Excessive Infant Crying«, in: *Medscape,* 10. Juli 2009, www.medscape.org/viewarticle/705633; Mijke P. Van den Berg u. a.,»Paternal Depressive Symptoms During Pregnancy Are Related to Excessive Infant Crying«, in: *Pediatrics* 124, Nr. 1, 2009, www.pediatricsdigest.mobi/content/124/1/e96.full; R. Neal Davis u. a., »Fathers' Depression Related to Positive and Negative Parenting Behaviors with 1-Year-Old Children«, in: *Pediatrics* 127, Nr. 4, 2011, S. 612–618, http://pediatrics.aappublications.org/content/127/4/612.full.

69 James P. McHale, *Charting the Bumpy Road of Coparentinghood: Understanding the Challenges of Family Life,* Washington DC, 2007, S. 2, 30, 56, 57, 61.

70 Natasha J. Cabrera u. a., »Explaining the Long Reach of Fathers' Prenatal Involvement on Later Paternal Engagement«, in: *Journal of Marriage and Family* 70, Nr. 5, 2008, S. 1094, www.ncbi. nlm.gov/pmc/articles/PMC2822357.

71 Cowan und Cowan, *When Partners become Parents,* a.a.O., S. 97.

72 Philipp A. Cowan u. a., »Promoting Fathers' Engagement with Children: Preventive Interventions for Low-Income Families«, in: *Journal of Marriage and Family* 71, Nr. 3, 2009, S. 663–679.

Kapitel 4: Väter im Labor

73 Allison L. Foote und Jonathan D. Crystal, »Metacognition in the Rat«, in: *Current Biology* 17, Nr. 6, 2007, S. 551–555, www. tinyurl.com/k7tupky.

74 Craig Howard Kinsley und Kelly G. Lambert, »The Maternal Brain«, in: *Scientific American,* Januar 2006, www.scientificamerican.com/article.cfm?id=the-maternal-brain.

75 James P. Curley, »Parent-of-Origin Effects on Parental Behavior«, in: Robert S. Bridges (Hg.), *Neurobiology of the Parental Brain,* Amsterdam 2005, S. 326.

76 Jeffrey Moussaieff Masson, *The Emperor's Embrace,* New York 1999, S. 26–28.

77 Ebenda, S. 68–69.

78 Natalie Angier, »Paternal Bonds, Special and Strange«, in: *New York Times* vom 14. Juni 2010, www.nytimes.com/2010/06/15/science/15fath.html?pagewanted=all.

79 Hanna Kokko u. Michael Jennions, «Behavioural Ecology: Ways to Raise Tadpoles«, in: *Nature* 464, 2010, S. 990.

80 Masson, *Emperor's Embrace,* a.a.O., S. 74–75.

81 David P. Barash und Judith Eve Lipton, *Strange Bedfellows: The Surprising Connection Between Sex, Evolution and Monogamy,* New York 2009, S. 73–76.

82 Sofia Rfetoff Zahed u. a., »Social Dynamics and Individual Plasticity of Infant Care Behavior in Cooperatively Breeding Cotton-Top Tamarins«, in: *American Journal of Primatology* 72, Nr. 4, 2009, S. 296.

83 Karen M. Kostan und Charles T. Snowdon, »Attachment and Social Preferences in Cooperatively-Reared Cotton-Top Tamarins«,
in: *American Journal of Primatology* 57, Nr. 3, 2002, S. 131–
139, www.ncbi.nlm.nih.gov/pmc/articles/PMC1482833.

84 Judith Walzer Leavitt, *Make Room for Daddy: The Journey from
Waiting Room to Birthing Room,* Chapel Hill 2009, S. 1–8,
161–163, 231–233, 236, 242–243, 245, 259–261, 266.

85 Masson, *Emperor's Embrace,* a.a.O., S. 53.

86 Bernard Chapais, »Monogamy, Strongly Bonded Groups, and the
Evolution of Human Social Structure«, in: *Evolutionary Anthro-
pology* 22, Nr.2, 2013, S. 52–65.

87 Barash und Lipton, *Strange Bedfellows,* a.a.O., S. 28–29.

88 David J. Varricchio u. a., »Avian Paternal Care Had Dinosaur Origins«, in: *Science* 322, 2008, S. 1826–1828, www.esf.edu/EFB/
faculty/documents/varricchio2008paternal caredinosaurs.pdf.

89 Ruth Padawer, »Who knew I Was Not the Father?«, in: *New York
Times* vom 17. November 2009, www.nytimes.com/2009/11/22/
magazine/22Paternity-t.html?pagewanted=all.

90 Barash und Lipton, *Strange Bedfellows,* a.a.O., S. 53.

91 Stephen J. Suomi, Gespräch mit dem Verfasser am 11. März
2011.

92 William K. Redican und G. Mitchell, »Play Between Adult Male
and Infant Rhesus Monkeys«, in: *American Zoologist* 14, Nr. 1,
1974, S. 295–302.

93 Charlene Latino, »Men Also Get Postpartum Depression«, in:
WebMD, 6. Mai 2008, www.webmd.com/depression/postpartum-
depression/news/20080506/men-also-get-postpartum-depression.

94 Michael E. Lamb (Hg.), *The Role of the Father in Child Development,* 5. Aufl., New York 2010, S. 107–108.

Kapitel 5: Säuglinge und Kleinkinder

95 James P. McHale, *Charting the Bumpy Road of Coparenthood:
Understanding the Challenges of Family Life,* Washington DC,
2007, S. 5.

96 Cowan/Cowan, *When Partners Become Parents,* a.a.O., S. 80–82.

97 Michael E. Lamb, *The Role of the Father in Child Development,* 5.
Aufl. 2010, S. 96.

98 Ebenda, S. 97.

99 Sarah Blaffer Hrdy, *Mothers and Others: The Evolutionary Origins of Mutual Understanding*, Cambridge, Mass. 2009, S. 42.

100 James E. Swain und Jeffrey P. Lorbeerbaum, »Imaging the Human Parental Brain«, in: *Neurobiology of the Parental Brain*, Amsterdam 2008, S. 84.

101 Marian F. MacDorman, Donna L. Hoyert und T. J. Mathew, »Recent Declines in Infant Mortality in the United States, 2005–2011«, in: National Center for Health Statistics data brief no. 120, April 2013, www.edc.gov/nchs/data/databriefs/dlb120.htm.

102 James F. Leckman, »Early Parental Preoccupations and Behaviors and Their Possible Relationship to the Symptoms of Obsessive-Compulsive Disorder«, in: *Acta Psychiatrica Scandinavica* 100, Supplement S396, 1999, S. 1–26.

103 Pilyoung Kim u. a., »Breatfeeding, Brain Aktivation to Own Infant Cry and Maternal Sensitivity«, in: *Journal of Child Psychology and Psychiatry* 52, Nr. 8, 2011, S. 907–915.

104 James E. Swain, »Parenting and Neural Plasticity in Fathers' Brains«, nicht publizierte Studie, persönliche Mitteilung, 26. März 2013.

105 Ruth Feldman, »Infant-Mother and Infant-Father Synchrony: The Coregulation of Positive Arousal« in: *Infant Mental Health Journal* 24, Nr. 1, 2003, S. 1–23, www.tinyurl.com/nyfeypl.

106 Lamb, *Role of the Father*, 5. Aufl., a.a.O., S. 97–98.

107 Natasha J. Cabrera u. a., »Explaining the Long Reach of Fathers' Prenatal Involvement on Later Paternal Engagement«, in: *Journal of Marriage and Family* 70, Nr. 5, 2008, S. 1094, www.ncbi.nlm.nih.gov/pmc/articles/PMC2822357.

108 Liat Tikotzky u. a., »Infant Sleep and Paternal Involvement in Infant Cargiving During the First 6 Months of Life«, in: *Journal of Pediatric Psychology* 36, Nr. 1, 2010, S. 36–46.

109 Paul G. Ramchandani u. a., »Do Early Father-Infant Interactions Predict the Onset of Externalizing Behaviours in Young Children?«, in: *Journal of Child Psychology and Psychiatry* 54, Nr, 1, 2013, S. 56–64. www.ncbi.nlm.nih.gov/pmc/articles/PMC3562489.

110 Lee T. Gettler u. a., »Longitudinal Evidence That Fatherhood Decreases Testosterone in Human Males«, in: *PNAS* 108, Nr. 39, 2011, 16194–99, www.ncbi.nlm.nih.gov/pmc/articles/PMC3182719.

111 »Safety Concerns About Testosterone Gel«, in: *WebMD*, www. webmd.com/fda/safety-concerns-about-testosterone-gel.

112 Patty X. Kuo u. a., »Neural Responses to Infants Linked with Behavioral Interaction and Testosterone in Fathers«, in: *Biological Psychology 91*, Nr. 2, 2012, S. 302–306.

Kapitel 6: Kinder

113 Lamb, *The Role of the Father*, 5. Aufl., a.a.O., S. 4–5.

114 Michael Kimmel, *Guyland: The Perilous World Where Boys Become Men*, New York 2008, S. 45–46.

115 Nadya Pancsofar und Lynne Vernon-Feagans, »Fathers's Early Contribution to Children's Language Development in Families from Low-Income Rural Communities«, in: *Early Childhood Research Quaterly* 25, Nr. 4, 2010, S. 450–463.

116 Catherine S. Tamis-LeMonda u. a., »Fathers and Mothers at Play With Their 2- and 3-Year-Olds: Contributions to Language and Cognitive Development«, in: *Child Development* 75, Nr. 6, 2004, S. 1806–1820, www.popcenter.umd.edu/filab/publications/images-firg/tamis%20lemonda%20shannon%20cabrera%20lamb%202004. pdf.

117 Daniel Nettle, »Why Do Some Dads Get More Involved Than Others? Evidence from a Large British Cohort«, in: *Evolution and Human Behavior* 29, 2008, S. 416–423, www.staff.ncl.ac.uk/daniel. nettle/ehb%20paternal%20investment.pdf.

118 Erin Pougnet u. a., »Fathers' Influence over children's Cognitive and Behavioural Functioning. A Longitudinal Study of Canadian Families«, in: *Canadian Journal of Behavioural Science* 43, Nr. 3, 2011, S. 173–182.

119 Lamb, *The Role of the Father*, 4. Aufl., a.a.O., S. 254.

120 Daniel Paquette, »Theorizing the Father-Child Relationship: Mechanisms and Developmental Outcomes«, in: *Human Development* 47, Nr. 4, 2004, S. 205.

121 National Institute of Child Health and Human Development Early Child Care Research Network, »Fathers' and Mothers' Parenting Behavior and Beliefs as Prediction of Children's Social Adjustment in the Transition to School«, in: *Journal of Family Psychology* 18, Nr. 4, 2004, S. 628–638.

122 Anna Sarkadi u. a., »Fathers' Involvement and Children's Devel-

opment Outcomes: A Systematic Review of Longitudinal Studies«, in: *Acta Paediatrica* 97, 2008, S. 153–158, www.rikshand boken-bhv.se/Dokument/Sarkadi_fathersinvolvement.pdf.

123 University of California, Riverside, Department of Psychology, Ross D. Parke, biography, http://psych.ucr.edu/faculty/parke/index. html.

124 Ross D. Parke, »Fathering and Children's Peer Relationships«, in: Lamb, *The Role of the Father,* 4. Aufl., a.a.O., S. 309.

125 Ebenda, S. 312.

126 Ebenda.

127 S. L. Champion u. a., »Parental Work Schedules and Child Over-weight and Obesity«, in: *International Journal of Obesity* 36, Nr. 4, 2012, S. 573–580.

128 Man Ki Kwok u. a., »Parental Smoking and Childhood Over-weight: Evidence from the Hong Kong Children of 1997«, in: *Pediatrics* 126, Nr. 1, 2009, S. e46–e56, www.pediatricsdigest.mo-bi/content/126/e46full.

129 Rebecca Sear und Ruth Mace, »Who Keeps Children Alive?: A Review of Effects of Kin on Child Survival«, in: *Evolution and Human Behavior* 29, Nr. 1, 2008, S. 1–18, http://evolution.bing-hamton.edu/evos/wp-content/uploads/2010/08/woh-keeps.pdf.

Kapitel 7: Teenager

130 Danielle J. DelPriore und Sarah E. Hill, »The Effects of Paternal Disengagement on Women's Sexual Decision Making: An Exper-imental Approach«, in: *Journal of Personality and Social Psychology* 105, Nr. 2, 2013, S. 234–246.

131 James Eng, »90 Pregnancies at One High School«, NBC News, 14. Januar 2011, http://usnews.nbcnews.com/_news/2011/01/14/5841767-90-pregnancies-at-one-high-school?lite.

132 Bruce J. Ellis, Telefoninterview mit dem Verfasser am 7. August 2013.

133 Jay Belsky, »Child Experiences and the Development of Reproduc-tive Strategies«, in: *Psicothema* 22, Nr. 1, 1991, S. 28–34, www. tinyurl.com/luo3o2s.

134 Jacqueline M. Tither und Bruce J. Ellis, »Impact of Fathers on Daughters' Age of Menarche: A Genetically and Environmentally Controlled Sibling Study«, in: *Developmental Psychology* 44, Nr.

5, 2008, S. 1409–1420, http://cals.arizona.edu/fes/sites/files/DP%
20Tither_Ellis%202008.pdf.

135 Kate Egan, »Love and Sex: The Vole Story«, in: *Emory Medecine,*
Sommer 1998, http://whsc.emory.edu/_pubs/em/1998summer/
vole.html.

136 Larry J. Young, TEDx-Emory talk, 20. April 2013, www.youtube.
com/watch?v=EowelLVvR7-8#at=401.

137 Thomas R. Insel und Lawrence E. Shapiro, »Oxytocin Receptor
Distribution Reflects Social Organization in Monogamous and
Polygamous Voles«, in: *PNAS* 89, 1992, S. 5981–5985, www.ncbi.
nlm.nih.gov/pmc/articles/PMC402122/pdf/pnas01087–029.pdf.

138 Young, TEDxEmory talk, a.a.O.

139 Miranda M. Lim u. a., »Enhanced Partner Preference in a Promis-
cuous Species by Manipulating the Expression of a Single Gene«,
in: *Nature* 429, 2004, S. 754–757.

140 William M. Kenkel u. a., »Neuroendocrine and Behavioural Responses to Exposure to an Infant in Male Prairie Voles«, in: *Journal of Neuroendocrinology* 24, Nr. 6, 2012, S. 874–886.

141 Rui Jia u. a., »Effects of Neonatal Paternal Deprivation or Early
Deprivation on Anxiety and Social Behaviors of the Adults in
Mandarin Voles«, in: *Behavioural Processes* 82, Nr. 3, 2009,
S. 271–278.

142 Hasse Walum u. a., »Variation in the Oxytocin Receptor 1a Gene
(AVPR1A) Associates with Pair-Bonding Behavior in Humans«,
in: *PNAS* 105, Nr. 37, 2008, S. 14143–14156.

143 Hasse Walum u. a., »Variation in the Oxytocin Receptor Gene
(OXTR) Is Associated with Pair-Bondin and Social Behavior«,
in: *Biological Psychiatry* 71, Nr. 5, 2012, S. 419–426.

144 Peter A. Bos u. a., »Acute Effects of Steroid Hormones and Neu-
ropeptides on Human Socialo-Emotional Behavior: A Review of
Single Administration Studies«, in: *Frontiers in Neuroendocrinology* 33, Nr. 1, 2012, S. 17–35, doi:101016/j.yfrne.2011.01.002.

145 Fabienne Naber u. a., »Intranasal Oxytocin Increases Fathers' Ob-
served Responsiveness During Play with Their Children: A Double-
Blind Within-Subject Experiment«, in: *Psychoneuroendocrinology* 35,
Nr. 10, 2010, S. 1583–1586, www.marinusvanijzen doorn.nl/wp-
content/uploads/2012/07NaberVanIJzendoornDeschampsetal2010P
NECoxytocinincreasesfathersobservedresponsiveness.pdf.

146 Ruth Feldman u. a., »Natural Variations in Maternal and Paternal

Care Are Associated with Systematic Changes in Oxytocin Following Parent-Infant Contact«, in: *Psychoneuroendocrinology* 35, Nr. 8, 2010, www.utm.utoronto.ca/~crpl/downloads/Feldman/Oxytocin%20PNEC%20final.pdf.

147 Omri Weisman u. a., »Oxytocin Administration to Parent Enhances Infant Physiological and Behavioral Readiness for Social Engagement«, in: *Biological Psychiatry* 72, Nr. 12, 2012, S. 982–989, http://dx.doi.org/10.1016/j.biopsych.2012.06.011.

148 Ilanit Gordon u. a., »Prolactin, Oxytocin, and the Development of Paternal Behavior Across the First Six Months of Fatherhood«, in: *Hormones and Behavior* 58, Nr. 3, 2010, S. 513–518, www.ncbi.nlm.nih.gov/pmc/articles/PMC3247300.

149 Ruth Feldman, »Oxytocin and Social Affiliation in Humans«, in: *Hormones and Behavior* 61, 2012, S. 380–391, www.tinyurl.com/kv7jd64.

150 Rebekah Levine Coley u. a., »Fathers' and Mothers' Parenting Predictin and Responding to Adolescent Sexual Risk Behaviors«, in: *Child Development* 80, Nr. 3, 2009, S. 808–827, doi:10.1111/j.1467-8624.2009.01299.x.

151 Heather Sipsma u. a., »Like Father, like Son: The Intergenerational Cycle of Adolescent Fatherhood«, in: *American Journal of Public Health* 100, Nr. 3, 2010, S. 517–524.

152 Abdul Khaleque und Ronald P. Rohner, »Transnational Relations Between Perceived Parental Acceptance and Personality Dispositions of Children and Adults. A Meta-Analytic Review«, in: *Personality and Social Psychology Review* 16, Nr. 2, 2012, S. 103–115, www.sakkyndig.com/psychologi/artvit/khaleque2012.pdf.

153 Daniel Goleman, »Studies on Development of Empathy Challenge Some Old Assumptions«, in: *New York Times* vom 12. Juli 1990, www.nytimes.com/1990/07/12/us/health-studies-on-development-of -empathy-challenge-some-old-assumptions.html.

154 American Psychological Association, »Childhood Memories of Father Have Lasting Impact on Men's Ability to Handle Stress«, Pressemitteilung vom 12. August 2010, www.apa.org/news/press/releases/2010/08/childhood-memories.aspx.

155 Marie Arsalidou u. a., »Brain Responses Differ to Faces of Mothers and Fathers«, in: *Brain and Cognition* 74, 2010, S. 47–51, www.tinyurl.com/l4tnxsr.

Kapitel 8: Ältere Väter

156 Nora Ephron u. Delia Ephron, *You've Got Mail*, Internet Movie Script Database, www.imsdb.com/scripts/You%27ve-Got-Mail.html.

157 Rebecca G. Smith u. a., »Advancing Paternal Age Is Associated with Deficits in Social and Exploratory Behaviors in the Offspring: A Mouse Model«, in: *PLoS One* 4, Nr. 12, 2009, www. plosone.org/ article/info%3Adoi%2F10.1371%2FJournal.pone.0008456.

158 Abraham Reichenberg u. a., »Advancing Paternal Age and Autism«, in: *Archives of General Psychiatry* 63, Nr. 9, 2006, S. 1026–1032, http://archpsyc.jamanetwork.com/article.aspx?aticleid=668208.

159 U.S. Census Bureau, »Father's Day: June 16, 2013«, www. prnewswire.com/news-releases/census-bureau-profile-america-facts -for-features-fathers-day-june-16-2013-203603321.html.

160 Stephanie Ventura, National Center for Health Statistics, persönliche Mitteilung, 15. Januar 2007.

161 Matthew Weinshenker, persönliche Mitteilung, 15. September 2006.

162 James F. Crow, »Hardy, Weinberg and Language Impediments«, in: »Perspectives: Anecdotal, Historical and Critical Commentaries on Genetics«, hrsg. von J. F. Crow u. William F. Dove, in: *Genetics* 152, 1999, S. 821–825, www.genetics.org/content/152/ 3/821. full.pdf.

163 Mailman School of Public Health, Columbia University, »Higher Paternal Age Associated with Increased Rates of Miscarriage«, in: *At the Frontline* 1, Nr. 5, Nov. 2006, www.mailmanschool.org/e-newsletter/ AtTheFrontline-vol1no5/r-PaternalAgeMiscarriage.html.

164 Reichenberg u. a., »Advancing Paternal Age and Autism«, a.a.O.

165 Sukanta Saha u. a., »Advanced Paternal Age Is Associated with Impaired Neurocognitive Outcomes During Infancy and Childhood«, in: *PLoS Medicine* 6, Nr. 3, 2009, e1000040, www.plosmedicine. org/article/info:doi/10.1371/journal.pmed.1000040.

166 Jayne Y. Hehir-Kwa u. a., »De Novo Copy Number Variants Associated with Intellectual Disability Have a Paternal Origin and Age Bias«, in: *Journal of Medical Genetics* 48, Nr. 11, 2011, S. 776–778, http://autismdialogues.blogspot.com/2011/10/de-novo-copy-number-variants-associated.html.

167 Reichenberg u. a., »Advancing Paternal Age and Autism«, a.a.O.

168 deCODE Genetics, »Science«, www.decode.com/research.

169 Augustine Kong u. a., »Rate of *De Novo* Mutations, Father's Age and Disease Risk«, in: *Nature* 488, 2012, S. 471–475, www.ncbi.nhm.nih.gov/pmc/articles/PMC3548427.

170 Benedict Carey, »Father's Age Is Linked to Risk of Autism and Schizophrenia«, in: *New York Times,* 22. August 2012, www.nytimes.com/2012/08/23/health/fathers-age-is-linked-to-risk-of-autism-and-schizophrenia.html?_r=0.__.

171 Helga V. Toriello u. Jeanne M. Meck, »Statement on Guidance For Genetic Counselling in Advanced Paternal Age«, in: *Genetics in Medicine,* 10, Nr. 6, 2008, S. 457–460.

172 Charles J. Epstein und Marilyn C. Jones, Telefoninterview mit dem Verfasser, 30. Januar 2007 (Epstein) und 28. Januar 2007 (Jones).

173 Arthur L. Caplan, Telefoninterview mit dem Verfasser, 31. Januar 2007.

174 Herbert Y. Meltzer, Telefoninterview mit dem Verfasser, 30. Januar 2007.

175 Dan T. A. Eisenberg u. a., »Delayed Paternal Age of Reproduction in Humans Is Associated with Longer Telomeres Across Two Generations of Descendants«, in: *PNAS* 109, Nr. 26, 2012, S. 10251–10256, www.pnas.org/content/109/26/10251.full.pdf.

176 Kristina Fiore, »Dad's Age Tied to Kid's Weight, Height, LDL«, in: *MedPage Today,* 22. Juli 2013, www.medpagetoday.com/Endocrinology/GeneralEndocrinology/40605.

Kapitel 9: Was Väter leisten

177 Richard Wrangham, *Catching Fire: How Cooking Made Us Human,* New York 2009, S. 130–135, 139, 146, 148–149, 150, 154. 177.

178 C. Loring Brace, zitiert in Rachael Moeller Gorman, »Cooking Up Bigger Brains«, in: *Scientific American,* 16. Dez. 2007, www.scientamerican.com/article.cfm?id=cooking-up-bigger-bains.

179 Barry S. Hewlett u. Shane J. MacFarlan, »Fathers' Roles in Hunter-Gatherer and Other Small-Scale Cultures«, in: Lamb, *The Role of the Father,* 5. Aufl., a.a.O., S. 413–431.

180 Kim Parker u. Wendy Wang, »Modern Parenthood«, in: *PewResearch Social and Demographic Trends,* Pew Research Center, 14. März 2013, www.pewsocialtrends.org/2013/03/14/modern-pa-

renthood-roles-of-moms-and-dads-converge-as-they-balance-work-and-family.

181 Ellen Galinsky u. a., »Times Are Changing: Gender and Generation at Work and at Home«, Families and Work Institute, 2008 (aktualisiert August 2011), www.familiesandwork.org/site/research/reports/Times_Are-Changing.pdf.

182 Joan C. Williams u. Heather Boushey, »The Three Faces of Work-Family Conflict: The Poor, The Professionals and the Missing Middle«, Center for American Progress, www.americanprogress.org/issues/labor/report/2010/01/25/7194/the-three-faces-of-work-family-conflict.

183 Kerstin Aumann u. a., »The New Male Mystique«, Families and Work Institute, www.familiesandwork.org/site/research/reports/newmalemystique.pdf.

184 Carolyn Pape Cowan u. Philip A. Cowan, *When Partners Become Parents: The Big Life Change for Couples,* New York 1992, S. 94, 104.

185 Annette Lareau, »My Wife Can Tell Me Who I Know: Methodological and Conceptual Problems in Studying Fathers«, in: *Qualitative Sociology* 23, Nr. 4, 2000, S. 407–433, www.jennyjvalentine.com/7900%20PDFS/My%20Wife%20Can%20Tell%20You%20Who%20I%20Know%20-%20Article.html.

186 Victoria L. Brescoll u. Eric Luis Uhlmann, »Attitudes Towards Traditional and Nontraditional Parents«, in: *Psychology of Women Quarterly* 29, Nr. 4, 2005, S. 436–445.

187 Ebenda, S. 440.

188 Sarah M. Allen und Alan J. Hawkins, »Maternal Gatekeeping: Mothers' Beliefs and Behaviors That Inhibit Greater Father Involvement in Family Work«, in: *Journal of Marriage and Family* 61, No. 1, 1999, S. 199–212, www.jsto.org/stable/353894.

189 Sarah J. Schoppe-Sullivan u. a., »Maternal Gatekeeping, Coparenting Quality and Fathering Behavior in Families with Infants«, in: *Journal of Family Psychology* 22, Nr. 3, 2008, S. 389–398.

190 Ebenda.

191 Cowan/Cowan, *When Partners Become Parents,* a.a.O., S. 16–22.

192 Paul R. Amato u. Julie M. Sobolewski, »The Effects of Divorce on Fathers and Children«, in: Lamb, *The Role of the Father,* 4. Aufl., a.a.O., S. 348.

285

193 Mathematica Policy Research, »Building Strong Families«, Januar 2005, www.mathematica-mpr.com/publications/PDFs/bsfisbr3.pdf.

194 Gretchen Livingston u. Kim Parker, »A Tale of Two Fathers: More Are Active, but More Are Absent«, in: *PewResearch Social and Demographic Trends,* Pew Research Center, 15. Juni 2011, www.pewsocialtrends.org/2011/06/15/a-tale-of-two-fathers.

195 Amato and Sobolewski, »Effects of Divorce«, in: Lamb, *Role of the Father,* 4. Aufl., a.a.O., S. 353.

196 Peter B. Gray u. Kermyt G. Anderson, *Fatherhood: Evolution and Human Paternal Behavior,* Cambridge, Mass. 2010, S. 122.

197 Cynthia R. Daniels (Hg.), *Lost Fathers: The Politics of Fatherlessness in America,* New York 1998, S. 4.

198 Ebenda, S. 36.

199 David Popenoe, *Life Without Father: Compelling New Evidence That Fatherhood and Marriage Are Indispensable for the Good of Children and Society,* New York 1996, S. 147.

200 Daniels, *Lost Fathers,* S. 36–39.

201 Sara S. McLanahan u. Marcia J. Carlson, »Welfare Reform, Fertility and Father Involvement«, Center for Research on Child Wellbeing, Arbeitspapier Nr. 01-13-FF. 6. August 2001, http://s.3.amazonaws. com/zanran_storage/www.northwestern.edu/ContentPages/6513017. pdf.

202 http://www.wissenschaft.de/archiv/-/journal_content/56/12054/15 41744/V%C3%84TER-MACHEN-SCHLAU/.

203 Wladimir Ovtscharoff, Jr. u. a., »Lack of Paternal Care Affects Synaptic Development in the Anterior Cingulate Cortex«, in: *Brain Research* 1116, Nr. 1, 2006, S. 58–63, www.diyfather. com/files/paternal_care.pdf.

Nachwort

204 Alana S., »Taboos and the New Voiceless Americans«, Family Scholars.org, 20. Mai 2010, www.familyscholars.org/2010/05/20/ taboos-and-the-new-voiceless-americans.

205 Kyle D. Pruett, *Fatherneed: Why Father Care Is as Essential as Mother Care for Your Child,* New York 2000, S. 74.

206 National Organization for Women Foundation, Family Law Ad Hoc Advisory Committee, Newsletter, Herbst 2012, www.now-foundation.org/issues/familyLawNewsletter-Fall2012.pdf.

207 »Fatherhood and Family Law: The Myths and the Facts«, The Liz Library, www.thelizlibrary.org/site-index/site-index-frame.html.

208 Marcia A. Pappas, NOW-New York State, Einlassung zum Gesetz über das gemeinsame Sorgerecht vor dem Senat von New York, 28. März 2006, www.ancpr.com/2006/03/28/now-ny-speaks-on-joint-custody-bill.

209 »Baby Driver«, Werbespot von Subaru, 2010, www.ispot.tv/ad/Y99V/subaru-baby-driver.

210 »Tide and Downy Presents: The Princess Dress«, Werbespot 2013, www.youtube.com/watch?v=xCYwAOCLiTA.